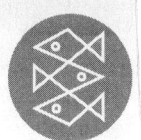

Sarah Haffner, 1940 in England geboren, wächst in London auf. Als ihr Vater Sebastian Haffner als Korrespondent für den ›Observer‹ nach Berlin versetzt wird, zieht Sarah in eine Stadt, die ihr nicht nur fremd ist, sondern die sie als grob und provinziell empfindet. Nach der Schule setzt sie dem Vater gegenüber ihren Willen durch: Sie wird Malerin. Nach längeren Aufenthalten in London und Paris entscheidet sie sich für Berlin, gerät in studentische Opposition, dreht einen Film über Frauenmisshandlung, unterrichtet u. a. an der Hochschule der Künste Berlin – bis sie merkt, dass diese Aktivitäten zu langweiliger Gremienarbeit verkommen: Sarah Haffner steigt aus, konzentriert sich wieder aufs Malen und setzt sich als freie Künstlerin durch. Neben der Malerei hat sie vor Jahren angefangen zu schreiben: über wichtige Begegnungen, über Veränderungen in ihrer Stadt, in ihrer Straße, über Londoner Kindheitserinnerungen, über Glück und Verletzungen. Geschichten aus ihrem Leben: ihre Autobiographie.

»Ein autobiografischer Text, dessen erzählerische Mosaiksteine das Panorama einer Epoche ergeben – eine Sprachmelodie, die lange nachhallt.«

Hans Christoph Buch, Tagesspiegel

Unsere Adresse im Internet: www.fischer-tb.de

Sarah Haffner

Eine andere Farbe

Geschichten
aus meinem Leben

Fischer Taschenbuch Verlag

Ungekürzte Ausgabe
Veröffentlicht im Fischer Taschenbuch Verlag,
einem Unternehmen der S. Fischer Verlag GmbH,
Frankfurt am Main, September 2003

Lizenzausgabe mit freundlicher Genehmigung
des :Transit Verlages, Berlin
© 2001 :Transit Verlag, Berlin
Satz: Pinkuin Satz und Datentechnik, Berlin
Druck und Bindung: Druckerei C.H.Beck, Nördlingen
Printed in Germany
ISBN 3-596-15534-7

Für David, Laurens und Nils

Inhalt

Prolog
von Michael Frayn

Mitten im zwanzigsten Jahrhundert wurde ein englisches Schul-
mädchen aus ihrem gewohnten Leben in den Londoner Vororten
herausgerissen und in einer fremden deutschen Stadt abgeladen.
Das Mädchen war wach, tough und eigenwillig. Die Stadt hatte
ziemlich ähnliche Eigenschaften. Aus der abrupten und unwill-
kommenen Konfrontation Sarah Haffners mit Berlin entstand eine
lebenslange Verbindung, immer noch vorsichtig, aber immer intensiv. Die Geschichte ihres Lebens, die sie in diesem Buch erzählt,
ist auch die Geschichte Berlins in einem außergewöhnlichen halben Jahrhundert, und sie ist in beiderlei Hinsicht äußerst packend.

Als Sarah Haffner ein halbes Dutzend Jahre nach ihrer Ankunft
ihre Karriere als Malerin begann, wurde Berlin ihr großes Thema
und ist es seither geblieben. Es ist keineswegs ihr einziges Thema,
ebensowenig wie es im Jahrhundert zuvor das einzige Thema
Adolph Menzels war, aber wie Menzel kommt sie immer wieder
darauf zurück und wie Menzel kreiert sie die Stadt für uns.

Als ich Berlin in den siebziger Jahren kennenlernte und Sarah
Haffner zum ersten Mal traf, begann ich die Stadt weitgehend mit
ihren Augen zu sehen. Sie mokierte sich über meine Neigung, den
Ort zu romantisieren. »Quatsch« war ein Wort, das sie oft auf den
Lippen hatte. Was sie malte und was ich mit der Zeit wahrnahm,
war weniger faßbar und zweideutiger: eine herbe Mischung aus
dem geisterhaften Alten und dem rauhen Neuen.

In einigen ihrer Bilder gab es Einblicke in wilhelminische Trep-
penhäuser oder Hauseingänge – aber häufiger zeigte sie das wech-
selhafte Licht, das die nichtssagende Geometrie der neuen Hoch-
häuser hervorhob, oder Versorgungstürme aus Beton, die aus
öden Baustellen emporwuchsen. Noch häufiger malte sie jene für
Berlin so typischen Brandmauern, die riesigen blassen fensterlosen

Wände, die entstanden waren, als Wohnblöcke halbiert wurden, um Kriegsschäden zu beseitigen oder um Licht in düstere Hinterhöfe hineinzulassen. Sie sah, und malte, die umgefallenen Grabsteine in überwucherten Friedhöfen – aber auch die belanglosen Autos, die an nackten Neubauten vorbeifuhren, einsame alte Frauen, die aus den Fenstern ihrer Wohnungen herausblickten, und junge Drogensüchtige, die auf dem Bürgersteig zusammengebrochen waren.

In ihrem Buch entwickelt sie Stück für Stück, wie aus dieser fremden Metropolis, wie sie sagt, *ihre* Stadt wurde. Seit ihrer Studentenzeit ist sie an allem beteiligt gewesen, was um sie herum geschah – an der Kunstpolitik der fünfziger, der Studentenbewegung der sechziger Jahre, Gewerkschaftsarbeit und Bürgerinitiativen, dem Gründen von Frauenhäusern. Sie hat immer auch in der östlichen Hälfte der Stadt Freundschaften gehegt (und dabei nie ganz ihre Schwäche verloren für die graue Trägheit der DDR, dem dortigen Gefühl stehengebliebener Zeit, für das Kopfsteinpflaster und den räudigen Stuck, die überlebt hatten wie schwebende Träume einer Nacht).

Und doch kehrt wieder und wieder das Gefühl zurück, das sie von Anfang an nicht losläßt, Außenseiterin und Zuschauerin in Berlin zu sein. Der einzige Ort, an dem sie sich je zu Hause fühlte, sagt sie, ist die Wohnung, in die sie 1961 an ihrem 21. Geburtstag zog, in der sie bis heute lebt und deren Adresse dem zentralen Abschnitt ihrer Geschichte seinen Titel gibt. Als sie begann, die Stadt zu malen, fing sie mit der Wohnung an. Die erste Farbe trug sie auf die Wände und Fußböden der Wohnung selbst auf in verschiedenen Schattierungen des Blaus, das immer wieder in ihren Bildern auftaucht. Dann malte sie Bilder der häuslichen Kleinigkeiten, die ihr Alltagsleben prägten und die ihr solche Sicherheit und Freude verschafften – die Bücher im Regal, das Geschirr auf Küchenborden, die Badewanne und das Klo, der Krimskrams auf dem Schreibtisch in der morgendlichen Sonne, der sie zur Arbeit aufforderte, das große Fenster im Berliner Zimmer mit dem Kastanienbaum draußen im Garten. Mit der Zeit fing sie an, die Gegend um ihre Wohnung in ihre Arbeit einzubeziehen. Dies ist das Herzstück ihres Berlins, die Uhlandstraße und die umliegenden Straßen, eine in sich abgeschlossene Welt, die, sagen wir, von der Ludwigkirchstraße im Süden über den Kurfürstendamm bis zum Savignyplatz und zum Steinplatz reicht, und im Buch erzählt sie ähnlich intensiv, wie sie es malt, seine Geschichte, Block für Block, Gebäude für Gebäude.

In einigen ihrer frühen Bilder taucht sie auf, eine zarte, plötzlich verletzlich erscheinende Person, von uns abgekehrt, die aus dem Fenster der vertrauten Wohnung in die Welt draußen blickt. Der Gegensatz zu dem berühmten Bild Caspar David Friedrichs in der Nationalgalerie ist ergreifend. Die junge Frau, die auf das Dresden um 1820 blickt, sieht eine Welt voller Verheißungen, und sie ihrerseits wird von dem liebenden Ehemann an der Staffelei beobachtet. Die junge Frau auf den Bildern Sarah Haffners sieht auf eine viel trostlosere Welt, und sie wird von niemand anderem beobachtet und im Bild festgehalten als von sich selbst.

Außenseiter sind oft die schärfsten Beobachter, denen alles auffällt, woran sich Insider längst angepaßt haben. Das Berlin Anfang der dreißiger Jahre wurde treffend eingefangen von einem englischen Schriftsteller (Sarah Haffner notiert, daß sie Isherwoods »Goodbye to Berlin« im Lauf der Jahre siebenmal gelesen hat). Der große Menzel, der die Entwicklung Berlins zu einer Weltstadt im 19. Jahrhundert aufzeichnete, wurde in der Provinz (Breslau) geboren und zog mit seiner Familie nach Berlin in genau demselben Alter wie Sarah Haffner. Für sie verschloß sich mit jenem abrupten Umzug die Welt, in der sie großgeworden war, und im ersten Teil des Buches blickt sie durch ein anderes Fenster, das Fenster der Zeit, auf ihre frühere Heimat und betrachtet London von außen mit der gleichen wunderbaren Schärfe, mit der sie Berlin betrachtet. In einer gewissen Weise war jenes Kind in den Londoner Vororten selbst vor ihrer Entwurzelung schon eine Außenseiterin. Ihre Eltern waren deutsch, und sie wurde nur deshalb in England geboren, weil ihre Eltern ihrerseits dort in den dreißiger Jahren als Emigranten Zuflucht gesucht hatten.

Auch in der Kunst ist sie immer Außenseiterin gewesen – und dies ist eine weitere Quelle ihrer Kraft. Gegenständliche Kunst war in ihrer Studienzeit an der Kunsthochschule weitgehend durch Tachismus und art informel verdrängt worden. Mit der ihr eigenen geistigen Unabhängigkeit rebellierte sie – aber gleichzeitig schaffte sie es, den Formalismus, den sie gelernt hatte, zu benutzen, um auf eine andere Art draußen zu bleiben – um sich von dem Gegenstand zu distanzieren. Binnen zwei Jahren nach ihrem Abgang von der Hochschule schrieb sie für sich selbst ein privates Manifest, in dem sie ihre Einsicht festhielt, daß Kunst aus dem Konflikt zwischen Objekt und Abstraktion entsteht. Diesen Konflikt hält sie aufrecht, indem sie Objekte und Personen isoliert, vereinfacht und oft in einer präzisen formalen Geometrie anordnet, immer mit genauer und subtiler Kontrolle der Farbe. In der Farbe liegt ihre eigentliche Magie. In vielen ihrer Bilder reduziert sie die Stadt auf ein paar geradlinige Umrisse – und weckt dann die lebendigen Stimmungen verschiedener Tages- oder Jahreszeiten, indem sie die Graduierungen der Farbe des Lichts verändert, das über die Stadt streift. Der blaue Teil des Spektrums liegt ihr am meisten. Blasses Winterblau, tiefes Sommerblau. Das Blau des Morgens, des Mittags, des Abends und der Nacht. Die Hautfarbe von Gesichtern und Körpern durch blau verwandelt. Melancholisches Blau.

Sie schreibt ähnlich klar und direkt, wie sie malt. Ihren Stil hat sie früh gelernt durch den vorzüglichen Rat, den ihr ein Lehrer an ihrer Grundschule in London gegeben hat, ein Rat, der von allen Schriftstellern aus ihrem Kapitel über diesen bemerkenswerten Mann (Mr. Freemantle) abgeschrieben und auswendig gelernt werden sollte. Beim Schreiben distanziert sie sich durch eine andere Art Formalisierung von ihrem Stoff – indem sie ihn als eine Folge gut organisierter Geschichten gestaltet, wie es der Untertitel des Buches zu verstehen gibt. In jenem privaten Manifest, das sie für sich schrieb, in dem sie die reine Abstraktion ablehnte, nannte sie Literatur »erzählend«, eine Ansicht, so abseits der damaligen fortschrittlichen Literaturtheorie, wie ihre Ansichten über Malerei abseits der fortschrittlichen Kunsttheorie waren. Eine Geschichte zu erzählen ist aber eine Art Abstraktion, die Auswahl, Vereinfachung und verständliche Gliederung erfordert.

Aus diesen knappen Sätzen und klaren Erzählungen entwickelt sich eine bewegende Geschichte, in der Schmerz und Melancholie durch Courage und Entschlossenheit in Schach gehalten werden und durch eine intensive Beschäftigung mit der Außenwelt. Aber es gibt auch viel Freude in dem Buch. Freude an ihrer Arbeit und ihren Freundschaften, an den Dingen und Orten um sie herum, Freude daran, Mutter und Großmutter zu sein. Und überall scheint ihr Humor durch. Ihn würde ich ja gern auf ihre englische Kindheit zurückführen, aber ich glaube, er steckt ihr einfach in den Knochen. Mehrere Male mußte ich laut lachen. Tränen liefen über mein Gesicht bei ihrem Bericht, wie sie in mittleren Jahren Autofahren zu lernen versuchte – und dann, nachdem sie es, wider Erwarten, endlich gemeistert hat, war ich auf andere Art, aber genauso intensiv berührt von ihrer meisterhaft einfachen und exakten Schilderung der Freude und des Gefühls von Freiheit beim Autofahren. Das soll man heutzutage eigentlich nicht über das Autofahren sagen. Aber ihr ist es ja noch nie eingefallen, über irgendetwas das zu sagen, was man sagen sollte.

Die Figuren, die sich in ihren frühen Bildern von uns abgewandt haben, scheinen sich in den neueren Bildern uns zuzuwenden. Aber sie stehen immer noch oft an Fenstern. Sie betrachten nach wie vor das Leben von außen. Es scheint mir, als ob ein Teil des Lebens, das sie beobachten, wir sind, die Betrachter – und vielleicht die Künstlerin selbst, sogar während sie sie malt.

Und die Farbe, zu der sie zurückkehrt, ist immer noch jenes kühle und melancholische Blau.

Zwei Ohrfeigen

Zu meinem fünften Geburtstag im Februar 1945 wünschte ich mir ein Glas Marmelade. Ich bekam ein von Kriegsversehrten gebautes Puppenhaus und einen Bleistift. Mit dem Puppenhaus konnte ich nicht viel anfangen, aber den Bleistift fand ich wunderbar. Stundenlang zeichnete ich und ahmte die Schrift der Erwachsenen nach. Später schrieb ich kleine Geschichten. Da waren wir schon umgezogen. Im Dresser (Küchenwandschrank) in der Küche unseres neuen Hauses bekam ich eine Schublade. Dort hob ich meine Arbeiten auf.

Über meiner Schublade lag ein Haufen Zeitungen. Und darauf oft der Kater Timmy. Über ihm hingen Becher an Haken. Manchmal schlief Timmy neben dem Koksofen in der Küche, manchmal war er im Garten oder streunte herum. Ich nehme an, daß er Vater von vielen Katzenkindern in unserer Gegend war. Timmy bekam meistens einen Brei aus Fisch und Haferflocken. Den Fisch kauften wir im Fischladen gegenüber von Meredith's, unserem Eckladen. Bei Meredith's gab es alles, von Zeitungen und Zigaretten über Papierwaren und Spielsachen bis zu Seifenartikeln, Lebensmitteln und Limonade. Im Fenster hingen Kleinanzeigen: Sofa billig abzugeben. Wellensittich entflogen. Repariere alles.

Damals ging ich noch nicht oft zu Meredith's. Ich bekam zwar sixpence in der Woche Taschengeld, aber ich wußte nicht viel damit anzufangen. Nicht einmal Brausepulver gab es ohne Marken. Manchmal kaufte ich getrocknete Bananen. Sie sahen wie braune Würmer aus, etwa fünf Zentimeter lange und ein Zentimeter dicke Dinger, die muffig schmeckten. Ab und zu besorgte ich salzige Oxo cubes – Suppenwürfel – zum Abschlecken. Gelegentlich kaufte ich Abziehbilder, mit denen ich meine Handrücken und Arme dekorierte. Und einige Male gab ich das Geld einem Bettler.

Geld bedeutete mir nicht viel, aber mit sieben Jahren verdiente ich selbst ein bißchen. Ich half dem Milchmann sonnabends beim Austragen der Flaschen. Unser Milchmann hatte einen Wagen mit Pferd. Ich mochte das Pferd. Außerdem kam ich mir wichtig vor. Beim Austragen mußte man genau aufpassen, daß alles stimmte. Es gab pasteurisierte Milch, homogenisierte Milch und Milch mit getrenntem Sahneanteil, einer gelblichen Schicht im oberen Teil der Flasche. Den Inhalt erkannte man an der Farbe der Stanniol-deckel: silber, rot und blau. Schön sah es aus, wenn mehrere Fla-schen mit farbigen Deckeln vor den Haustüren standen.

Mit meinem Geld ging ich manchmal zu Meredith's. Einmal kam ich von dort nach Hause und sagte meiner Mutter: »Ich habe unrationierte Schokolade bekommen.« »O Gott«, sagte sie, »hast du sie gegessen?« »Ja.« Ich hatte zwei Tage lang Bauchweh und Durchfall. Es war Abführschokolade. Mit dem Bauchweh lag ich im Bett. Wenn ich nicht las oder schlief, betrachtete ich die Tapete mit dem etwas erhabenen, krisslig-weißen Muster. Wenn ich ge-nau genug hinguckte, konnte ich im Muster Gesichter entdecken und winzige, zwergartige Gestalten.

Nicht lange nach der Episode mit der Abführschokolade kaufte unser Milchmann einen motorisierten Lieferwagen, der beim Fah-ren ein asthmatisches Geräusch machte. Da half ich nicht mehr beim Austragen der Flaschen. Stattdessen ging ich mit meinem Bruder Oliver zu »Saturday morning flicks«, Kinderkino im Odeon Cinema. Es gab Micky Mouse oder Tom and Jerry, einen Vorfilm und einen Hauptfilm, oft einen Western. Wenn die guten Cowboys auf der Leinwand erschienen, brüllten wir »good'ns« (was good ones heißen sollte) und bei den bösen »bad'ns«. Vor der Filmvorführung sangen wir Lili Marleen auf Englisch. Der Text wurde auf die Leinwand projiziert. Sie hieß aber bei uns Lili Marlene. Ich war ganz erstaunt über das fehlende E, als ich viele Jahre später das Lied zum ersten Mal auf Deutsch hörte.

Dieses Triumphgefühl, wenn man etwas bekam, was es sonst nicht gab. Wie ein Lauffeuer ging es durch unseren Stadtteil Wim-bledon: Im Kaufhaus gibt es Roller zu kaufen, für jede Familie einen. Meine Mutter und ich gingen hin. Erst holte meine Mutter einen Roller, dann ich. Wir hatten es geschafft, für Oliver und mich je einen Roller zu ergattern. Wie Trophäen brachten wir sie nach Hause.

Meine Mutter hatte viel zu tun mit dem großen Haushalt und dem Garten. Aber sie spielte oft mit uns. Damals Schreibspiele und Brettspiele, etwas später außerdem Mah Jongg, Bézique, Rommé und Canasta. Noch später Skat. Bis heute spiele ich die Patiencen, die sie uns gelehrt hat. Mit meinen Brüdern spielte ich gelegentlich Dame oder Mühle und später sehr gelegentlich Schach. Ich verlor fast immer, aber das machte nichts. Die Leidenschaft fürs Spielen ist mir geblieben.

Meine Mutter löste jede Woche das sehr schwere Sonntagsrätsel im »Observer«, mit dem man nur fertigwerden konnte, wenn man eine ausgeprägte Kombinationsgabe hatte und sehr belesen war. Und sie war es, die bei uns die elektrischen Reparaturen machte. Sie sagte nicht: »Laßt erst die anderen Leute aussteigen, bevor ihr in den Bus steigt«, sondern: »Warum ist es einfacher, wenn zuerst aus- und dann eingestiegen wird?« Es blieb uns überlassen, darauf zu kommen. Meine Mutter war oft traurig, aber sie lachte auch viel.

Peter, mein großer Bruder, der schon siebzehn war, erkrankte schwer an Diphtherie. Erst lag er zu Hause. Die Tür zu seinem Zimmer wurde mit einer nassen Decke behängt, was die Infektionsgefahr mildern sollte. Wir durften nicht zu ihm hinein. Trotzdem war mir nicht klar, wie gefährlich die Krankheit war. Auch nachdem Peter ins Krankenhaus gekommen war, wo er etwa drei Wochen lag, zweifelte ich keinen Augenblick daran, daß er wiederkommen würde. Mein Vater brachte ihm »Buddenbrooks« auf Deutsch.

Peter war sieben, als meine Eltern 1938 nach England emigrierten. Meine Mutter hatte ihn mit in die Ehe gebracht, die damals keine war, denn meine Eltern konnten wegen »Rassenschande« erst in England heiraten. Peter konnte kindliches Deutsch, und nun nahm mein Vater die Gelegenheit wahr, ihn dazu zu bringen, ein »ernstes« deutsches Buch zu lesen. Ich glaube, es war das einzige, das er je auf Deutsch gelesen hat. Thomas Mann war ohnehin nicht sein Fall. Später hat er viel von Hermann Hesse gelesen, aber auf Englisch.

Mein Vater war oft nicht da. Er fuhr nach Deutschland, teils aus beruflichen Gründen, teils um seine Familie zu sehen und sie etwas zu unterstützen. Wenn er in London war, saß ich manchmal mit ihm im Wohnzimmer und hörte Musik auf Schellackplatten mit 78 Umdrehungen in der Minute. Mitten in einem Quartettsatz war eine Seite zuende, und mein Vater sprang auf und drehte die Platte um. Manchmal fummelte er am Tonarm herum, um die Nadel auszuwechseln. In einem Quartett gab es vielleicht acht oder zehn Unterbrechungen solcher Art. Die Mühe lohnte sich. Die Musik war wunderschön. Mein Vater hörte besonders gern das Italienische Konzert und das Zweite Brandenburgische Konzert von Bach. Ich mochte fast alles, was wir spielten, nur nicht Bruckner. Besonders gern mochte ich die langsamen Sätze in den Quartetten von Mozart und Haydn.

Peters Diphtherie war noch nicht lange ausgestanden, da kam Tante Marga, die ältere Schwester meiner Mutter, aus Berlin zu Besuch. Marga war die einzige der Geschwister meiner Mutter, die im Krieg in Deutschland geblieben war. Wie durch ein Wunder hatte sie überlebt. Ein gutmütiger Beamter hatte für sie Papiere ausgestellt, die sie als Halbjüdin auswiesen. Damit mogelte sie sich durch. Einmal war die Gestapo an der Haustür, und sie fürchtete, denunziert worden zu sein, aber die Männer kamen nicht in die Wohnung. Kurze Zeit später wurde sie ausgebombt – ihr Glück, wie sie später sagte, denn danach konnte niemand mehr Unterlagen von ihr verlangen, die ihre Identität belegten. Sie zog nach Babelsberg und arbeitete dort bis Ende des Krieges für die Filmschauspielerin Brigitte Horney. Das alles erfuhr ich erst viel später, denn über die Judenverfolgung wurde mit uns Kindern nicht gesprochen. Damals wußte ich nicht, warum meine Eltern Deutschland verlassen hatten. Ich nahm die Tatsache als gegeben hin. Erst vier Jahre später, als ich zwölf war, erfuhr ich den Grund der Emigration.

Margas Besuch bei uns dauerte wesentlich länger als geplant: etwa zwei Jahre. Bald nach ihrer Ankunft brach in Berlin die Blokkade aus, und sie konnte nicht zurück. Schließlich suchte sie sich in London eine Arbeit. Sie holte gewissermaßen die Emigration nach. Als Marga Mitte der sechziger Jahre nach Berlin zurückkehrte, waren zwei ihrer Schwestern schon längst wieder dort und eine in England gestorben. Nur der Bruder, der Mathematikprofessor Kurt Hirsch, blieb in England.

Marga gehörte zur ersten Generation von Frauen, die in Deutschland studierten, und hatte in Alt-Philologie promoviert. Als Oliver später auf die Oberschule kam und Griechisch lernte, saßen die beiden manchmal in der Küche und rezitierten laut den Anfang der »Odyssee«. Das hörte sich für mich, die ich nur mit Latein gequält wurde, so an: *Andremoyennepemusepolytroponhossmallapolla Planchte / epaitrojesptoljetroneperssae.*

Ich glaube, es war noch 1948, als die Rationierung der Bonbons zum ersten Mal aufgehoben wurde. Mit Christine und Anthony de Mendelssohn, den Kindern des österreichischen Schriftstellerpaares Peter de Mendelssohn und Hilde Spiel, die bei uns in der Nähe wohnten, ging ich zu Meredith's. Wir kauften zusammen zwei Pfund Bonbons. Die Bonbons lutschten und kauten wir auf dem Weg nach Wimbledon Common, unserem Park. In der Mitte des Parks war ein Teich. An dessen Rand setzten wir uns hin und aßen die Bonbons auf. Wir hatten uns völlig überfressen: Einer nach dem anderen gingen wir zum Teich und übergaben uns. Es müssen viele sich so unmäßig vollgestopft haben, denn sechs Wochen später waren die Bonbons wieder rationiert.

Ab Ende 1948 ging ich sonnabends nicht mehr zu »Saturday morning flicks«, sondern mit meiner Freundin Sheila Smith einkaufen. Erst gingen wir in die Bibliothek. Ich ging in die Jugendbibliothek und holte ein Buch von Enid Blyton, Arthur Ransome oder griechische Mythologie für Kinder. Sheila holte in der Erwachsenenbibliothek eine Romanze für ihre Schwester Babette, die noch älter war als Peter. Wir hatten beide den Auftrag, Gemüse mitzubringen, das besorgten wir zuerst. Im Möbelladen zahlte

Sheila eine Rate ab. Ich kaufte im Delikatessenladen Schwarzbrot, Wurst und Käse für meine Mutter. Dann ging es – endlich – zu Woolworths. Dort wurden über Lautsprecher Schlager gespielt: »Daisy, Daisy, give me your answer do, I'm half crazy, all for the love of you.« Oder: »Let him go, let him tarry, let him sink or let him swim, for I'm going to marry a far nicer boy than him.« Es gab Horlicks zu trinken, Malzmilch, die schaumig geschlagen wurde und wunderbar schmeckte. Zum Schluß kauften wir jede für drei pence chips im Fish and Chips-Laden, gossen etwas Essig auf die heißen öligen chips, bestreuten sie mit Salz und aßen sie auf der Straße aus der Tüte. Das war der Höhepunkt eines jeden Sonnabends.

Mit Sheila spielte ich oft Monopoly. Manchmal bauten wir Häuser aus Minibrix, zusammensteckbaren Steinen aus Hartgummi. Oder wir spielten mit Phyllis Scully und Valery Hancock, die mir gegenüber wohnten, und anderen Mädchen aus der Gegend auf der Straße Hopscotch (Himmel und Hölle), Seilspringen, Ball oder »Giant Strides«: Ein Mädchen stand vorn mit dem Gesicht zur Wand und sagte an. Die anderen, ein ganzes Stück hinter ihr, folgten den Anweisungen, die jede einzeln bekam. Ich erinnere mich nur an einige Schrittvarianten: giant stride (Riesenschritt), fairy steps (Feenschritte), tip-toe (ein Fuß direkt vor dem anderen) und watering can (Gießkanne: ausspucken und dorthin laufen, wo die Spucke landete). Wer zuerst vorn war, wurde die nächste Ansagerin.

Ungefähr um diese Zeit entdeckte ich bei Meredith's eine Kleinanzeige: Weiße Mäuse billig abzugeben. Es stellte sich heraus, daß sie dem rotzigsten Jungen in der ganzen Gegend gehörten. Ich gab ihm den größten Teil meines ersparten Geldes und brachte die weißen Mäuse in einem Käfig nach Hause. Ob die ganze Sache mit meinen Eltern abgesprochen war, weiß ich nicht mehr, aber ich befürchte eher nicht. Der Käfig mit den weißen Mäusen kam in den Schuppen am Ende des Gartens. An ihnen sollte ich die Grausamkeit der Natur kennenlernen. Nach einiger Zeit bekamen sie junge, nackte rosige kleine Kreaturen, die von ihren Eltern aufgefressen wurden. Die Mäuseeltern selbst wurden von braunen Mäusen, die es im Garten gab, angegriffen und lagen eines Tages tot im Käfig.

Im Frühjahr 1949 wurden wir von David Astor, dem Herausgeber des »Observer« (der Zeitung, für die mein Vater schrieb), auf seinen Landsitz in Sutton Courtney eingeladen. In Sutton Courtney gab es einen Esel, und ich durfte auf ihm reiten. Das war mit großer innerer Aufregung und Stolz verbunden, denn ich war ein körperlich nicht sehr geschicktes Kind. Ich ließ mir aber meine Ängstlichkeit nicht anmerken, überwand sie und fand Spaß daran, mit immer größerer Selbstverständlichkeit zu reiten. Ich hatte etwas fürs Leben gelernt.

Eine andere Lehre fürs Leben erteilte mir David Astor. Eines Nachmittags gab es zum Tee petits fours. Ich hatte so etwas noch nie gesehen und langte über den Teller, um das größte Stück zu erhaschen. Da sagte David Astor: »Take the nearest and hope for the best.« (Nimm das Nächste und hoffe aufs Beste.)

Bald danach ging mein Vater mit mir zum ersten Mal in ein Konzert im Conway Hall am Red Lion Square. Ein junges Quartett, das gerade anfing bekannt zu werden, das Amadeus Quartett, spielte. Der Konzertsaal war brechend voll, und wir mußten stehen. Wir standen im Seitengang an der Wand, mein Vater hinter mir. Ich faltete meinen Mantel zusammen und stellte mich darauf, damit ich sehen konnte. Dann fing die Musik an. Ich vergaß alle Unbequemlichkeit und war von der Schönheit der Musik völlig gefangengenommen. Besonders erinnere ich mich an den »Rosamunde«-Quartettsatz von Schubert, denn den brachte ich mir hinterher selbst auf der Mundharmonika bei. Ich saß im Baum am Ende unseres Gartens und spielte Schubert und »Jesu bleibet meine Freude« von Bach, Volkslieder und Schlager.

Als ich ziemlich viel auf der Mundharmonika konnte, wollte ich ein richtiges Instrument lernen, Akkordeon. »Das ist kein richtiges Instrument«, sagte mein Vater. »Dann trete ich in die Heilsarmee ein und lerne dort Akkordeon.« »Das tust du nicht.«

Meine Eltern unterhielten sich auf Deutsch, wenn es etwas zu besprechen gab, was wir Kinder nicht verstehen sollten, oder wenn es zwischen ihnen Streit gab. Oliver und ich hatten Deutsch verlernt, als wir 1944 fast ein Jahr in Mittelengland evakuiert waren. Oliver war damals fünf und ich vier. Als wir nach London zurückkamen, baten wir unsere Eltern, nur Englisch mit uns zu sprechen, denn wir empfanden uns als englisch, und so war Deutsch die Geheimsprache unserer Eltern geworden.

Mein Vater war aufbrausend. Wenn er wütend war, schrie er uns auf Deutsch an. Sonst sprachen wir nur Englisch miteinander. Meine Eltern sprachen beide Englisch mit Akzent. Manchmal zog ich meinen Vater damit auf und verband die Worte, die er falsch aussprach, in einem Satz, worüber er lachte. Sein geschriebenes Englisch war brillant und nicht von dem eines gebürtigen Engländers zu unterscheiden. Aber unser Zuhause war in vielem deutsch. Meine Mutter, die eine hervorragende Köchin war, machte Königsberger Klopse und Arme Ritter und stellte Sauerkraut in einem großen Faß her. Nur gelegentlich gab es Kedgeree, ein anglo-indisches Gericht aus Fisch und Reis. Sobald man die Zutaten bekommen konnte, backte meine Mutter zu Weihnachten sowohl Stollen als auch Christmas Cake. Wir feierten Weihnachten auf deutsche Art am Heiligabend. Am Christmas Day, dem ersten Feiertag, in England der einzige Weihnachtsfeiertag, trug ich den Christmas Pudding herein, der mit Rum übergossen und angezündet worden war, denn den Pudding hereinzutragen ist Aufgabe der jüngsten Person. Solange wir unter uns waren, kam ich mit dem kulturellen Kuddelmuddel gut zurecht, aber wenn andere dabei waren, fand ich es peinlich, daß wir von Holzbrettchen aßen, aber wiederum schön, daß wir soviel Musik hörten.

Timmy war mein Kater. Ursprünglich waren es zwei Katzenbrüder gewesen, Timmy und Tommy, der Olivers Kater war, aber Tommy ist weggelaufen und wahrscheinlich überfahren worden. Timmy war sehr anhänglich, sprang mir manchmal auf den Schoß oder strich mir um die Beine und schnurrte wie ein Rasenmäher, wenn ich ihn streichelte und mit ihm spielte, was oft vorkam. Eines Tages lief uns ein kleines Kätzchen zu, und ich muß zu meiner

Schande sagen, daß ich mich ein paar Tage fast ausschließlich mit dem Kätzchen beschäftigte und Timmy mißachtete. Timmy schlich herum und war nur noch ein Schatten seiner selbst. Das Kätzchen verschwand ebenso plötzlich, wie es gekommen war. Ich hatte gelernt, was ein Seitensprung ist, Treue und Eifersucht, und ein schlechtes Gewissen. Es dauerte einige Zeit bis Timmy wieder so zutraulich war wie vorher.

Oliver und ich waren Streithammel. Oliver hatte plötzliche Wutanfälle. »Provoziere ihn nicht«, sagte mein Vater. Und wenn wir uns stritten: »Der Klügere gibt nach.« Dabei guckte er mich an. Beim Tischdecken half ich meistens. Einmal bat meine Mutter meine beiden Brüder, den Tisch zu decken. Sie standen in entgegengesetzten Ecken der Küche und warfen sich die Teller zu. Ich glaube, es war das einzige Mal, daß sie den Tisch deckten. Auch beim Abtrocknen half ich, meine Brüder nicht. »Warum muß ich das machen und sie nicht?« fragte ich. »Weil du das später machen mußt«, sagte mein Vater. »Wenn ich das später machen muß, können sie das jetzt machen.«

Einmal ging ich am frühen Nachmittag allein ins Kino. Es gab Nachrichten, einen Zeichentrickfilm, einen Vorfilm und den Hauptfilm, »Annie, get your Gun« mit dem berühmten Lied »Anything you can do, I can do better« (Alles, was du kannst, kann ich besser), gesungen von Annie. Das gefiel mir. Als der Film vorbei war, hatte ich keine Lust, nach Hause zu gehen, und sah mir das ganze Programm nochmal an. Dann ein drittes Mal. »God save the King« wurde gespielt, das Licht im Kino angemacht, und die Vorführung war zuende. Im Dunkeln ging ich nach Hause. Ich hatte keine Ahnung, wie spät es war. Aber es war aufregend, ich war noch nie allein im Dunkeln unterwegs gewesen. Zuhause klingelte ich an der Tür. Sie wurde aufgemacht, und ich bekam eine Ohrfeige.

Nicht lange danach ging ich allein auf Wimbledon Common zum Rummel. Ich hatte zwei shilling und sixpence, und jede Sache, die man machen konnte, kostete sixpence. Mein Geld reichte also für fünf Sachen. Die fünfte war der »Rotor«, der in diesem

Jahr, 1949, eingeführt wurde: ein aufrechter Zylinder, der sich sehr schnell um die eigene Achse drehte. Wir »Versuchskarnikel« standen im Zylinder. Wenn die Drehung schnell genug war, wurde der Fußboden abgesenkt, und wir blieben einige Minuten an der Wand kleben. Es dröhnte in den Ohren und war überhaupt ziemlich schrecklich. Nach einer Weile drehte sich der Zylinder langsamer, und man rutschte an der metallenen Wand wieder herunter, ein sehr unangenehmes Gefühl. Ich wußte aber, daß ich nichts mehr machen können würde, wenn ich den Rotor verließ. Als Werbegeschenk zur Einführung konnte man für sixpence solange drin bleiben, wie man wollte. Also blieb ich drin. Sechzehnmal klebte ich an der Wand und rutschte wieder herunter. Neben mir klebte Stanislaus, ein winziger Teddybär, den mir Peter geschenkt hatte. Wieder war es dunkel, als ich herauskam. Meine beiden Brüder waren schon längst unterwegs, um mich zu suchen. Zuhause klingelte ich an der Tür. Sie wurde aufgemacht, und ich bekam eine Ohrfeige.

Das waren die beiden einzigen Ohrfeigen, die ich je bekommen habe.

Mr. Freemantle

Im März 1946, ich war gerade sechs, zogen wir von Richmond (südwestlicher Vorort von London) nach Wimbledon (südwestlicher Vorort von London). Ich kam in die Dundonald Road Primary School. Es war bereits meine dritte Schule. Oliver und ich verbrachten 1944 ein Jahr in Mittelengland in einem Internat, und so wurde ich mit vier statt, wie sonst in England üblich, mit fünf eingeschult. Während der ganzen Grundschulzeit war ich ein Jahr jünger als meine Klasse. Das sollte sich in der obersten Klasse der Grundschule als großes Glück herausstellen.

1945, nach London zurückgekommen, setzte sich meine Schulkarriere in der Vineyard Primary School in Richmond fort. Davon ist mir eine einzige Erinnerung geblieben: der Blick nach oben auf dem Weg zur und von der Schule. Wenn ich Glück hatte, schwebte am Himmel ein riesiger silberner eiförmiger barrage balloon (Flugabwehrballon). Von ihm hingen lange silbrige Fäden herunter, und alles glänzte in der Sonne. Ich empfand es als einen Anblick von unglaublicher, fremdartiger Schönheit.

1946 gab es in England wie in Deutschland einen außergewöhnlich kalten Winter. Wir beiden kleineren Kinder (mein ältester Bruder war schon fünfzehn und ging längst auf die Oberschule) hatten zusammen einen Mantel und eine Jacke. Wir tauschten täglich. Jeden zweiten Tag fror man auf dem Schulweg noch mehr. Überhaupt haben wir viel gefroren in dieser Zeit (an die ich mich trotzdem sehr gern erinnere). Geheizt wurde nur im unteren Teil des Hauses, mit einem kleinen Kamin im Wohnzimmer und einem großen eisernen Koksofen in der Küche. Die Küche war warm, aber im Wohnzimmer brutzelte man vorn und fror hinten. Es war trotzdem wunderbar mit dem Kamin, dem Feuer und den glühenden Kohlen. Ich saß mit heißem Gesicht davor und guckte fasziniert zu. Oben im Haus war es nur kalt. Mein Bruder und ich hatten jeden Nachkriegswinter Frostbeulen an den Füßen. Abends teilte meine Mutter »evening sweets« aus einer länglichen, dunkelroten Blechdose mit der Aufschrift »East, West, home's best« aus – zwei Bonbons für jedes Kind, und dann ging es, mit einer Wärmflasche nach oben ins eisige Kinderzimmer.

Dundonald Road Primary School, ein zweistöckiger Backsteinbau aus dem Jahr 1904, bestand aus einer Infants' School für die Fünf- bis Siebenjährigen und einer Junior School (acht bis elf). Die Infants' School leitete Miss Wrenny, eine strenge weißhaarige Person in einem violetten Twinset. An der Wand von Miss Wrenny's office hing ihr Wahlspruch eingebrannt in ein großes Holzbrett: »Scrambled eggs cannot be unscrambled«. (Zerschlagene Eier werden nie wieder ganz.) Dazu eine Abbildung von lauter kaputten Eiern.

Einmal habe ich mich mit Miss Wrenny richtig angelegt. Es war beim Mittagessen. Wir aßen in einem langen Flachbau auf dem Hof, zuerst wir Kleinen, danach die größeren Kinder. Wir saßen auf langen Bänken an zwei langen Tischen, nachdem uns das Essen aus großen Kübeln zugeteilt worden war. Es war unbeschreiblich: ein Stück Zadder mit einem Stück Fett, blau angelaufene Kartoffeln, etwas wässriges Gemüse und braungraue Soße mit schwimmenden Fettaugen. Miss Wrenny saß am anderen Tisch und traktierte ein Kind, das sein Essen nicht herunterbrachte. Das Kind würgte, und Miss Wrenny schob ihm das herausgewürgte Essen immer wieder in den Mund. Ich habe mir das ein paar Minuten lang angesehen, dann schrie ich: »Stop torturing that child!« (Hören Sie auf, das Kind zu quälen!) Miss Wrenny ließ die Gabel fallen, setzte ihre strengste Miene auf, stakste zu mir herüber und befahl: »Touch your toes«. (Zehen anfassen.) Das hieß vornüberbeugen. Ich bekam einige Schläge auf den Popo. Aber ich hatte das Gefühl, Miss Wrenny besiegt zu haben.

Bald darauf kam ich in die Junior School. Jetzt standen wir größeren Kinder an, wenn die Kleinen Mittagessen bekamen. Wir warteten und brüllten »Mr. Jones loves Miss Grierson, Mr. Freemantle loves Miss Evans«, immer und immer wieder. Miss Grierson leitete die erste und Mr. Jones die zweite Klasse der Junior School. An sie kann ich mich kaum erinnern.

Miss Evans war eine große Person mit tiefer Stimme, Hakennase, ausgeprägtem Kinn und starkem Parfüm. Aber vor allem mit einem großen Herzen. Miss Evans mochte ich sehr. Sie schickte mich manchmal in der Pause los, um Mr. Freemantle Zigaretten zu bringen. So begegnete ich zum ersten Mal dem besten Lehrer meiner gesamten Schulzeit.

In diesem Jahr, 1949, erlebte ich einen Moment purer Wonne. Ich lag mit einem spannenden Buch aus der Jugendbibliothek auf einer Truhe vor dem Fenster. Die Bonbons waren nicht mehr rationiert, und ich hatte ein viertel Pfund Fudge (weiches Karamell). Die Sonne schien mir in den Rücken, und ich dachte, das ist so schön, schöner kann das Leben gar nicht mehr werden.

Im Herbst 1949 kam ich zu Mr. Freemantle in die Klasse. Mr. Freemantle war ein rundlicher Mann mit rötlichem Gesicht, damals wohl Ende dreißig. In den zwei Jahren, die ich in seiner Klasse verbrachte, schwankte die Anzahl der Kinder zwischen 48 und 52. Außerdem gab es fünfzehn Aquarien im Klassenzimmer und Seidenraupen auf dem Klassenschrank, denn Mr. Freemantle war ein passionierter Naturfreund. Vor allem aber war er ein passionierter Lehrer. Er nahm uns ernst und redete nicht anders mit uns als mit Erwachsenen. Und er erklärte Dinge so einfach und einsichtig, daß ich sie mir fürs Leben gemerkt habe.

»Englisch«, sagte Mr. Freemantle, »besteht hauptsächlich aus zwei Sprachen: Deutsch und Französisch. Die Angeln und Sachsen sind im vierten und fünften Jahrhundert nach England gekommen, die Normannen im elften Jahrhundert. Deshalb ist der germanische Ausdruck der ältere, meistens der einfachere und der bessere. Bemüht euch immer, den einfacheren Ausdruck zu benutzen, wenn ihr schreibt. Wollt ihr etwas klarmachen, dann versucht, euch so klar wie möglich auszudrücken.« Und dann sagte er etwas, woran ich bis heute denke, wenn ich schreibe, auch jetzt: »Wenn ihr einen Satz geschrieben habt, dann guckt ihn euch an, ob ihr nicht ein oder zwei Worte, und wenn ihr einen Absatz geschrieben habt, dann guckt ihn euch an, ob ihr nicht ein oder zwei Sätze herausstreichen könnt.«

Bei Mr. Freemantle habe ich frei sprechen gelernt. Mehrmals im Jahr konnte man sich aus seinen Vorschlägen ein Thema heraussuchen, über das man nach einer Woche Vorbereitungszeit vor der Klasse frei referierte, erst fünf Minuten, dann sieben oder acht, dann zehn Minuten. Und Mr. Freemantle hat es mit seiner Begeisterung geschafft, sogar mich für die Biologie zu interessieren. Ständig brachte er Blätter, verschiedene Blumenarten und Gräser, Federn, gerade aufgeplatzte Kastanien oder Vogeleier in die Schule und erklärte uns die Merkmale und Unterschiede. Am letzten Tag des ersten Jahres machte Mr. Freemantle einen Wortwitz auf den Namen jedes einzelnen Kindes, und wir hatten den Spaß zu erraten, wer es war.

Ich mußte, oder durfte, deshalb noch einmal ein Jahr bei Mr. Freemantle in der Klasse verbringen, weil ich zu jung war, um die staatliche Prüfung für die Oberschule zu machen. Diese Prüfung hieß »Scholarship«, wurde aber meistens »Eleven Plus« genannt, weil man sie erst mit elf Jahren machen durfte. Ich war erst zehn. Die Prüfung bestand aus einem Aufsatz, einem Examen in Rechnen und einem Intelligenztest. Mr. Freemantle besorgte Examensaufgaben aus früheren Jahren und teilte die Klasse in drei Gruppen auf. A, B und C. Wir von der A-Gruppe saßen mit der B-Gruppe zusammen und arbeiteten die Aufgaben mit ihnen durch. Mr. Freemantle arbeitete vor allem mit der C-Gruppe. Mit seiner intensiven Vorbereitung hat er es geschafft, daß von 52 Kindern 29 aufs Gymnasium gekommen sind.

Damit ich mich nicht langweilte, schickte mich Mr. Freemantle manchmal Maulbeerblätter für die Seidenraupen besorgen. Im Garten unseres Zahnarztes stand ein Maulbeerbaum, und ich ging während der Schulzeit dorthin, um die Blätter zu sammeln. Das war sicher nicht ganz statthaft, aber Mr. Freemantle vertraute mir.

Und er war es, der meine künstlerische Begabung festgestellt und gefördert hat. Eines Tages meldete er die ganze Klasse für einen Kindermalwettbewerb an. Jedes Kind malte ein Bild. Dann gab er mir die Bilder und sagte: »Überarbeite du sie mal.« Als ich fertig war, lobte er mich überschwenglich. Seinen Ansporn habe ich nie vergessen. »Du wirst wohl eines Tages Malerin werden, du malst wie van Gogh.«

Zumindest mit dem ersten Teil hat er recht gehabt.

1982 bin ich in die Dundonald Road Primary School zurückgegangen. Den Weg von unserem Haus zur Schule, den ich als sehr lang in Erinnerung hatte, habe ich in etwa acht Minuten zurückgelegt. Unter der Eisenbahnbrücke hindurch, wo das Wasser immer noch an derselben Stelle heruntertropfte, vorbei an den Hekken mit den Stockraupen, die ich für Mr. Freemantle in die Schule brachte, und vorbei an dem Haus, wo ein Mörder gewohnt hatte. Dort hatte ich in meiner Kindheit immer Angst gehabt.

Die Schule sah von außen merkwürdig klein aus. Drinnen blickte ich durch die Tür in einen Klassenraum und sah dort ein etwa sechsjähriges Kind vor einem Computer sitzen. Dann kam mir eine junge Lehrerin entgegen. »Entschuldigen Sie«, sagte ich, »ich bin von 1946 bis 1951 in diese Schule gegangen. Damals gab es einen Lehrer, der Mr. Freemantle hieß. Wissen Sie, was aus ihm geworden ist?« »Keine Ahnung«, entgegnete mir die junge Frau, »den Namen habe ich noch nie gehört. Vielleicht können Sie im Rathaus etwas herausfinden.« Ich bin nicht ins Rathaus gegangen. Ich war mir zu unsicher, ob Mr. Freemantle sich überhaupt an mich erinnern würde. Und doch hätte ich ihm gern gesagt, wieviel er mir gegeben hat.

Bei den Ursulinen

Meine beiden Brüder gingen aufs Wimbledon College, eine sehr renommierte Oberschule für Jungen, die von Jesuiten geleitet wurde. Und so lag es nah, daß meine Eltern mich auf die parallele Mädchenschule schickten. Viel Auswahl gab es ohnehin nicht: Das andere Gymnasium für Mädchen in Wimbledon war anglikanisch und weiter entfernt. Also kam ich auf die Ursuline Convent School.

Erst bekam ich eine Uniform: dunkelblaues Tunic (Trägerrock), weiße Bluse mit langen Ärmeln, Schlips mit schrägen Streifen in den Schulfarben Dunkelblau, Dunkelgrün und Silber, dunkelblauer Blazer mit dem Schulwappen auf der Brusttasche, einer Verbindung aus dem Sternzeichen des großen Bären (Ursus) im oberen Teil, darunter ein Kreuz und unter dem Wappen ein geschwungener Schriftzug »Serviam« (Ich werde gehorchen). Die Krönung des ganzen war ein Velourshut mit Krempe, einem Ripsband mit den Schulfarben in schrägen Streifen drumherum und dem Schulwappen in Metall vorne drauf. Auf meine Uniform war ich sehr stolz, aber etwas eigenartig kam ich mir schon darin vor. Ich zog gern Hosen und Shorts an (was damals für Mädchen noch gar nicht üblich war). Damit war es in der Schulzeit jetzt vorbei.

In der ersten Zeit war ich in der neuen Schule vollauf damit beschäftigt, die Gebete zu lernen und mitzukriegen, wann man sich zu bekreuzigen hatte. Wir beteten sehr oft: bei der Morgenandacht, vor jeder Unterrichtsstunde, um zwölf Uhr (Angelus), vor und nach dem Mittagessen, und wenn man aus irgendeinem Grund abends um sechs Uhr noch in der Schule war, ging es zur Benediktion. Damals habe ich gelernt, aus den Augenwinkeln zu gucken, so daß niemand es merkte. Ich erspürte beinahe, wann die anderen anfingen, den Arm zu heben. Trotzdem kam ich zunächst eine halbe Sekunde hinterher, aber nach ein paar Wochen konnte ich mich synchron bekreuzigen.

In der Schule herrschte kühle Stille. In den Gängen waren die Fußböden aus Parkett oder Terrazzo. Die Nonnen huschten da entlang mit raschelnden Röcken und klappernden Rosenkränzen, die von ihren Gürteln herunterhingen. Wenn man einer Nonne auf dem Gang begegnete, mußte man stehenbleiben, sich verbeugen und warten, bis sie vorbeigegangen war. Wenn eine Nonne zum Unterricht hereinkam, standen wir auf. »Good morning, Sister.« Dann beteten wir mit der Schwester zusammen, aber obwohl ich das drei Jahre lang in der Woche zirka dreißigmal machte, weiß ich nicht mehr, was oder worum wir gebetet haben.

Ich war das einzige nicht-katholische Mädchen auf der ganzen Oberschule. Als ich das erste Mal an der Benediktion teilnahm, hatte ich das Pech, als letzte auf einer Kirchenbank in der Kapelle Platz zu nehmen. Ich mußte also als erste wieder aufstehen. Beim Hineingehen hatten wir die Kniebeugung nach vorn gemacht und uns bekreuzigt. Daß sich das auf den Altar bezog, war mir nicht klar. Wenn man beim Hineingehen soherum kniete, müßte man es beim Herausgehen andersherum machen, dachte ich. Ich erntete mitleidige Blicke und nachsichtiges Lachen.

In diesem ersten Jahr an der Oberschule war ich sehr artig, bemüht, alles richtig zu machen und mich in der neuen Umgebung zu integrieren. Wir lernten den Katechismus auswendig: *Who made you?* God made me. *Why did God make you?* God made me to know him, love him and serve him in this world and be happy with him forever in the next.

Ich nahm das sehr ernst.

Ich fing an, mich zu kasteien. Abends ging ich zunächst ins Bett, wartete bis ich warm geworden war, stand auf und wusch mich, ging wieder ins Bett, wartete und ging, wenn ich warm geworden war, aufs Klo. Was ich damit erreichen wollte, weiß ich nicht. Wem wollte ich etwas beweisen? Gott? Ich weiß nicht einmal, ob ich wirklich gläubig war oder mir das nur einredete. Jedenfalls glaubte ich nach einigen Monaten, Nonne werden zu wollen. Es war so, als könnte ich mit der Fremdheit dessen, was mir begegnete und mich umgab, nur durch vollkommene Anpassung und Umarmung fertigwerden.

Im Februar 1952 kam eine Nonne während des Unterrichts zu uns in die Klasse. Sie war ganz blaß. »Girls, don't be shocked. The King is dead.« Ein Raunen ging durch die Klasse. Die ganze Schule versammelte sich in der Aula, um für den toten König zu beten. Eine Woche zuvor war Tommy Handley gestorben, ein Radiokomiker. Ihn schloß ich in mein Gebet mit ein.

Am Aschermittwoch 1952, kurz nach meinem zwölften Geburtstag, gingen die Mädchen unserer Schule in die Kathedrale, die zu Wimbledon College gehörte. Im Licht, das durch die farbigen Kirchenfenster strömte, tanzten winzige Stäubchen. Der Altar war mit hohen Kerzen geschmückt. Die Luft war schwer von Weihrauch, ein Chor sang wunderbare Gesänge auf Latein. Ich war von dem Eindruck überwältigt. Wie immer wurde ich überrascht, als meine Klasse als erste aufstand, nach vorn ging und sich hinkniete. Der Priester machte bei jedem Mädchen ein Zeichen auf die Stirn. Danach sollte man zur Bank zurückkehren. Bevor ich mitbekam, wann ich aufstehen mußte, hatte ich schon das zweite Aschenkreuz auf der Stirn.

Alle sechs Wochen versammelten sich die Klassen unserer Schule in der Aula. Einzeln wurden die Schülerinnen einer Klasse aufgerufen und mußten sich nach Leistung in Reihen aufstellen. Bei A-minus standen ein oder zwei Mädchen, bei B-plus etwa sechs, bei B acht bis zehn, bei B-minus ungefähr sieben, und dann traf es die Armen: bei C-plus standen zirka vier Mädchen, bei C noch zwei und manchmal bei C-minus oder sogar D noch jemand. Eine Art Pranger. Nachdem das Aufstellen vorbei war, liefen die Mädchen paarweise nach vorn, verbeugten sich vor Reverend Mother, der Schulleiterin, die auf dem Podium saß, und setzten sich danach auf langen Bänken an der Seite der Aula. Dann war die nächste Klasse dran.

An den Unterricht in diesem ersten Jahr kann ich mich nur blaß erinnern. Wir hatten mehrere neue Fächer: Latein und Französösisch; Chemie und Physik zusammengefaßt in einem Fach: General Science; und Mathematik. Davon mochte ich Französisch und Mathematik, sowohl Algebra als auch Geometrie. Aber meine Lieblingsfächer waren Kunst, Musik, Englisch und Geschichte. In General Science bekam ich die Aufgabe, nach dem Unterricht in den Keller zu gehen und den Hauptgashahn abzudrehen, was mir nicht sehr gefiel, denn es roch schweflig in dem dunklen Keller und ich hatte zunächst Angst, etwas falsch zu machen. Aber mit einer solchen Aufgabe betraut zu werden, galt als Ehre. Und das nahm ich dankbar an, denn ich wollte partout dazugehören.

Das Fach, das ich am wenigsten mochte, war Sport. Im Sommer spielten wir Netball – ein ähnliches Spiel wie Basketball, oder Rounders, eine einfache Form von Baseball, später auch Tennis. Ich glänzte nicht. Im Winter gab es Sportunterricht in der Halle. Das schlimmste Folterinstrument, das Reck, lernte ich erst später in Deutschland kennen, aber Barren, Pferd und Kasten gehörten zum Repertoire. Zum Glück durfte man sich sein Gerät selbst aussuchen, und eine Sache konnte ich wirklich gut: an der Stange hochklettern. Also kletterte ich eine dreiviertel Stunde lang immer wieder eine Stange hoch und rutschte herunter.

An der Wand des Klassenraumes hing eine Liste mit unseren Namen. Jedes Mädchen, das schwimmen lernte, bekam dort ein Kreuz. Drei Kreuze fehlten noch, darunter meines. Ich betete jeden Abend eindringlich zu Gott, daß er mir die Schmach ersparen möge, letzte zu sein. Morgens vor der Schule ging ich ins Stadtbad. Was letztendlich geholfen hat, weiß ich nicht. Vielleicht war es die Verbindung von beidem, jedenfalls bekam ich das nächste Kreuz. Im Jahr danach machte ich meinen einzigen Kopfsprung-Versuch. Ich hatte vorher nicht gebetet. Es war ein Bauchklatscher.

Kunst war mein absolutes Lieblingsfach. Es wurde von einer der Laien-Lehrerinnen unterrichtet, Miss Clarke. Wir durften sowohl Thema als auch Technik selbst aussuchen, und nur wenn ein Mädchen überhaupt keinen Einfall hatte, schlug Miss Clarke etwas vor. Sie zeigte uns den Umgang mit Aquarellfarben, Deckfarben und Pastellkreiden, aber auch Monotypie, Linoldruck, Collage und Schabetechnik. In meinem zweiten und dritten Schuljahr machte sie sonnabends einen Kunstarbeitskreis für interessierte Schülerinnen. Im zweiten Jahr zeichneten wir uns dort gegenseitig. Im dritten Jahr malte ich in Öl ein riesiges Bild. Es war etwa 1,50 Meter hoch und 1,20 Meter breit. Darauf malte ich einen sehr flachen Jesus am Kreuz.

Ich weiß nicht, wann mir klar wurde, daß ich mit noch so viel Anstrengung nie dazugehören würde. Ich weiß auch nicht, ob das eine bewußte Wahrnehmung war oder nur ein untergründiges Gefühl. Jedenfalls gingen mit dem ersten Schuljahr meine Anpassungsversuche vorüber. Auch meine Vorstellung, Nonne werden zu wollen. Ich kam mit den unterschiedlichen Wertesystemen nicht zurecht, die uns kommentarlos, ja so als gäbe es keinen Widerspruch, vermittelt wurden. Was galt nun: die Bergpredigt, die Solidarität mit den Schwachen, die Liebe zum Nächsten oder die Konkurrenz und das gegenseitige Ausstechen? Es war verwirrend.

Weihnachten 1952 führte meine Klasse die Weihnachtsgeschichte auf. Ich hätte gern Maria gespielt, bekam aber die Rolle des schwarzen Königs Balthasar. Ein blondes Mädchen spielte Maria. Es war mir klar, daß ich die Rolle der Maria nie bekommen hätte, auch nicht, wenn ich blond gewesen wäre. (Etwas, was ich im übrigen nie angestrebt hätte, denn ich habe es immer geschätzt, klein, schwarz und frech zu sein.)

War ich bis dahin in der Schule brav und bemüht gewesen, so fiel ich mit der Zeit mehr und mehr durch Trotz auf. Im Lateinunterricht hatten wir eine ganz junge Lehrerin. Ihr besonders machte ich das Leben schwer. Ich störte im Unterricht, zunächst mit einem Geräusch, das ich mit dem Zeigefinger machte, indem ich ihn an der Innenfläche der Wange entlangzog und aus dem Mund herausspringen ließ. Es hörte sich an wie das Entkorken einer Flasche. Später riß ich Witze und entwickelte mich nach und nach zum Klassenclown. Öfter wurde ich aus der Klasse geschickt. Ein- oder zweimal hatte ich das Pech, daß Reverend Mother vorbeikam, während ich vor der Tür stand, mich mit in ihr Büro nahm und mir eine Standpauke hielt. Danach blieb ich nicht vor dem

Klassenraum stehen, wenn ich herausgeschickt wurde, sondern ging direkt in den Kunstraum und malte. Miss Clarke hat mich nie verpetzt.

Es gab eine andere Geschichte, bei der ich nicht verpetzt wurde. Im ersten Jahr war ich zum Mittagessen nach Hause gegangen. Wir wohnten nur zehn Minuten von der Schule entfernt. Meiner Mutter war es aber zuviel, mittags für mich und abends für die Familie zu kochen. Also blieb ich im zweiten Jahr zum Mittagessen in der Schule. Das Essen hatte sich im Vergleich zu dem auf der Grundschule nur unwesentlich verbessert. Vor allem die blau angelaufenen Kartoffeln erkannte ich mit Grausen wieder. Ich gewöhnte mir an, kleine Papiertüten in die Schule mitzunehmen. Beim Mittagessen hatte ich eine solche Tüte offen auf dem Schoß. Dort kamen die Kartoffeln 'rein. In der Pause schmiß ich sie in den Papierkorb auf dem Hof. Bei der Morgenandacht sagte Reverend Mother: »Es ist schon wieder Essen im Papierkorb gefunden worden. Essen wegzuwerfen ist Sünde.« Sünde oder nicht, ich brachte es nicht fertig, die Dinger zu essen. Einmal war ich gerade dabei, Kartoffeln in meine Tüte zu füllen. Da merkte ich, daß ein schwarzer Schatten schräg hinter mir stand und alles beobachtete. Ich erschrak zutiefst. Welche Nonne es war, weiß ich nicht, aber sie hat es für sich behalten.

Das alltägliche Strafsystem in der Schule für kleinere Missetaten bestand aus Disziplinpunkten und Nachsitzen. Disziplinpunkte gab es für alles und jedes. Es war verboten, in der Pause zu reden, bevor man auf dem Hof war. Es war verboten, im Schulgebäude zu rennen. Beim Essen sollten nur Messer und Gabel benutzt werden, wenn es etwas zu schneiden gab, sonst nur die Gabel. Bei Verstößen in diesen Dingen gab es einen Disziplinpunkt. Wenn ich in der Klasse störte, gab es einen Punkt. Wenn man drei davon hatte, mußte man am Freitagnachmittag nach der Schule nachsitzen und einen Aufsatz über gutes Benehmen schreiben. Diesen Aufsatz habe ich so oft geschrieben, daß ich ihn auswendig konnte.

Ich blieb aber bei allem Ungehorsam immer eine gute Schülerin. Das sollte seltsamerweise dazu führen, daß ich das verschärfte Strafsystem kennenlernte. Ich ließ nämlich ein paar Mädchen bei einem Test abschreiben. Das galt als unehrenhaft. Vor der versammelten Schule mußte ich mich während der Morgenandacht in das »Schwarze Buch« eintragen. Wenn ich ein zweites Mal erwischt worden wäre, hätte das Schulverweis bedeutet. Soviel zum Thema Nächstenliebe und Hilfe für die Schwächeren.

Meine Eltern waren von meinen Eskapaden, wie man sich denken kann, nicht begeistert, und es gab auch zu Hause etliches Ungemach, vor allem mit meinem immer kritischen Vater. Meine Mutter hat sich einmal in einem Konflikt mit der Schule fabelhaft verhalten. Ich hatte es mir abgewöhnt, mich aus der Klasse herausschmeißen zu lassen, und nahm stattdessen etwas zu lesen mit für langweiligen Unterricht (vor allem Latein). Das Buch hatte ich dann auf dem Schoß und las es unter der Schulbank. Es war nur eine Frage der Zeit, bis ich erwischt wurde. Das Buch, das ich gerade las, war eine Biographie Dostojewskis. Das erboste Reverend Mother besonders, mehr als die Tatsache, daß ich überhaupt während des Unterrichts gelesen hatte. Sie schrieb einen Brief an meine Eltern, wie sie es zulassen könnten, daß ich solchen Lesestoff mit in die Schule brächte, er sei für Mädchen in meinem Alter völlig ungeeignet. Meine Mutter schrieb kühl zurück, daß bei uns die Bücherregale offenstünden und sie es nicht verhindern könne, daß ich mir da Bücher heraussuche. Und daß sie außerdem nichts dabei finden könne, wenn eines davon die Biographie eines großen russischen Schriftstellers sei.

Der Unterricht war aber meistens alles andere als langweilig. Neben dem vorzüglichen Kunstunterricht erinnere ich mich besonders an ein Projekt 1953 in Geschichte. Wir bekamen als Klasse die Aufgabe, in einem Trimester zusammen eine Zeitung aus dem Jahr 1588 (dem Jahr der versuchten Eroberung Englands durch die Spanische Armada) herzustellen. Erst wurden die Ressorts verteilt: Politik, Kultur, Sport, Kleinanzeigen, Illustrationen. Ich war Ressortleiterin für Kultur und mußte mir meine Leute zusammensuchen für Literatur, Musik und Theater. Über Kunst schrieb ich selbst. Erst ging's in die Bibliothek, Fakten heraussuchen. Am Ende des Trimesters hatte die Klasse eine lesenswerte, informative und teilweise sogar witzige Zeitung produziert. Sie wurde in einem Glaskasten in der Schule ausgestellt. Wir waren sehr stolz.

Im selben Jahr starb der Leiter des Wimbledon College. Unser Schulchor, in dem ich sehr gern sang, lernte die Totenmesse. Wir sangen sie zusammen mit dem Chor des Wimbledon College bei der Trauerfeier in der Kathedrale. Es war zutiefst ergreifend, eine der bewegendsten Stunden, die ich je erlebt habe. Nur einmal habe ich in einem so großen Chor gesungen. Die Musik kam aus uns heraus, umgab uns und verband uns. Wenn es Gott gab, dann war er in dieser Musik.

Tennis

Jedes Jahr im Juli, wenn die Tennismeisterschaften vorbei waren, spielten wir Kinder in Wimbledon Tennis gegen die Hauswände. Die Tennis-Manie dauerte zwei oder drei Wochen. Dann war sie für ein Jahr vorbei. An einem Tag Ende Juni 1952 fuhren meine Mutter und ich nach Wimbledon Broadway einkaufen. Aus dem Bus sahen wir vor jedem Radiogeschäft eine Traube Menschen stehen. Als wir mit unseren Einkäufen fertig waren, stellten wir uns an einem Laden dazu. Ich schlängelte mich zwischen den Menschen hindurch, bis ich weit genug vorn stand, um etwas zu sehen.

Damals hatte kaum jemand einen Fernseher zu Hause, auch wir nicht. Ein Jahr später, zur Krönung der Königin, schafften wir uns einen an, natürlich Schwarz-Weiß, denn Farbfernsehen gab es noch nicht. Der Bildschirm war deutlich gewölbt, mit abgerundeten Ecken. Fernsehen war damals etwas Besonderes. Bevor das Gerät eingeschaltet wurde, wurden die Gardinen zugezogen und das Licht ausgemacht.

Im Fernseher des Radioladens wurde Tennis übertragen: die All England Lawn Tennis Championships in Wimbledon, »unsere« Tennismeisterschaften. Drobny, ein stämmiger Jugoslawe, spielte gegen Hoad, einen langen, weiß-blonden Australier. Es stand zwölf zu elf. Damals gab es noch kein Tie Break, jeder Satz wurde so lange gespielt, bis einer der beiden Spieler sechs oder mehr Spiele gewonnen hatte und zwei Spiele voraus lag. Es war ein sehr heißer Tag. Bei Drobny sah man den Schweiß heruntertropfen. Sein Gesicht und sein Hemd waren ganz naß. Hoad schien die Hitze besser zu ertragen, aber er lag trotzdem ein Spiel zurück. Meine Mutter und ich sahen etwa zehn Minuten zu. Zwölf zu zwölf. Dreizehn zu zwölf.

»Laß uns nach Hause gehen«, sagte meine Mutter, »wir können im Radio weiterhören.«

Die Busfahrt dauerte eine Viertelstunde, dann mußten wir ein Stückchen laufen. Als wir das Radio einschalteten, stand es fünfzehn zu vierzehn, aber nun lag Hoad vorn. Wir hörten gebannt zu. Es gab Break und Re-Break. Irgendwann ging Drobny wieder in Führung. Er gewann schließlich den Satz mit einundzwanzig zu neunzehn. Es war einer der längsten Sätze, der je bei einer Tennismeisterschaft gespielt wurde, und einer der spannendsten. Von da an war ich dem Tennisspiel verfallen. Ein Jahr später bekam ich in der Schule Tennisunterricht. Ich gab mir große Mühe und hätte gern gut gespielt, aber leider fehlte mir die Begabung.

Es traf sich gut, daß ich in eine katholische Schule ging, denn der Feiertag Petrus und Paulus fiel in die letzte Juniwoche. So war ich nicht nur auf die Sonnabende angewiesen, wo es sehr voll war, um noch ein paarmal als Zuschauerin »live« beim Tennisspiel dabeizusein, 1953 das erste Mal.

Ich stand morgens früh auf und fuhr mit dem Bus zum All England Lawn Tennis Club. Als ich ankam, wartete schon eine kleine Schlange Menschen. Manche standen, andere saßen auf Decken und lehnten gegen die Wand, aßen, tranken oder dösten. Noch war es ziemlich still unter den Wartenden. Es war jetzt etwa sechs Uhr morgens. Einlaß war ab zwölf Uhr.

Die Schlange wurde schnell länger und bog irgendwann um die Ecke, die etwa fünfzig Meter weiter hinten lag. Zwischen neun und zehn Uhr kamen die Komödianten, die bei jeder längeren Schlange in London am Kino oder Theater oder bei Sportveranstaltungen auftauchten, um die Wartenden zu unterhalten: Clowns, Musikanten, Feuerschlucker oder Menschen, die sich von Ketten befreiten. Jetzt war Stimmung unter den Leuten. Es wurde geblödelt und gewitzelt und herumorakelt, wer die besten Chancen habe, die Meisterschaften zu gewinnen. Bonbons und Schokolade wurden herumgereicht. Die Zeit verging schnell in der freundlichen Atmosphäre. Als um zwölf Uhr die Turnstiles – Drehkreuze – in Bewegung gesetzt wurden, gab es kein Geschubse und Geremple, obwohl der »tröpfelnde« Einlaß lange dauerte. Sobald ich drin war, besorgte ich mir eine Karte für einen Stehplatz und ging in eine der abgetrennten Areale für Stehplätze am Centre Court. Ich stand vorn an der Barriere. Hinter mir wurde es nach und nach voll. Jetzt war es wieder ruhiger. Man unterhielt sich, aber es wurde nicht mehr gerufen und gealbert.

Allmählich wurden auch die Sitzplätze belegt. Frauen in hellen Kleidern, manche mit einem Sonnenhut, und Männer in leichten Anzügen oder hemdsärmelig, meistens mit Schlips. Sportliche Bekleidung sah man bei den Zuschauern damals kaum. »Der weiße Sport« hatte einen Nimbus von lockerer Eleganz, erst recht in Wimbledon. Nach eindreiviertel Stunden waren alle Plätze belegt. Auf den Anzeigetafeln am Ende des Courts, an denen die Ziffern von Hand ausgewechselt wurden, standen schon die Namen der beiden Spieler, die antreten sollten. Wir warteten gespannt.

Ein Raunen unter den Zuschauern: Die Spieler waren gesehen worden, wie sie aus den »Katakomben« hervorkamen. Sie traten auf den Platz. Die Seiten wurden ausgelost. Es gab eine kurze Aufwärmphase, und das Spiel begann.

In Wimbledon zuzusehen war etwas Besonderes. Mir war bewußt, daß dies das älteste und wichtigste Tennisturnier der Welt war. Ich war erfüllt von patriotischem Stolz, in jedem Augenblick der Bedeutung des Ereignisses gewahr. Obwohl ich noch nichts von den Feinheiten verstand, beeindruckten mich die Klarheit und Eleganz des Spiels von Anfang an. Es machte Spaß zuzusehen, mit welch großem Können die beiden jungen Männer auf dem Court den Ball über das Netz jagten. Und wenn man einen Moment lang den Blick von den Spielern entfernte, sah man die Köpfe der Zuschauer auf der gegenüberliegenden Seite im Rhythmus des Balles sich hin und her bewegen. Die Stimmung war aufmerksam und gespannt, aber nie laut.

Der Feiertag Petrus und Paulus und die Sonnabende fielen immer auf einen »Herrentag« in Wimbledon, denn Damentennis habe ich dort nie gesehen. Das war gut so. Alsbald schwärmte ich für den einen oder anderen Tennisspieler und konnte nach Herzenslust schmachten. So sah ich stolz und schwärmend zu, wie der Ball über das Netz flog, freute mich, wenn »mein« Spieler ein Ass servierte oder einen Smash landete (der damals so gut wie nie zurückgebracht wurde und somit das Ende eines Ballwechsels bedeutete). Ich war nicht frei von Schadenfreude, wenn seinem Gegner die Bälle ins Netz gingen, aber so etwas ließ man sich nicht anmerken. Fairneß war zwischen den Spielern, aber auch unter den Zuschauern oberstes Gebot. Die Gemeinheit, einen Doppelfehler beim Aufschlag zu beklatschen, gab es nicht, nicht einmal als Andeutung.

Der Abwechslungsreichtum des Spiels begeisterte mich. Es gab plötzliche Wendungen. Einer, der durch ein Break zurücklag, gewann doch noch den Satz. Einer, der zwei Sätze zurücklag, gewann doch noch das Match. Daß da auch ein Psychospiel ablief, war mir nicht klar, aber der sportliche Glanz und die Spannung fesselten mich. Und meine Freude war riesig, wenn »mein« Spieler gewann.

In der Pause zwischen zwei Matches ging ich in den Clubanlagen spazieren. Man konnte sich die berühmten sieben Erdbeeren kaufen, die in Wimbledon meines Wissens bis heute eine Portion ausmachen und nicht ganz billig zu haben waren. Ich habe sie mir nur einmal geleistet, sonst trank ich Limonade. Wenn ich Glück hatte, lief ein Spieler oder eine Spielerin zwischen den anderen Menschen umher, und wenn ich noch mehr Glück hatte, gab es ein Autogramm. Nach einiger Zeit hörte man, daß das nächste Spiel beginnen sollte. Zurück zum Stehareal am Centre Court, wo die Leute mich immer freundlich nach vorn durchließen, damit ich sehen konnte.

Die dominierenden Spieler in den Jahren, in denen ich die Tennismeisterschaften besuchte, 1953 und 1954, waren Lew Hoad und Ken Rosewall, zwei Australier. Hätte es damals Weltranglisten gegeben, wären sie wohl wechselweise Nummer eins und Nummer zwei gewesen, aber Weltranglisten gab es nicht, denn die Spieler waren Quasi-Amateure. Profitennis und einen Tenniszirkus mit ständigen internationalen Tennisturnieren rund um den Globus gab es noch nicht: Es gab vier große Tennisturniere, die

Grand-Slam Turniere: Australian Open, French Open, Wimbledon und US Open, und es wurde nicht für Geld gespielt, jedenfalls nicht für sehr viel, sondern für die Ehre.

Vielleicht lag es daran, daß die Atmosphäre beim Spiel, aber auch das Spiel selbst so anders waren als heute. Aber sicher auch daran, daß die Schläger damals mit dickerem Material bespannt waren und die Bälle weicher. Das machte das Spiel langsamer und weniger druckvoll, aber auch spielerischer, als es inzwischen geworden ist.

Abends studierte ich das Programmheft, in dem ich viel über die Spieler und Spielerinnen, aber auch über die Geschichte des Turniers lesen konnte, das 1877 zum ersten Mal stattfand. Ich lieh mir Bücher über Tennis aus der Bibliothek. Ich war eine bestens informierte Anhängerin.

Während ich dies schreibe, geht im Stadion Roland Garros in Paris die French Open 2000 zu Ende. Ich schreibe vormittags und sehe nachmittags fern, denn ich bin leidenschaftlicher Tennisfan geblieben.

Weiße Kleidung sieht man bei den Spielern und Spielerinnen heute außer in Wimbledon selten. Nicht einmal die Bälle sind weiß. Dem Fernsehen zuliebe werden seit langem gelbe Bälle benutzt. Das Court Centrale faßt drei- oder viermal so viel Zuschauer wie »unser« Centre Court Anfang der fünfziger Jahre. Die Zuschauer – eine bunte Menge, die dazwischenruft und laut anfeuert. Wenn die Begeisterung sehr groß ist, geht »La Ola« durchs Stadion. In Blöcken springen die Zuschauer nach und nach von ihren Plätzen und reißen die Arme hoch. Mehrmals macht »die Welle« die Runde. »S'il vous plaît, s'il vous plaît«, sagt der Schiedsrichter und setzt sich nicht durch. Die Spieler warten hilflos. Nach fünf Runden »La Ola« beruhigt sich die Menge, beklatscht sich selbst, und das Spiel kann weitergehen.

Tennis ist viel härter geworden. Mit enormem Druck wird der Ball über das Netz gefegt. Die Anstrengung ist den Spielern anzumerken, manche stöhnen bei jedem Schlag. Durchgeschwitzte

Kleidung, früher eher selten, ist jetzt die Regel. Das Spiel ist athletischer, weniger grazil, als es noch in den siebziger Jahren war. Die Lockerheit und Unbekümmertheit früherer Tage ist etwas verlorengegangen.

Wie überall sonst hat auch im Tennis die Elektronik Einzug gehalten. Die Anzeigetafeln werden elektronisch gesteuert. Die Schnelligkeit der Aufschläge wird auf einer Tafel angezeigt. Nach jedem Satz gibt es im Fernsehen eine Satzstatistik: Wer wieviele leichte Fehler, Winner, Asse, Doppelfehler geschlagen hat, wieviel Prozent der ersten Aufschläge im Feld waren usw. Spannend war es auch, als ich das alles nicht wußte. Vielleicht spannender, oder bilde ich mir das ein?

Der Fernsehkommentator sagt: »Der Neunzehnjährige muß weiter so Druck machen, dann gibt er den Ton an«, und: »Jetzt diktiert der Schwede ganz allein.« Geht es um ein Ballspiel? Mit kämpferischen Gesten feuern sich die Spieler an. Ein Machtkampf läuft da ab. Siegen ist gleichermaßen eine Frage des Willens und der Nervenstärke wie des spielerischen Könnens und der körperlichen Kondition. Im Tie-Break kann ein Punkt darüber vorentscheiden, ob eine Seite den Satz oder die andere das Match gewinnt. Ein Spiel voller Symbolkraft.

Und jetzt das Endspiel in Paris. Wird Kuerten, der schlacksige, wildlockige Brasilianer, der in diesem Turnier schon zwei Fünf-Satz-Matches hinter sich hat, noch genug Kraft haben, um gegen den soliden Schweden Magnus Norman zu bestehen?

Gustavo »Guga« Kuerten ist einer der wenigen Spieler mit Charisma im heutigen Tennis. Vorbei die Zeiten eines vierschrötigen Drobny, eines cholerischen John McEnroe, ja, sogar eines laut leidenden Boris Becker. Die Spieler fallen zum größten Teil durch ihre Unscheinbarkeit auf. Zu diesem Typ gehört Magnus Norman, ein netter schwedischer Junge mit nettem Gesicht und, wie es heißt, starken Nerven, der gut, aber unspektakulär spielt.

Ich sitze mit etwas mehr als sieben Erdbeeren und einer Kanne Tee vorm Fernseher. Das Spiel beginnt.

Kuerten spielt mit Charme und Nonchalance. Weit hinter der Grundlinie tänzelt er leichtfüßig und haut die Bälle mit extremer Präzision in die Ecken des gegnerischen Feldes. Er läßt Norman keine Chance, »ins Spiel« zu kommen. Den ersten Satz gewinnt Kuerten relativ schnell. Nach insgesamt anderthalb Stunden ist auch der zweite Satz vorbei. »Guga, Guga«, rufen die Fans. »La Ola« geht durchs Stadion. Die Menge scheint sich gar nicht beruhigen zu wollen. »Merci beaucoup«, sagt der Schiedsrichter, »merci beaucoup«. Elfmal macht »die Welle« die Runde.

Endlich kehrt Ruhe ein. Das Spiel geht weiter, aber jetzt hat Norman Oberwasser. Kuerten scheint müde, spielt längst nicht mehr so genau. Der dritte Satz geht an Norman. Wird er das Spiel »umbiegen«? Für ein Fünf-Satz-Match hat Kuerten wohl nicht die Kondition. Er muß den vierten Satz gewinnen.

Der vierte Satz läuft ausgeglichen, zweimal Break und Rebreak. Beim Stand von fünf zu vier hat Kuerten vier Matchbälle. Er kann sie nicht verwandeln. Die nervliche Belastung ist beiden Spielern anzumerken. Das Spiel wird immer spannender. Kuerten gewinnt sein Aufschlagspiel. Norman schlägt gegen den drohenden Verlust des Matches auf. 30:30 steht es. Der nächste Punkt entscheidet ob Matchball oder Spielball. Ein Drama. Es werden die Matchbälle fünf und sechs. Wieder wehrt Norman ab. Dann noch ein Matchball. Und auch der geht vorbei. »Guga! Norman!«, ruft jetzt das Publikum. Der Widerstand des Schweden bringt ihm Sympathie. Er kämpft verbissen und mit Erfolg. Sechs zu sechs Spielen steht es. Das bedeutet Tie-Break.

Jetzt liegt der Druck auf Kuerten. Einen fünften Satz kann er nicht wollen. Wenn er im Tie-Break verliert, wird er das Match verlieren. Kuerten schlägt gut auf. 6:3 steht es für ihn. Die Matchbälle acht, neun und zehn. Alle drei Bälle wehrt Norman ab. Ein Spiel mit so vielen Matchbällen und solcher Gegenwehr habe ich noch nie gesehen. Die Spannung ist unüberbietbar. Kann »Guga« Kuerten es überhaupt noch schaffen? Er ist platt. 6:6 steht es, dann 7:6. Matchball Nummer elf. Seit dem ersten Matchball sind anderthalb Stunden vergangen. Nach einem langen Grundlinienduell verschlägt Norman. Nicht ein Winner von Kuerten, sondern ein Fehler von Norman entscheidet. Das Spiel ist aus, aber was für ein Spiel!

Späte Jahre in Wimbledon

Als ich zehn Jahre alt war, erlebte ich eine Zeit großer Zufriedenheit.

Mein Bruder Peter lebte noch zu Hause. Er studierte Kunst und ließ mich daran teilhaben. Er hatte Platten mit lebendiger Musik von Darius Milhaud und sanfter Musik von Eric Satie und trauriger Musik von Jean Sibelius. Wenn ich in sein Zimmer kam, wo es nach Terpentin roch, zeigte er mir, woran er gerade arbeitete, und sprach mit mir darüber. Gelegentlich malten wir uns gegenseitig. Einige Male schickte er mich in die Stadt, Farben besorgen, was ich nur zu gern machte.

Auch mit meinem Vater gab es richtige Gespräche. Einmal lief er mit Oliver und mir unsere Straße entlang und sagte plötzlich: »Was ist wichtiger: Im Leben glücklich zu sein oder nach dem Tod berühmt?« Ich hatte noch nie so über das Leben nachgedacht. Ich hielt es eher mit der Lebensphilosophie eines Liedes, das mein Sohn dreizehn Jahre später im Kindergarten in Berlin lernen sollte: »Hans, was machst du, weinst du oder lachst du? – Ich lache nicht, ich weine nicht. Ich putze meine Schuh.« Aber es war schön, so konfrontiert und zum Nachdenken angeregt zu werden.

Mein Vater fuhr nach Deutschland und brachte von dort ein merkwürdiges Spielzeug mit: Diabolo. Es war aus Hartgummi und sah aus wie zwei Kegel, die an den Spitzen zusammengewachsen waren. Dazu gab es zwei Holzstöckchen, durch eine Schnur verbunden. Man legte das Diabolo auf die Schnur und nahm die Stöckchen in die Hände. Durch geschicktes Bewegen der Stöckchen brachte man das Diabolo auf der Schnur zum Rollen. Wenn es schnell genug rollte, zog man die Stöckchen auseinander. Das Diabolo flog in die Luft und wurde auf der Schnur wieder aufgefangen.

Marga wohnte noch bei uns, und sonntags kam oft auch die jüngste Schwester meiner Mutter, Ursel, zu Besuch. Für den Garten schafften wir uns einen Ping-Pong-Tisch an. Jeden Sonntag backte meine Mutter Kuchen. Wenn das Wetter schön war, saßen wir alle im Garten bei Kaffee und Limonade und Kuchen, unterhielten uns und spielten abwechselnd Ping-Pong. Wenn wir nicht darauf spielten, wurde der Ping-Pong-Tisch mit einer dicken Regenplane abgedeckt. Einige Jahre später vergaßen wir es ein paarmal, den Tisch abzudecken. Er verzog sich, bekam Beulen und zum Schluß stand er nur noch traurig herum.

Ab Herbst 1950 ging ich im zweiten Jahr bei Mr. Freemantle in die Klasse. Ohne irgendetwas dazu zu tun, wurde ich Klassenbeste.

Ein Jahr später war alles anders.

Peter war eingezogen worden und diente bei der Royal Air Force in Wales. Er schickte von dort Pakete nach Hause: unten dreckige Wäsche, darauf eine Pappe, und oben Pilze. Meine Mutter saß mit einem Band des Lexikons, das sie aus Deutschland mitgebracht hatte (»Das kluge Alphabet«) am Küchentisch und bestimmte nach den Abbildungen, welche Pilze genießbar, ungenießbar oder giftig waren. Ich bewunderte ihren Mut. Ich neige bis heute zu der britischen Einstellung, daß alle Pilze außer Champignons (und ich setze Steinpilze und Pfifferlinge dazu) ungenießbar oder schlimmeres sind.

Mein Vater war 1951 mehrere Monate in den USA. Marga zog nach Wembley, wo sie Arbeit bekommen hatte. Statt sechs Personen waren wir plötzlich nur noch drei. Meine Mutter war oft traurig. Zwischen Oliver und mir gab es häufig Streit oder tagelang mufflige Stimmung. Einmal räumte ich meine Sachen auf die Straße aus Protest dagegen, in Olivers Zimmer »Untermieterin« zu sein. Da war mein Vater wieder zu Hause und redete auf mich ein, daß es so nicht ginge. »Wie dann?« fragte ich.

Ab Herbst 1951 ging ich auf die katholische Schule, wo ich mir wie ein Fremdkörper vorkam. Mit dem Übergang in die Oberschule verlor ich den Kontakt zu meinen Freundinnen Sheila

Smith, Phyllis Scully und Valery Hancock mehr und mehr. Es war keine Absicht. Es war nur klar, daß etwas zwischen uns gekommen war, das uns trennte. Die klassenlose Gesellschaft auf der Straße gab es nicht mehr.

Nichts bleibt so, wie es war. Das kapierte ich zunächst etwas ungläubig. Ich sperrte mich gegen die Einsicht. Gerade war das Leben so stimmig erschienen. Die Zeit von Mitte 1951 bis Mitte 1952 bleibt in meiner Erinnerung merkwürdig undeutlich. Abgesehen von meinen vergeblichen Anpassungsversuchen in der neuen Schule und dem großen nationalen Ereignis »Festival of Britain«, das 1951 stattfand und uns vor allem die Royal Festival Hall, eine große Konzerthalle, bescherte, ist mir von dieser Zeit wenig haften geblieben außer einem nebligen Gefühl der Entfremdung.

In den Sommerferien 1952 fuhren wir, mein Vater, meine Mutter, Oliver und ich, nach Deutschland. Zuerst nach Hamburg, wo ein Bruder meines Vaters lebte, Ulrich Pretzel, der Professor für Germanistik war. Obwohl er keine Kinder hatte, bewohnte er mit seiner Frau eine riesige Wohnung. Er hatte eine der größten privaten Büchersammlungen in Deutschland. Alle Zimmer und sogar das Klo waren von oben bis unten mit Büchern tapeziert. Außerdem sammelte er Silberpapier, S-Bahn-Fahrkarten und vielleicht noch andere Sachen, von denen ich nichts wußte. Er hatte ein verschmitztes Lächeln, und obwohl wir uns nicht viel unterhalten haben, mochte ich ihn.

Ich kann mich nicht erinnern, daß die Stadt einen sehr zerstörten Eindruck auf mich machte. Vielleicht deswegen, weil der Anblick von Ruinen mir geläufig war. Eine meiner frühesten Erinnerungen war ein brennendes Haus in unserer Straße in Richmond. Vielleicht war es aber auch so, daß das Viertel, in dem wir wohnten, Eppendorf, nicht so stark getroffen worden war wie andere Teile Hamburgs. Jedenfalls war es die Stadtbahn, die auf großen Trassen oberhalb der Straße fuhr, die mir besonders auffiel. Ein paar komische kleine Begebenheiten sind mir in Erinnerung geblieben. Jemand sprach meine Mutter in der S-Bahn auf mich an: »Sieht nett aus, der kleine Junge, fast wie ein Mädchen.« Und ein

Betrunkener, der aus einer Kneipe wankte, in eine Papiertüte blickte, die er in der Hand hielt, und sagte: »Die schönen grünen Erbsen.« Wir gingen in Hagenbecks Zoo und machten eine Hafenrundfahrt. Dort am Hafen war viel zerstört. Die Seeleute unterhielten sich auf Platt, was ich besser verstand als normales Deutsch. Meine Mutter schickte mich manchmal mit einem Zettel einkaufen, auf dem stand: »Bitte gaiben See meer tsvuntsig Pall Mall.« Oder etwas ähnliches.

Von Hamburg aus fuhren wir nach Bad Honnef im Siebengebirge. Mein Vater hatte in Bonn zu tun, und hier konnte er Arbeit und Ferien verbinden. Wir stiegen singend den Drachenfels hoch und fuhren auf einem Dampfer den Rhein entlang nach Koblenz. Die Landschaft beeindruckte mich sehr, und als wir wieder in London waren, malte ich mehrere Bilder davon.

Wie mag es wohl für meine Mutter gewesen sein, zum ersten Mal nach dem Krieg wieder in dem Land zu sein, aus dem sie herausgejagt worden war? Sie hat nicht darüber gesprochen. Darüber, wie es uns ging, wurde in unserer Familie nicht geredet.

Aber jetzt, wo wir Kinder groß waren, Oliver dreizehn und ich zwölf, wurde erzählt. Vom Hungern nach dem Ersten Weltkrieg und von der großen Inflation 1923. Mein Vater erzählte, wie seine Familie mit einem Leiterwagen losgezogen war, wenn das Gehalt meines Großvaters kam, und Lebensmittel für den ganzen Monat eingekauft hatte. Am nächsten Tag war das Geld nichts mehr wert. Meine Mutter bekam während der Inflation etwas Geld von einer Tante in England. Damit war sie fein raus. Sie erzählte mit Wehmut vom Romanischen Café, wo sie in den zwanziger Jahren Stammgast gewesen war. Und mit stiller Verzweiflung von der Verfolgung. Sie hatte 1933 von einem Tag auf den anderen ihre Stelle als Bibliothekarin an der Hochschule für Politik verloren und stand mit ihrem ersten Mann, der wie sie jüdischer Abstammung war, und Peter plötzlich mittellos da. Die Ehe war bald danach in die Brüche gegangen. Meinen Vater hatte sie 1934 kennengelernt. 1935 kamen die Nürnberger Rassengesetze, und meine Eltern lebten in untergründiger Angst, wegen »Rassenschande« denunziert zu werden. 1937, während der Ferien an der Ostsee, schickte meine Mutter Peter einkaufen, weil er blond war und keine Gefahr lief, als Jude erkannt zu werden. Peter war sogar einmal mit grausamer Ironie als besonders hübsches und »typisch arisches« Kind für eine Seifenreklame ausgewählt worden. Sie erzählte, wie schwer es war, 1938 ein Visum zu bekommen, um nach England auszuwandern, obwohl drei ihrer Geschwister schon dort lebten. Erst als sie beim zweiten Versuch Peter zur Britischen Botschaft mitgenommen hatte und dort in Tränen ausgebrochen war, hatte man ihr ein Visum gegeben. Das war im Juni 1938. Ende Oktober wurde Oliver in England geboren. Mein Vater war nach meiner Mutter, Ende August, mit einem fingierten Auftrag des Ullstein Verlags geflohen. Erst später konnte ich ermessen, mit wieviel Angst und Aufregung die Flucht meiner Eltern verbunden gewesen sein muß.

Ich hörte aufmerksam zu, aber es waren Geschichten aus einer anderen Welt. Vielleicht war ich zu jung, um wirklich zu verstehen, was das alles bedeutete. Oder war es so, daß ich es nicht so nah an mich heranlassen wollte. Ich spürte die Traurigkeit meiner Mutter, wenn sie von Deutschland sprach. Ihre Traurigkeit berührte mich, machte mir aber auch Angst. So habe ich vielleicht doch mehr verstanden, als ich verstehen wollte. Jedenfalls war meine unausgesprochene Reaktion eine von leiser Abwehr. Ungefähr so: Wir sind in England. Ich bin Engländerin. Hier passiert sowas nicht. Es ist vorbei. Gesagt habe ich das nie. Ich liebte meine Mutter und wollte sie nicht kränken. Aber trösten konnte ich sie nicht. Nur, indem ich da war. Manchmal denke ich, daß wir in unserer Familie wie Inseln waren. In der Trauer waren wir alle allein. Später haben Peter und ich uns darüber unterhalten. Über diese kühle Stille. Niemand durchbrach sie. Nur Peter und ich. Später.

Die Erzählungen meiner Eltern setzten sich fort. Die frühen Jahre in England, in Cambridge. Die Existenzangst. Die Angst vor einer Invasion deutscher Truppen. Mein Vater sagte, daß er für diesen Fall geplant hatte, aus dem Fenster zu springen. Diese Zeit hatten meine Eltern mehr schlecht als recht überstanden. Mein

Vater hatte eine Kamera nach England mitgenommen in der Absicht, als Photoreporter zu arbeiten. Er glaubte mit seinen damaligen Englischkenntnissen nicht, als Journalist die Familie ernähren zu können. Er arbeitete dann doch als Redakteur bei der deutschen Emigrantenzeitung »Die Zeitung« (von den Engländern »Dei Sietung« ausgesprochen). Ich vermute, daß die Familie darüber hinaus auf Pump gelebt hat.

Als ich im Februar 1940 geboren wurde, war mein Vater in Devon interniert. Es war die erste Internierungswelle – von Leuten, die als suspekt galten, Spione zu sein. In diese Kategorie geriet mein Vater, weil er weder rassisch noch politisch verfolgt war. Seine Überprüfung dauerte nicht sehr lange. Nach zwei Monaten kam er wieder frei.

Die zweite Internierungswelle, die im Mai 1940 begann, betraf unterschiedslos alle Deutschen und Österreicher in England und dauerte, bis die Gefahr einer Besetzung Englands durch die feindlichen Mächte vorüber war. Meine Eltern wurden beide auf der Isle of Man interniert, aber zu etwas unterschiedlichen Zeiten und in verschiedenen Lagern. Meine Mutter mit uns Kindern im nördlichen Teil der Insel, mein Vater im südlichen Teil. Sehen konnten sie sich dort nicht.

Von meiner Mutter hörten wir Geschichten aus dem Internierungslager. Wie überall im Land waren auf der Isle of Man die Lebensmittel knapp. Es gab auch für mich kein Bett, ich schlief in einer Schublade. Die Frauen wurden aber nicht schlecht behandelt, und die Stimmung unter ihnen war freundlich. Meine Mutter bekam von jemand ein Glas Honig zugesteckt, etwas ganz Besonderes. Wie es geschehen konnte, daß Oliver, damals eindreiviertel, das Glas in die Finger bekam, wußte sie nicht. Jedenfalls hatte er sich den ganzen Honig über den Kopf ausgekippt. Eine Tragödie. Der Honig war weg, das Kind völlig verklebt. Diese Anekdote erzählte meine Mutter oft, sie lachte dabei, aber der Schreck muß tief gesessen haben. Peter war neun, als wir interniert wurden. Meine Mutter hatte ihm das Stricken beigebracht. Er strickte sehr gern. Eines Tages verlor er eine Stricknadel, auch das ein Wertgegenstand. Die Nachricht wurde über den Camp-Lautsprecher ausgerufen: »Peter Schmidt hat seine Stricknadel verloren.« Das ganze Camp brach in Gelächter aus. Peter hat sein Strickzeug nie wieder angefaßt. Von Mai bis Oktober 1940 waren wir im Internierungslager. Gegen Ende dieser Zeit veranstalteten die Frauen eine »Baby Competition«, um das schönste Baby im Camp auszuwählen. Stolz berichtete meine Mutter, daß ich den Preis gewonnen hatte, einen gestrickten Anzug aus rosa Wolle.

Mein Vater wurde bereits im Sommer 1940 aus dem Lager entlassen. Sein Buch »Germany, Jekyll and Hyde« war erschienen und hatte Beachtung gefunden. Die Fürsprache einiger Politiker sorgte dafür, daß er vorzeitig freikam. Durch dieses Buch wurde auch David Astor auf meinen Vater aufmerksam und bot ihm eine Stelle beim »Observer« an, wo er 1942 begann. Die schlimmste existentielle Not war damit vorbei. Nicht aber der Krieg.

Neben seiner Arbeit beim »Observer« schrieb mein Vater Texte für Flugblätter, die über Deutschland abgeworfen wurden. Bei Bombenalarm ging er oft nicht mit uns in den Keller, sondern blieb oben und schrieb. Hier setzt meine eigene Erinnerung ein. Eine meiner frühesten Erinnerungen ist, von Peter in den Keller getragen worden zu sein, wohl 1943. Ich konnte mich an meine Gasmaske erinnern, die wie Micky Mouse aussah und gottlob nie gebraucht wurde. Und in einigen schattenhaften Einzelheiten an die Evakuierung 1944. Meine Eltern hatten wegen der V2-Bomben, bei denen es keinen Alarm gab, Angst bekommen und beschlossen, Oliver und mich in einem Internat in Mittelengland unterzubringen, wo wir fast ein Jahr blieben.

Es war mir aber lieber, wenn wir nicht zuviel von der Vergangenheit sprachen, die immer etwas Bedrohliches und Unheimliches hatte, obwohl sie doch vorbei war. Ich lebte in der Gegenwart, 1952.

Ich mochte es, wenn wir zusammen spielten. Meistens spielten Oliver und ich mit meiner Mutter. Skat spielte mein Vater gelegentlich mit. Ich mochte es auch, wenn mein Vater mit Oliver und mir nach Hampton Court fuhr, einem Palast an der Themse, nicht weit von uns entfernt, mit einem herrlichen Park und einem Irrgarten mit hohen Hecken.

Manchmal fuhren Oliver und ich zum Science Museum und zum Natural History Museum in South Kensington. Die aufregendste Neuigkeit im Science Museum war eine Tür, die von allein aufging, wenn man hinlief, ohne daß man sie berührte.

Ich streunte auch allein herum, meistens in Wimbledon. Einmal in der Woche mußte ich ins Zentrum von London fahren, um eine der Zahnklammern enger ziehen zu lassen, die ich drei Jahre lang trug und die nur unwesentlich zu meiner Verschönerung beigetragen haben. Ich fuhr erst mit dem Bus zum Bahnhof Wimbledon, mit der Vorortbahn nach Waterloo, nochmal mit dem Bus bis Gray's Inn Road und lief diese große Straße etwa zehn Minuten entlang bis Eastman Dental Clinic. Insgesamt dauerte das über eine Stunde. Zurück nochmal. Ich machte es ganz gern und kam mir dabei ziemlich erwachsen vor.

Peter beendete seinen Luftwaffendienst. Er zog nur für kurze Zeit zu uns zurück und dann in eine eigene Wohnung. Ich besuchte ihn dort manchmal. An der Wand hatte er mit roter Farbe geschrieben: »I must not be lazy.« (Ich darf nicht faul sein.)

Ich bekam endlich mein eigenes Zimmer. Das Zimmer, das Marga bewohnt hatte, wurde renoviert und mir übergeben. Es war eine Erlösung. Hier konnte mir niemand dazwischenreden oder mir Vorschriften machen. Hier konnte ich meine Sachen unterbringen. Und hierhin konnte ich mich zurückziehen, wenn es dicke Luft gab. Viele, viele Jahre später, als ich Virginia Woolfs Buch »A Room of One's Own« las, erinnerte ich mich an dieses Gefühl von Befreiung.

Im Dezember 1952 wachte ich eines Morgens auf und sah aus dem Fenster. Die Häuser auf der gegenüberliegenden Straßenseite waren in einem grünlich-gelben dicken Dunst verschwunden. Zunächst wurde von »pea soup« (Erbsensuppe) gesprochen. Erst nach ein paar Tagen bekam der schmuddelige Nebel den Namen »Smog«: eine Mischung aus »smoke« (Rauch) und »fog« (Nebel). Er war der erste dieses Namens und der schlimmste. Er dauerte fünf Tage und kostete über viertausend Menschen das Leben. So etwas hatten wir noch nie erlebt. Zwar verschwanden die Feuer-werke und Raketen, die jedes Jahr am 5. November, Guy Fawkes Day*, abgebrannt wurden, meistens in grauem Nebel, aber dieser Smog war etwas ganz anderes. Er war so dicht, daß man gerade mal einen Meter Sichtweite hatte. Wir bekamen schulfrei und blie-ben zu Hause, denn draußen konnte man erahnen, wie es ist, wenn man erblindet. Außerdem roch es ekelhaft. Von Tag zu Tag ver-dichtete sich die trübe Brühe noch mehr. Am Anfang hatte es ein Gefühl gegeben von außergewöhnlicher Unterbrechung im All-tagstrott. Nach ein paar Tagen sehnten wir uns nur danach, daß der grauenhafte Spuk endlich vorübergehen möge. Als der schmutzige Qualm sich verzog, lag überall im Haus ein etwa zwei Millimeter dicker grünlich-dunkler Schleim. Zehn Tage lang half ich meiner Mutter beim Putzen. Bald danach wurde es verboten, in der gesamten Innenstadt Londons Koks abzubrennen. Es hat zwar immer mal wieder Smog gegeben, aber nie wieder etwas, das so erschütternd an Weltuntergang gemahnte.

Weihnachten ging vorbei. Das neue Jahr kam. In der Schule hat-te ich mich arrangiert. Ich beteiligte mich rege an den Fächern, die ich mochte. Aber über den Unterricht hinaus erwartete ich nicht viel von der Schule. Gegen meine Außenseiterrolle versuchte ich weder durch Anpassung noch durch Stören vorzugehen. Ich verla-gerte mein Interesse auf andere Dinge.

In diesem Jahr, 1953, las ich zum ersten Mal ein Buch, das ich im Lauf der Jahre siebenmal gelesen habe: »Goodbye to Berlin« von Christopher Isherwood. Damals waren es die Fremdheit und die Verruchtheit, die mir an dem Buch gefielen. Das Bohème-Le-ben, das da beschrieben wurde, zog mich an. Das spontane, wie es schien lockere, jedenfalls ungeordnete Leben in Berlin Ende der zwanziger Jahre.

Während ich das Buch las, verstand ich etwas von der Wehmut

---

* Guy Fawkes, ein Katholik, versuchte mit anderen Verschwörern am 5. Novem-ber 1605 das englische Parlament in die Luft zu sprengen. Strohpuppen, die Guy Fawkes symbolisieren, werden jedes Jahr auf zahllosen Feuern im ganzen Land verbrannt.

meiner Mutter. Später erst nahm ich die Doppelbödigkeit des Buches wahr, das ursprünglich geplant war als Teil eines Zyklus mit dem Namen »Die Verlorenen«.

In diesem Jahr sah ich zum ersten Mal auch einen Film, den ich siebenmal gesehen habe: »Der dritte Mann«. Unvergessene Bilder: Das Kind mit dem Ball, das auf Joseph Cotton zeigt: »Er war's.« Der Schatten von Orson Welles an der Hauswand. Orson Welles mit Joseph Cotton im Riesenrad. Das zerbombte Wien. Die leierige, eingängige Melancholie des »Harry Lime Theme« auf der Zither. Trevor Howard und Orson Welles im Abwasserkanal. Alida Valli die endlose Allee entlang und an Joseph Cotton vorbeigehend. Wieder war es so, daß die Atmosphäre mich noch mehr gefangennahm als die Handlung. Vielleicht habe ich mit diesem Film zum ersten Mal etwas von der Metaphorik von Bildern verstanden.

Peter machte im Frühsommer des Jahres bei einer Freiluftausstellung am Victoria Embankment an der Themse mit. Ich auch. Um teilzunehmen, mußte man sechzehn sein. Ich war dreizehn. Aber in England gibt es keine Ausweise, und Peter deckte den Schwindel. Jeden Nachmittag nach der Schule fuhr ich in meiner Uniform zum Victoria Embankment und mischte mich unter die Bohèmiens. Die Bilder hingen an Stellwänden aus Draht, darunter meine jugendlichen Werke, die sich allerdings im Vergleich zu manchen Exponaten durchaus positiv abhoben. Gegenüber saßen die Künstler auf Parkbänken, unter ihnen Bernard Kops, der später als Schriftsteller reüssierte, und Quentin Crisp, ein stadtbekanntes Original im Stil eines jungen Oscar Wilde. Ich fand es aufregend, Teil dieser lotterigen Gesellschaft zu sein und mich gelegentlich an den »erwachsenen« Gesprächen der Anfang Zwanzigjährigen zu beteiligen. Niemand mokierte sich über meine Uniform oder meine Bilder. Ich war akzeptiert und gemocht. Einmal bot mir jemand zwanzig Pfund für Stanislaus an, meinen Teddybär-Talisman, den mir Peter geschenkt hatte. Ich empfand es als Prüfung meiner Treue und lehnte dankend ab. Nach ein paar Wochen war die Ausstellung und damit diese schöne Zeit vorbei.

Nicht lange danach fuhren meine Eltern in die USA für einige

Monate, und Peter zog mit seiner Freundin Kathleen zu uns, um sich um Oliver und mich zu kümmern. Eine noch schönere Zeit brach an. Wir kochten zusammen, und abgesehen von der Schule lebten wir völlig frei. Jeder machte seine eigenen Sachen, und manchmal machten wir etwas zusammen. Peter brachte uns Poker bei und Pontoon (Siebzehn und Vier). Oft spielten wir Karten oder Mah Jongg bis in die Nacht. Peters Freund Donald Flowerdew war manchmal dabei. Peter malte von ihm ein Portrait, das mich sehr beeindruckte. Heute würde ich es als expressiv einordnen. Das Vokabular hatte ich noch nicht, aber ich lernte daraus, daß die Farbe nichts mit der Realität zu tun haben muß und trotzdem eine tiefere Realität ausdrücken kann. Bernard Kops kam ein paarmal zu Besuch und bezog mich in seine Gespräche mit Peter ein. Wie schön das Leben sein konnte. Es waren wunderbare Monate.

Noch einen Film sah ich in diesem Jahr, der sich rückblickend wie ein Vorbote kommender Dinge ausnahm: »Passport to Pimlico«. Der Film war eine Persiflage auf Berliner Verhältnisse. Die Vorstellung, daß man nach Pimlico oder irgendeinen anderen Stadtteil Londons nur mit einem Paß hinkommen könne, schien mir so grotesk, daß ich mit Selbstverständlichkeit akzeptierte, daß der Film die einzige mögliche Form hatte, um solch einen skurrilen Sachverhalt auszudrücken: Er war eine Komödie. Später in Berlin habe ich manchmal an diesen Film gedacht und mich gefragt, ob dieser schräge Blick auf die surreale Realität manche Verkrampfung hätte verhindern oder lösen helfen können.

Weihnachten 1953 bekam ich von meinen Eltern Ölfarben geschenkt. Peter hatte ihnen die Anregung gegeben. Oliver bekam die Noten der Suiten für Violoncello Solo von Bach. Ich malte in dem Zimmer, das Peters Zimmer gewesen war, ein ernstes Selbstbildnis. Oliver spielte unten im Haus eine Cello-Suite, ziemlich gut für jemand, der gerade erst die Noten bekommen hatte. Es schien mir eine ideale Art, Weihnachten zu verbringen.

Nichts bleibt so, wie es war. Das erfuhr ich 1954 wieder, doch viel krasser als das erste Mal. Im Frühjahr fingen meine Eltern an davon zu reden, daß wir nach Deutschland ziehen könnten, nach

Berlin. Zuerst in Frageform: ob wir das möchten. In Wahrheit war die Sache schon beschlossen, und zwar von meinem Vater. Er hatte sich mit David Astor zerstritten, teils aus politischen Gründen, teils ging es wohl auch um Machtfragen in der Zeitung. Jedenfalls war diese große Freundschaft in die Brüche gegangen. David Astor bot meinem Vater an, für ein höheres Gehalt nach Berlin zurückzukehren und dort als Deutschland-Korrespondent des »Observer« zu arbeiten. Daß mein Vater dem zustimmte, war aus seiner Sicht verständlich. Er hatte versucht, sich in England zu integrieren, und war damit, obwohl er sehr erfolgreich war, gescheitert. Er fühlte sich, trotz allem und obwohl er sich, wie auch meine Mutter, in England hatte einbürgern lassen, als Deutscher. Der Krieg war jetzt fast zehn Jahre vorbei. Er hatte keine Funktion mehr als Aufklärer oder Propagandist in England. Die englische Innenpolitik interessierte ihn, trotz Labour-Regierung, nur mäßig. Seine Familie war in Deutschland.

Für meine Mutter lag die Sache ganz anders. Drei ihrer vier Geschwister waren in England. Außerdem war klar, daß Peter, der dreiundzwanzig war, dort bleiben würde. Sie hatte sich in England eingelebt. Sie hing an dem Haus und dem Garten, und sie lebte gern in London. Vielleicht gab es auch ein Gefühl von Dankbarkeit gegenüber dem Land, das sie gerettet hat. Im Gegensatz dazu verband sie mit Berlin sehr ambivalente Gefühle. Sie war älter als mein Vater, vom Leben müder. Es zog sie nichts oder weniger als nichts nach Deutschland.

Oliver, der im Frühjahr 1954 fünfzehn Jahre alt war, nahm die Sache enthusiastisch auf. Er langweilte sich in der Schule in England, und obwohl sie die Trennung von einem guten Freund bedeutete, freute er sich auf die Veränderung und auf das Abenteuer, ein neues Land kennenzulernen. Er bereitete sich sogar darauf vor, indem er »Buddenbrooks« las. Völlig verfehlt, wie er später sagte: Er verstand vieles falsch oder gar nicht.

Ich war gerade vierzehn geworden und reagierte mit Abwehr. Mühsam hatte ich einen modus vivendi in der Schule gefunden. Nun sollte ich wieder von vorn anfangen in einer Sprache, die ich kaum kannte, und in einem Land, das mir unheimlich war. Ich fühlte mich als Engländerin und liebte London. Peter, der mich unterstützte und förderte, wäre nicht einmal mehr in Reichweite. Ich merkte den tiefen Widerwillen meiner Mutter und fühlte mit ihr. Wie sie hing ich an unserem Haus. Mein Gefühl war, den Boden unter den Füßen zu verlieren. Ich hatte Angst.

Zunächst einmal ging das Leben weiter, nur zunehmend im Zeichen von Abschied. Peter und ich stellten wieder am Embankment aus. Es war mir klar, daß es für mich das letzte Mal war. Ich stellte diesmal das große Kreuzigungsbild aus, das ich in der Schule gemalt hatte. Ein irischer Priester bot mir dafür fünf Guineas (fünf Pfund und fünf Shilling). Das war mir zu wenig. Dumm, wie sich später herausstellte. Die Spur des Bildes verliert sich im Keller der zweiten Wohnung meiner Eltern in Berlin, aus dem es auf unerklärliche Weise verschwand.

Zum letzten Mal besuchte ich schon voller Wehmut die Tennismeisterschaften in Wimbledon. Es gab in diesem Jahr ein anderes großes sportliches Ereignis: die Fußballweltmeisterschaften. Ich erinnere mich an sie, nicht weil Deutschland gewann, sondern weil einem Ungarn beim Spielen die Hosen herunterfielen. Die aufgeregte Stimme des BBC Kommentators habe ich noch genau im Ohr: »They're falling! They're falling! They've fallen!«

Als die Fußballweltmeisterschaften vorbei waren, fingen meine Mutter und ich an, wochenlang Listen von Büchern zu machen. Meine erste Begegnung mit deutscher Bürokratie. Jedes Buch mußte mit Autor, Titel und Verlag mit mehreren Durchschlägen aufgeführt werden. Ich las vor, meine Mutter tippte. Sie lachte oft über meine Aussprache bei den deutschen Büchern und ich mit ihr. Wir versuchten, das Beste aus der Misere zu machen.

Timmy brachte ich zum Tierarzt, wo er bleiben sollte, bis die Leute, die das Haus gekauft hatten, eingezogen waren und ihn abholten. Er kratzte mich am Arm. Ein tiefer langer Kratzer. Die Narbe blieb sehr lange sichtbar.

Am Tag des Umzugs schrieb ich ein Gedicht über das leere Haus.

Der Umzug

Im Dunkeln kamen wir in Berlin an. Früh nachts, spät im September. Es regnete. Ich war müde von der langen Fahrt, und mein erster Eindruck war flüchtig. Hohe Häuser in nassen Straßen. Düster kam mir die Stadt vor. Wir fuhren in eine Pension in Lichterfelde, wo wir bleiben sollten, bis die Möbel eintrafen und die Wohnung eingerichtet war. In den folgenden Tagen gab es andere Eindrücke von der Stadt, die mir gar nicht wie eine richtige Großstadt vorkam. Was waren das nur für viele Bäume und merkwürdig leere, breite Straßen. Hier außerhalb war wenig zerstört, aber im Zentrum, das gar nicht wie ein Zentrum wirkte, gab es viele Ruinen. Die Ruinen empfand ich nicht oder nicht nur als schrecklich. Manche hatten bizarre Formen wie die Kirche mit dem abgebrochenen Turm, die Oliver und mir als Sehenswürdigkeit gezeigt wurde. Manche hatten etwas verwegen Romantisches. Kletterpflanzen rankten an ihnen hoch. Bäume wuchsen aus den Dächern. Es gab Häuserreste, wo die Innenwand Außenwand geworden war. Die unterschiedlichen Tapetenmuster ergaben zusammen ein Bild: das frühere Leben im Haus zu riesigem Patchwork geronnen. Es gab auch Lücken oder flache Baracken zwischen den hohen, grimmiggrauen Häusern. Einstöckige Straßenbahnen, blaßgelb, fuhren in löcherigen Straßen umher. Sie waren klein im Vergleich zu den zweistöckigen dunkelroten Straßenbahnen, die es in meiner Kindheit in London gegeben hatte. Klein kam mir die Stadt überhaupt vor. Lichterfelde sogar dörflich.

Der Eindruck verstärkte sich, als wir in die Wohnung einzogen. Sie war im dritten und obersten Stock einer großen Villa am Marienplatz in Lichterfelde-Ost. Der Marienplatz war dicht mit Bäumen bewachsen und ringsherum die Straßen mit dicken Kopfsteinen bepflastert. Ich konnte es kaum glauben. Kopfsteinpflaster.

Der Möbelwagen ruckelte und rumpelte über die Straße und hielt vor unserem Haus. Ich sah zu, wie die Möbel ausgeladen wurden, Überreste aus einer gewohnten Welt in all der Fremdheit. Irgendwann kam mein blaues Fahrrad zum Vorschein. Meine Eltern hatten es mir etwa ein Jahr zuvor second hand gekauft. Ich fuhr auf dem holperigen Pflaster einmal um den Marienplatz herum. Vom Fahrrad lösten sich einzelne Teile.

Die Wohnung war relativ klein. Mein Vater hatte sie von seiner Schwester und ihrem Mann übernommen, die nach München gezogen waren. Drei ziemlich große Zimmer und ein kleines Zimmer mit schrägem Dach. Das bekam ich. Auf meinem Fensterbrett saßen manchmal Eichhörnchen. Wo war ich bloß gelandet.

Die Menschen in der Stadt erschienen mir mufflig bis unfreundlich. Sie hasteten mit dem Blick nach unten gerichtet durch die Straßen. Selten sah man jemand lächeln. Sie standen nicht an, sondern drängelten und schubsten an den Haltestellen. Im Bus hielten sie ihr Geld hin. »Einfach« oder »Umsteiger«, sagten sie, und nahmen schweigend die Fahrkarte entgegen. Wenn wir in ein Restaurant hineinkamen, drehten sich alle Köpfe, um uns zu taxieren. Auch in der U-Bahn wurde man manchmal minutenlang angestarrt, was ich als Angriff empfand. Die Sprache war barsch, hackig. Den Klang kannte ich bereits vom Streit zwischen meinen Eltern. Mein Eindruck war, daß alle sich stritten. Überhaupt schien das Leben hier ein Kampf aller gegen alle zu sein. Meine Beobachtungen fügten sich vor dem Hintergrund dessen, was ich über Deutschland wußte, zu einem Bild, und dieses wiederum verdichtete sich zu einem Gefühl: Ich war unter die Barbaren geraten.

Merkwürdig, wie man dieselben Dinge ganz anders wahrnehmen kann. Jahre später waren es die breiten großzügigen Straßen und die vielen Bäume, die ich an Berlin besonders liebte. Ich kannte die großen, gemütlichen Wohnungen in den grauen Häusern. Und an die patzige Art der Berliner hatte ich mich notgedrungen gewöhnt. Wenn ich gut aufgelegt war, schätzte ich sogar die Direktheit daran. Und die Sprache, diese komplizierte, erdige, bildliche Sprache mit ihren komischen kindlichen Wörtern wie

Fingerhut, Auspuff oder Rundfunk, ja, sie liebte und liebe ich vor allem.

Jetzt war ich aber von Heimweh zerquält. Dazu kam ein Schock. Timmy war tot. Er war, nachdem sie ihn vom Tierarzt abgeholt hatten, vor den neuen Besitzern des Hauses weggelaufen, nach zwei Wochen völlig verwildert zurückgekommen, hatte sie angefaucht und das Essen verweigert. Sie hatten ihn einschläfern lassen. Nur von meiner Mutter und mir hatte Timmy Essen angenommen. Er war vor Sehnsucht eingegangen. Ich verbarrikadierte mich in meinem Zimmer und weinte hemmungslos. Nie wieder wollte ich ein Tier haben und ihm solchen Schmerz zufügen. Es dauerte siebzehn Jahre, bis ich diesen Schwur meinem Sohn zuliebe brach.

Oliver und ich gingen noch nicht in die Schule. Zunächst sollten wir uns etwas an die Stadt und die Sprache gewöhnen. Oliver ging methodisch vor. Er versuchte, sich Deutsch mit einem Buch beizubringen.

Ich war voller Trauer und Auflehnung und wollte weder von der Stadt noch von der Sprache viel wissen. Einmal schickte mich meine Mutter »Hör zu« kaufen. Ich stand vor dem Zeitungskiosk. »Hor zu, bitte.« »Wie bitte?« »Her zu, bitte.« Es hat lange gedauert, bis ich die Umlaute einigermaßen bewältigt habe. Aber nicht so sehr lange, bis ich immerhin radebrechend sprechen konnte. Ich schnappte die Sprache auf wie ein Kind und lernte mit der Zeit, sehr genau hinzuhören, um die Aussprache und den Tonfall richtig hinzukriegen. Überhaupt lernte ich, genau zu beobachten. Alles war neu und anders. Um mich zu orientieren, mußte ich gut aufpassen. Zunächst bei ganz banalen Dingen: Wem schüttelt man wann die Hand. Wie zahlt man in Bus und U-Bahn. Ach so, man grüßt, wenn man aus einem Laden herausgeht.

Ich lebte aber mit dem Gefühl, nicht dort hinzugehören, wo ich war. Peter fehlte mir. Das weltstädtische London fehlte mir. Berlin kam mir im Vergleich nicht nur klein und kaputt, sondern auch provinziell vor. Ich hatte das Gefühl, ins Abseits geraten zu sein.

Trotz allem freute ich mich, meine Tante Annemarie (Annemarie Hase) wiederzusehen, die nächstjüngere Schwester meiner Mutter, die 1947 aus London nach Berlin zurückgekehrt war. Sie war Schauspielerin. Vor der Emigration war sie eine bekannte Chansonette und Kabarettistin in Berlin gewesen. In London war sie in den Radiosendungen, die das BBC während des Krieges nach Deutschland ausstrahlte, »Frau Wernicke«, eine Berliner Hauswartsfrau und Kodderschnauze, die im breitesten Berliner Jargon das Hitlerregime entlarvte. Jetzt lebte sie in West-Berlin und spielte in Ost-Berlin bei Brecht am Schiffbauerdammtheater. Für mich war sie aber erst einmal nur meine Tante Annemarie, die ich als Kind sehr gemocht hatte, eine vertraute Person. Von ihr bekam ich ein robustes englisches Fahrrad aus Stahl, Marke Raleigh, womit ich auf den huckeligen Straßen in die Schule fahren konnte.

In die Schule kamen Oliver und ich nach drei Monaten. Oliver ins Steglitzer Gymnasium, wo der älteste Bruder meines Vaters Latein und Griechisch unterrichtete, ich in die Beethoven-Oberschule in Lankwitz. Der Direktor brachte mich in die Klasse, wo ich den anderen Mädchen vorgestellt wurde. Es gab schon einige Jungen auf der Schule, aber nicht in dieser Klasse. An die ersten Tage kann ich mich nicht erinnern, wohl aber an die ersten Aufgaben.

Nach einer Woche mußten wir einen Aufsatz schreiben – ein Stimmungsbild, was damals hier sehr beliebt war: »Ich stehe am Wasser.« Ein Berliner Wasser kannte ich nicht. Also stellte ich mich auf Waterloo Bridge an die Themse und beschrieb das Embankment und die Royal Festival Hall in nebliger Stimmung. Da ich nur etwas Deutsch konnte, durfte ich ein Lexikon benutzen. Meinen Aufsatz von zweieinhalb Heftseiten bekam ich mit Korrekturen übersät zurück, rot überall, als hätte er eine Hautkrankheit. Darunter stand: 69 Fehler. Inhalt und Ausdruck gut. Wegen grammatischer Fehler 5. (Fünf war damals die niedrigste Note. Die sechs wurde erst ein paar Jahre später eingeführt.) Ich hatte mir angewöhnt, das G auf »erwachsene« Art zu schreiben – falschherum –, was mir die Nonnen in Wimbledon durchgehen ließen. Hier wurde ich dazu verdonnert, eine Reihe vorschriftsmäßiger Gs zu schreiben. Ein verheißungsvoller Auftakt.

In Musik lernten wir ein Lied über Rübezahl und seine Zwerge in Schlesien. Der Refrain hieß: »Riesengebirge! *Deu-tsches* Gebirge! Meiheine lie-hiebe Heimat, du!« In Kunst wurden die Aufgaben vorgeschrieben. Die erste war »Wunderschmetterling« in Plakafarbe auf Packpapier. Latein wurde in einer anderen Reihenfolge dekliniert als ich es von England her kannte. In Turnen machte ich Bekanntschaft mit dem Reck. Ich schaffte nicht einmal eine Kniewelle. Eine Schande für mich und für England. Alles redete von der Fußballweltmeisterschaft, als hätte Deutschland nachträglich den Krieg gewonnen.

Die Mädchen in meiner Klasse waren weder freundlich noch unfreundlich. Sie waren distanziert. Ich glaube, mein Gefühl zu ihnen war ähnlich wie ihr Gefühl zu mir. Wir lebten in verschiedenen Welten. Gelegentlich machte ich mit jemand zusammen Hausarbeiten. Ich kann mich nicht erinnern, etwas anderes mit den Mädchen in meiner Klasse unternommen zu haben.

Jeden Morgen schob ich mein Fahrrad durch den Bahnhof Lichterfelde-Ost, vor dem ein Schild stand: »REISENDE! WEKKEN SIE SCHLAFENDE AUF! VORLETZTE STATION VOR DER ZONENGRENZE!« Auf der anderen Seite des Bahnhofs fuhr ich die Kaiser-Wilhelm-Straße entlang bis zur Schule, die in einer Seitenstraße lag, deren Namen ich vergessen habe. Die Schule betrat ich mit einer Mischung aus Stoizismus und Verlassenheit. Einmal hatte ich meinem Vater gesagt, daß es mir dort nicht gefiel. »Selbstmitleid«, hatte er geantwortet.

Es war jetzt Winter. Viel kälter und schneereicher als ich es von England her kannte. Ich malte ein expressives Ölbild der schwarzen Bäume auf dem Marienplatz im Schnee vor bedrohlich blaugrau-violettem Himmel. Ich malte ein Selbstbildnis, fragend und schmollend, vor schwarzem Hintergrund.

Winter. Frauen hatten Wollmützen, Männer oft eigenartige ovale Ohrenklappen aus schwarzem Filz, durch einen Metallbügel von Ohr zu Ohr verbunden. Kinder trugen lange braune Strümpfe und gestrickte kurze Hosen oder Röcke unter ihren dicken Mänteln. Alle hatten rote Nasen und kleine Wolken warmer Atemluft vor dem Mund. Oliver bekam eine warm gefütterte Wildlederkappe und ich Stiefel mit Pelzfutter. Manchmal fuhren wir zusammen mit der S-Bahn in die Stadt. In den Bahnhöfen stand auf großen Anschlägen: »REISENDER! HAST DU HEUTE ETWAS FÜR DEN FRIEDEN GETAN?«

Einmal in der Woche ging ich nachmittags durch den Bahnhof zum Klavierunterricht am Oberhofer Weg. Dort wartete eine biedere Person, die es sicher gut mit mir meinte. Mich brachte sie aber auf die Palme. Ich war jetzt fünfzehn Jahre alt. Sie nannte mich »Kindchen« oder »Kerlchen« und ließ mich »Hänschen Klein« spielen. Der Stil paßte zum »Wunderschmetterling« und den ordentlichen Gs in der Schule. Es war wie im Kindergarten. Mein Klavierunterricht hörte abrupt auf. Die Klavierlehrerein starb an einem Schlaganfall.

Ich schrieb Briefe nach England an Peter und an meine Tante Ursel. Peter erzählte ich, was ich malte. Jahrelang hielten wir diese Korrespondenz aufrecht und uns gegenseitig über unsere Arbeit auf dem laufenden, auch als ich Kunst studierte und später, als ich Malerin geworden war. Kurioserweise wechselten wir immer zur selben Zeit in entgegengesetzte Richtungen. Das heißt, Peter malte abstrakt, wenn ich figurativ malte, und umgekehrt. So tauschten wir dieselben Argumente pro und contra »zeitversetzt« aus. An Ursel schrieb ich traurige Briefe über meine Sehnsucht nach London.

Aber es gab auch Lichtblicke in dieser trüben ersten Zeit. Annemarie nahm mich manchmal mit nach Ost-Berlin. Mit ihr unterwegs zu sein, machte Spaß. Sie hatte ein kleines Auto Marke DKW, das sie »Hiob« nannte. Die Türen gingen andersherum auf als bei anderen Autos. Sie schärfte mir ein, die Tür nicht während der Fahrt zu öffnen, weil man sonst herausfliegen könne. Annemarie hatte einen eigenwilligen Fahrstil. Sie setzte einen Fuß auf das Gaspedal und den anderen auf die Bremse und betätigte sie abwechselnd. Wir bewegten uns im Schluckauf-Rhythmus fort. Beim Fahren erzählte sie witzige Anekdoten. Gelegentlich schimpfte sie auf die anderen Autofahrer. Annemarie beteiligte sich in West- und Ost-Berlin am Lotto, wobei sie meines Wissens nie mehr als zwanzig Mark gewann. Mehr Glück hatte sie mit Kreuzworträtseln und anderen Preisausschreiben. Sie gewann Heizkissen, Kochtöpfe, Decken und Reise-Necessaires, wovon manches bei mir landete.

Einmal kam Trevor Howard nach Berlin, den Annemarie von England her kannte. Sie fuhr mit ihm und mir zum Sowjetischen Ehrenmal im Treptower Park. Trevor Howard fand ich entschieden aufregender als das Ehrenmal. Ein leibhaftiger Schauspieler aus meinem Kultfilm »Der dritte Mann«! Allerdings ist mir von ihm sonst nichts in Erinnerung geblieben.

Einige Male nahm Annemarie mich mit zu Proben im »Berliner Ensemble«. Geprobt wurden »Der kaukasische Kreidekreis« und »Mutter Courage und ihre Kinder«. Ein Mann mit spitzer Nase, Lederjacke und Lederschlips gab Anweisungen. Ich konnte sprachlich vielleicht ein Viertel verstehen. Aber die Aufführungen waren so gut, so kunstvoll und gleichzeitig so einfach, daß ich das, was ich sprachlich nicht mitkriegte, auf andere Weise verstand. Ähnliches Theater hatte ich noch nie gesehen, wo die Bilder von einer solchen metaphorischen Wucht waren: Die weinende, verzweifelte Grusche, wie sie das Kind im Kreis losläßt. Die abgekämpfte Mutter, die alles verloren hat, die Karre auf der Drehbühne endlos hinter sich her schleppend. Die Bilder schnitt ich später aus dem Programmheft aus, zog sie auf schwarzem Stoff auf und hängte sie über mein Bett. An der Wand gegenüber montierte ich eine Glühbirne so in einem schwarz angemalten Karton, daß sie die Photos beleuchtete. Um die Birne herum malte ich ein weit aufgerissenes Auge. Die Glühbirne war der Augapfel.

In der Schule wurde mir aufgetragen, zusätzlich zu den anderen Hausaufgaben monatlich ein Buch zu lesen und darüber einen Aufsatz zu schreiben, damit ich schneller Deutsch lernte. Das erste Buch, über das ich schrieb, war eine Biographie der englischen Sängerin Kathleen Ferrier. Den Aufsatz bekam ich zurück mit dem Vermerk, daß ich ein deutsches Buch lesen müsse. Das erste Buch, das ich auf Deutsch las, im Frühjahr 1955, war »Viktoria« von Knut Hamsun. Ich kann mich nicht daran erinnern. Das zweite war, wie konnte es anders sein, »Buddenbrooks«. Ich war gefesselt von der ersten bis zur letzten Seite, besonders am Ende des Buches, denn ich identifizierte mich mit Hanno Buddenbrook, dem Jungen, der anders ist, versponnen und traurig, und der mit den Erwartungen der Familie und der Schule nicht zurechtkommt. Vier Jahre später las ich das Buch nochmal und identifizierte mich mit Toni Buddenbrook, der spontanen und unbedarften Naiven. Ich habe nie wieder »Buddenbrooks« gelesen, sonst hätte ich mich vielleicht noch mit Christian Buddenbrook identifiziert.

Ja, mit der Schule kam ich nicht zurecht. Ich schleppte mich widerwillig dorthin und fiel richtig ab. Kaum ein Fach machte mir Spaß. Nur im Chor singen. Dafür stand ich einmal in der Woche ganz früh auf, um rechtzeitig zur Chorprobe in der nullten Stunde um sieben Uhr in der Schule zu sein. Im Dunkeln fuhr ich dorthin. Zwei meiner Glanzfächer hatte ich verloren: Englisch-Aufsatz und Geschichte. Aufsätze schrieb ich nun auf Deutsch. Der Kommentar war meistens wie beim ersten Mal: Inhalt und Ausdruck gut. Wegen grammatischer Fehler 5. Später habe ich mich gefragt, warum wir in der Schule fast immer die schwächsten Werke der Dramatiker und Schriftsteller lasen: von Schiller z. B. »Maria Stuart«. Ich schrieb eine Verteidigung Elizabeths, was nicht gut ankam. Von Fontane »Grete Minde«. Viele Jahre später, als ich die großartigen Frauenromane Fontanes las, schien es mir fast so, als habe die Schule ihn uns vermiesen wollen. Geschichte war jetzt deutsche Geschichte, von der ich bis auf die jüngste Vergangenheit keine Ahnung hatte. In Kunst war ich zwar sehr gut, aber den Unterricht fand ich popelig im Vergleich zu dem in England. Latein mochte ich so wenig wie eh und je, aber nun mußte ich diese ungeliebte Sprache in das ebenso ungeliebte Deutsch übersetzen. In Biologie beschäftigten wir uns monatelang mit Seeigeleiern. Und Sport war eine einzige Qual. Die Unterrichtsmethoden waren altmodisch. Hausaufgaben in Geschichte, Physik, Chemie, Biologie waren fast immer gleich: von Seite x bis Seite y im jeweiligen Buch lesen. In der Stunde wurde stichprobenartig geprüft, ob wir uns das Wissen eingetrichtert hatten. Es war öde.

In Deutsch sollten wir einmal ein Gedicht unserer Wahl auswendig lernen und aufsagen. Annemarie hatte mir Schallplatten mit Liedern aus »Mutter Courage und ihre Kinder« geschenkt. »Das Lied von der Mutter Courage« kannte ich also ohnehin auswendig. Das sagte ich auf. Ich weiß nicht, ob mir bewußt war, daß ich damit ein Tabu durchbrach. Im Kalten Krieg hatte man sich nicht mit »Unpersonen« von der anderen Seite zu beschäftigen, und als solche galt Brecht. Meine Eltern bekamen einen Brief von der Schule, solche Vorkommnisse künftig zu unterbinden. Ich kann mich nicht erinnern, wie sie reagiert haben. Sicher gab es keine Standpauke, denn daran würde ich mich erinnern, vielleicht aber eine Ermahnung, in Zukunft diplomatischer zu sein. Mein Vater war ohnehin vor allem mit seiner Arbeit beschäftigt. Meine Mutter lebte ungern in Berlin. Sie war zurückgezogen und traurig. Sie zeigte mir aber Rätsel in den Zeitschriften, die es in England nicht gegeben hatte. Silbenrätsel hießen sie, Zahlenrätsel oder Rebus. Wir lösten sie zusammen.

Auch ich lebte ungern in Berlin, wo man ständig angegriffen und zurechtgewiesen wurde. In den Läden war sofort eine Verkäuferin da, wenn man ein Kleidungsstück anfaßte, und zeigte einem lauter Sachen, bei denen gleich klar war, daß sie nicht in Frage kamen. Allein gucken durfte man aber nicht. Ich ging manchmal absichtslos nach alter Gewohnheit links eine Treppe hoch. Fast immer war jemand zur Stelle, der mich belehrte: »Rechts gehen!« Ich trug die Haare kurz und war knabenhaft schlank. Auf der Straße riefen die Leute hinter mir her: »Bist du ein Junge oder ein Mädchen?« Es hat lange gedauert, bis ich lernte, mich zu wehren: »Ich bin ein Zwitter.« Dann war Ruhe im Karton. Wenn man die unerbetene Einmischung hinnahm, war das eine Demütigung. Daß man dazu gezwungen wurde, sich zu wehren, empfand ich aber auch als erniedrigend. Ich fühlte mich unfrei. Warum ließen sie einen nicht in Ruhe.

Im Sommer 1955 fuhren wir zum ersten Mal wieder nach London. Wir wohnten bei meiner Tante Ursel in Chalk Farm. Es war eine Erlösung, wieder in London zu sein und Ursel und Peter zu sehen. Peter hatte während der Semesterferien einen Schallplattenstand in einer Seitenstraße vom Cambridge Circus. Er kaufte Schellackplatten im Trödel für ein oder zwei Pennies, suchte die guten aus und verkaufte sie für zwei Shilling an seinem Stand. Am Stand nebenan verkaufte Bernard Kops Bücher. Ich verbrachte viel Zeit mit ihnen. Cambridge Circus liegt im Zentrum von London, am Rand von Soho. Mehrere große Straßen kreuzen dort. Dichter Verkehr schiebt sich um das Rondell, darunter die hohen roten Londoner Busse. Ringsherum Geschäfte, Theater, Kinos. Auf den Trottoirs Fußgängergewusel. Ich war in meinem Element. Das war *richtige* Großstadt. Manchmal kam Donald Flowerdew an Peters Stand vorbei oder andere Freunde, die ich von den Ausstellungen am Embankment kannte. Alle freuten sich, mich zu sehen. In dem lockeren Künstlermilieu fühlte ich mich wohl. Hier konnte ich genauso sein, wie ich war, und mußte nicht dauernd auf der Hut sein vor lauernder Kritik.

Berlin war ausgeblendet. Eine Episode, die ich zu verdrängen versuchte. Ich konnte es mir nicht vorstellen, dorthin zurückzukehren. Aber die Abreise nahte unweigerlich. Ich mußte es irgendwie verhindern, mitfahren zu müssen. Am letzten Tag ließ ich absichtlich meinen Paß in der Wohnung liegen. Ursel entdeckte ihn und brachte ihn in letzter Minute zum Zug, der gerade abfahren sollte. Am hellichten Tag war mit einem Mal alles düster.

In den folgenden drei Jahren fuhr ich jeden Sommer nach London und jedesmal trauerte ich monatelang, wenn ich wieder in Berlin war. Trotzdem war es nie mehr so schlimm wie beim ersten Mal, denn ein Jahr später hatte ich in einem zähen Kampf durchgesetzt, daß ich von der Schule abgehen konnte.

Noch mußte ich aber dorthin. Nach diesen Ferien kam die Tanzschule dazu, eine Einrichtung, die ich als unglaublich spießig empfand, obwohl das Tanzen selbst Spaß machte. Außer dem Tanzunterricht bekamen wir Anweisungen in Etikette. Ich überstand das gut, indem ich zur gleichen Zeit die ironische Beschreibung der Tanzschule in »Tonio Kröger« las. Zum Abschlußball im Prälat Schöneberg, bei dem wir Rumba vortanzten, trug ich ein Kleid aus gelbem Duchesse in H-Linie. Nur einmal habe ich das angehabt.

Obwohl ich nun schon ganz gut Deutsch konnte, wurde es nicht besser mit mir und der Schule. Die meisten Lehrer und Lehrerinnen waren ältlich und hatten sicher schon unter den Nazis unterrichtet. Etwas anderes als Frontalunterricht gab es nicht. Barsche Zurechtweisungen waren an der Tagesordnung. Einmal drehte ich die Sache um und wies einen Lehrer zurecht, der in Englisch einen eklatanten Fehler gemacht hatte. Leider unterrichtete er auch Latein, wo er sich umgehend an mir rächte. Immerhin hatten wir in der zehnten Klasse, in die ich seit Ostern 1955 ging, eine sehr gute Musiklehrerin bekommen. Wir lernten Lieder von Heinrich Schütz, die wir als Klasse vielstimmig in einem Konzert sangen, was mir sehr gefiel. Zur selben Zeit bekamen wir eine neue junge Lehrerin in Geschichte. Wir waren bis zu diesem Zeitpunkt auf stupide Art im Schnellschritt vom sechzehnten bis zum neunzehnten Jahrhundert gekommen. Da, wo es Überschneidungen gab mit dem, was ich in England gelernt hatte, hörte es sich doch ganz anders an. Die Reformation hatte ich nun einmal auf Katholisch und einmal auf Evangelisch durchgenommen, zwei völlig verschiedene Geschichten. Die Schlacht von Waterloo (Belle Alliance) kannte ich einmal auf Englisch – die Preußen kamen nicht vor – und einmal auf Preußisch – ohne die Preußen hätten die Engländer verloren – was wahrscheinlich stimmte, nur wollte ich das damals nicht wahrhaben. Ich hatte nicht viel dabei gelernt, außer gegen Propaganda gefeit zu sein. Unsere neue Lehrerin machte ganz anderen Unterricht. Das Ausbalancieren von Macht in Europa nach den Napoleonischen Kriegen stellte sie aus der Sicht jedes einzelnen beteiligten Landes dar. Auf ihren Unterricht freute ich mich. Daß ausgerechnet dort sich etwas ereignete, das mich vollends gegen die Schule aufbrachte, war von einer traurigen Ironie.

Es war wohl Ende 1955, als wir die Verfolgung der Juden im Dritten Reich durchnahmen. In unserem Geschichtsbuch stand darüber ein einziger Satz. Unsere Lehrerin machte eine Stunde darüber, in der sie nichts beschönigte. Am Ende der Stunde sagte eines der Mädchen: »Im Nordwestdeutschen Rundfunk ist schon wieder alles voller Juden.« Ich stand auf, verließ den Klassenraum, nahm mein Fahrrad und fuhr nach Hause. Zum ersten Mal in meinem Leben war ich direkt mit Antisemitismus konfrontiert worden. Zum ersten Mal wurde ich darauf gestoßen, daß ich nicht nur englisch war, wie ich mich damals empfand. Am nächsten Tag kam der Direktor, ein ehemaliger Nazi, und forderte mich auf, mich vor der Klasse für mein Herausgehen zu entschuldigen. Ich weigerte mich.

Nicht lange danach kam ich einmal abends im Dunkeln nach Hause. Am Marienplatz stand ein Mann mit einem Motorrad. Er sprach mich an. Ich verstand nicht, was er sagte, und rannte weg. Er kam mit seinem Motorrad hinterher. Zwischen zwei Häusern fand ich einen kleinen Pfad. Dort rannte ich entlang. Ich hatte Angst, daß der Mann mit dem Motorrad am anderen Ende stehen würde, wenn ich wieder auf die Straße kam. Er war nicht da, aber ich hörte das Geräusch des Motorrads herannahen. Ich klingelte an einem Haus. Zum Glück wohnte dort ein amerikanisches Paar. Ich konnte auf Englisch erklären, was passiert war. Sie brachten mich nach Hause.

An Ursel schrieb ich einen Brief und erzählte ihr die Geschichte, in der leisen Hoffnung, daß sie auf meine Eltern einwirken würde, mich nach England zurückkehren zu lassen. Ursel war aber zu dieser Zeit schon sehr krank, was ich nicht wußte. Nicht lange danach starb sie. Wie grausam das Leben war.

In der Schule hielt ich es nicht mehr aus. Nach monatelangem Bohren setzte ich mich zu Hause gegen alle Widerstände durch. Im Sommer 1956 ging ich von der Schule ab, um Kunst zu studieren.

Kunststudentin mit Mappe

Vor den Sommerferien hatte ich die Aufnahmeprüfung für die Meisterschule für das Kunsthandwerk bestanden, eine Einrichtung, die leider in den siebziger Jahren von der Kunsthochschule verschluckt wurde. Sie fehlt heute: eine Kunstschule für von der Schule Geschädigte, die noch nicht achtzehn sind. Schon während der drei Tage der Prüfung hatte ich das Gefühl, an einem Ort zu sein, wo ich mich wohlfühlen könnte. Die schwerste Aufgabe war, zwei liegende Stühle zu zeichnen, die mit den Beinen ineinander verhakelt waren. Es gab eine Farb- und Kompositionsaufgabe und eine Aufgabe, die auf Ausdruck hinzielte: mehrere Wörter wie »Angst« oder »Ruhe« so zu schreiben, daß der Inhalt an der Art des Schreibens erkennbar war. Am letzten Tag wurde kein Thema vorgegeben, wir arbeiteten frei. Das gefiel mir alles.

Nach den Sommerferien 1956 kam ich in die Grundlehre zu einem ruhigen, freundlichen, sehr kompetenten Dozenten, Herrn Oertel, der abwechslungsreichen Unterricht machte. Neben Akt- und Portraitzeichnen erklärte er uns Grundbegriffe der Komposition und der Verwendung von Licht und Farbe. Er gab uns Aufgaben, die wir graphisch oder malerisch lösen konnten, zum Beispiel: Verkehr, Innenraum oder Kind mit Luftballon. Neben seinem Unterricht hatten wir bei anderen Dozenten/innen formalisierteren Unterricht in Farbtheorie, Perspektive und Schriftzeichnen mit Pinsel und Feder. Die Atmosphäre in der Klasse war locker, nicht von Konkurrenz geprägt, auch das ein Verdienst unseres Lehrers.

Ich war sehr stolz, Kunst zu studieren, und trug fast jeden Tag eine große Pappmappe nach Hause und am nächsten Tag wieder in die Schule, egal ob ich etwas zu transportieren hatte oder nicht. Alle sollten sehen, daß sie es mit einer leibhaftigen Kunststudentin zu tun hatten! In die Schule fuhr ich mit dem 17er Bus bis zum

Titania Palast in Steglitz und danach mit dem 2er oder 25er Bus die Bundesallee entlang bis Hardenbergstraße. Von dort ging es zu Fuß die Fasanenstraße hinunter bis zur Straße des 17. Juni, wo die Schule lag. Die zweite Busstrecke gefiel mir am besten. Der Bundesplatz war damals dicht mit Bäumen bewachsen, ein Stück Wald mitten in der Stadt, und von da an hatte die Bundesallee etwas verwunschen Poetisches. Ein bißchen entfernt von der breiten Straße und den Bürgersteigen gab es auf beiden Seiten Anhöhen, mit Gras bewachsen. Auf ihnen standen sehr große Villen, meistens halb zerstört, aber noch immer hochherrschaftlich, mit verstohlenen Zeichen von Leben da, wo sie noch bewohnbar waren: eine wehende Gardine, Blumen in einem Fenster.

An anderen Stellen der Stadt war man eifrig damit beschäftigt, möglichst viele Spuren der Vergangenheit zu verwischen, auch dort, wo es gar nicht nötig war. An den Mietshäusern wurde wahllos Stuck von den Fassaden abgeklopft und durch einen häßlichen Aufputz, oft mit grober Struktur, ersetzt. Was dabei herauskam, hatte seinen Charakter und seine Proportionen verloren. Auf eine traurige Art stimmte die Symbolik. Mir tat es aber weh, dieser abermaligen Zerstörung zuzusehen. Überall wurden gesichtslose Neubauten im Streichholzschachtel-Stil hochgezogen. In dieser Zeit las ich »1984« von George Orwell. Neben »Newspeak« schien es auch so etwas wie »Newbuild« zu geben. Als könne man die Vergangenheit in einem langweiligen Einerlei von identitätslosen Neu- oder »modern« verschandelten Altbauten ausblenden.

Keine zwei Monate, nachdem ich mein Studium an der Meisterschule aufgenommen hatte, wurde die Welt durch zwei Krisen erschüttert. Die Krise um den Suezkanal habe ich nur in blasser Erinnerung. Sie wurde ausgelöst durch die Ankündigung Ägyptens, den Kanal verstaatlichen zu wollen. England und Frankreich griffen Ägypten an. Sie glaubten, die Benutzung des Kanals sei in Gefahr. Der Konflikt dauerte nicht lange. Der Kanal wurde nicht für das Ausland geschlossen. England und Frankreich wurden von den Vereinten Nationen gerügt.

Viel aufregender fand ich den Aufstand in Ungarn. Zum ersten Mal war ich von einem politischen Ereignis so berührt. Hier ging es um wirkliche Freiheit: die Freiheit des Einzelnen und den Versuch der Niederschlagung eines bevormundenden Regimes. Ich verfolgte die Ereignisse mit einer Mischung aus gespannter Aufmerksamkeit und schlechtem Gewissen, einer Mischung, die ich noch einige Male in meinem Leben erleben sollte. Nach zwei Wochen fielen sowjetische Truppen mit großen Panzern in Ungarn ein. Der Aufstand wurde blutig niedergeschlagen. Dem tragischen Ende zuzusehen, empfand ich als voyeuristisch, dem aussichtslos gewordenen Aufbäumen von Menschen, die lieber ihr Leben opfern als sich weiter ducken wollten und die unter den Augen der Welt hingemordet wurden. Zuzusehen schien mir eine Art Beteiligung an dem Gemetzel.

Ich erinnere mich, daß wir einmal am Anfang des Aufstandes ausgelassen in der Klasse getanzt haben. Ich tanzte barfuß und trat mit voller Wucht auf eine Reißzwecke, die sich sehr schmerzhaft in meinen Fuß bohrte. Das geschieht dir recht, dachte ich, dich so gedankenlos aufzuführen, während andere verzweifelt um ihre Würde und ihr Leben kämpfen. Es dauerte Jahrzehnte, bis ich zu der Einsicht kam, daß niemand von irgendwelchen symbolischen Opfern meinerseits einen Nutzen hätte. Allerdings wären wir am Ende des Aufstandes und auch in der Zeit danach nicht auf den Gedanken gekommen zu tanzen. Ein Gefühl von Benommenheit und Erschütterung blieb noch lange.

In der Schule gab es eine Kantine mit einem Erker. Im Erker Fenster mit Blick auf die Straße des 17. Juni. Dort unterhielten wir uns über die Ereignisse. Ich fing an zu rauchen. In der Kantine gab es sehr schmale Packungen mit vier Rothhändle. Davon rauchte ich eine Packung am Tag.

In die Meisterschule ging ich mit großem Elan, manchmal mit Begeisterung. Nach Weihnachten sagte Herr Oertel, daß ich nur ein Jahr auf der Meisterschule bleiben und in dieser Zeit mit seiner Hilfe eine Mappe für die Bewerbung an der Kunsthochschule zusammenstellen solle. Er zweifle nicht daran, daß ich dort aufgenommen werden würde. Ich hatte ein Ziel vor Augen, das ich spätestens seit dem Umzug nach Deutschland ernsthaft angepeilt hatte und für das es sich zu leben lohnte.

Fastnacht 1957 veranstaltete die Schule ihren jährlichen Faschingsball, die »Laterna Magica«. Wochenlang hatten wir Studierende das Schulgebäude dekoriert. Im Treppenhaus malten wir mit grober schwarzer Farbe auf Packpapier eine Hinterhof-Spelunken-Szenerie, die mit »Dächern« aus Wellpappe versehen wurde. Die Wandlampen bezogen wir als Kneipen- oder Straßenleuchten ein. Jeder Klassenraum stand unter einem eigenen Motto und wurde von den dort Studierenden dekoriert. Unser Motto weiß ich nicht mehr, aber ich erinnere mich an einen sehr großen und farbigen Wandteppich aus Knäueln zerknüllten Seidenpapiers, eng nebeneinander auf Packpapier aufgeklebt, an dessen Herstellung ich maßgeblich beteiligt war. Vom Fest selbst sind mir kaum Einzelheiten in Erinnerung geblieben. Es war sehr voll, und es gab großes Gedränge. Ich kannte viele Leute, ein ganz neues Gefühl. Ich trank etwas zu viel und tanzte wild.

In der Schule fühlte ich mich wohl, in der Stadt nach wie vor sehr fremd. Ich ging manchmal abends in die »Eierschale« am Breitenbachplatz, neben der »Badewanne« in der Nürnberger Straße das einzige Tanzlokal, das ich im kleinkarierten West-Berlin der fünfziger Jahre kannte. Die »Badewanne« war mehr für ältere, die »Eierschale«, wo live Dixieland-Musik gespielt wurde, für junge Leute. Einmal wollte ich zirka um 22 Uhr von dort nach Hause fahren. Im Bus stellte ich fest, daß ich nur noch 32 Pfennig hatte. Eine einfache Fahrt kostete damals 35 Pfennig. Ich fragte im Bus, ob mir jemand drei Pfennig geben könne. Eisiges Schweigen. Ich mußte aussteigen und nach Hause laufen. Die Unfreundlichkeit machte mich fassungslos. Fassungslos war ich, wenn ein Busfahrer an einer Haltestelle vorbeifuhr, obwohl jemand darauf zurannte. Unangenehm fand ich die merkwürdige Art, sich auf einer Sitzbank im Bus außen hinzusetzen und andere Leute damit zu zwingen, sich vorbeizudrängeln. Und unangenehm auch das häufige Schimpfen und Streiten, das aus nichtigen Anlässen ausbrach.

Ich sehnte mich nach dem toleranten und freundlichen Leben-und-leben-lassen, das ich von London her kannte.

Manchmal fuhr ich gar nicht mit öffentlichen Verkehrsmitteln. In der Turmstraße in Moabit gab es einen Laden, wo man original amerikanische Jeans bekommen konnte. Er war einer der wichtigsten Orte West-Berlins. Mit einem anderen Mädchen aus meiner Klasse trampte ich ein paarmal nach Moabit, um neue Jeans Marke Lee oder Levy zu besorgen, die zu haben unerläßlich war. Wir hielten Autos in der Straße des 17. Juni an, bis jemand uns nach Moabit mitnahm. Probleme gab es damit nie. Die neuen Jeans nähte man sich ganz eng oder stieg damit in möglichst heißes Wasser in die Badewanne oder beides. Am besten war es, wenn die Jeans so eng waren, daß man sie nur mit großer Mühe anziehen konnte, und wenn sie außerdem ein bißchen verwaschen aussahen. Einmal hatte ich ein paar Jeans perfekt hingekriegt. Am 17. Juni 1957, dem Tag der deutschen Einheit, einem Feiertag, fuhr ich in meinen neuen Jeans zum Strandbad Wannsee. Ich brauchte etwa fünf Minuten, um die Jeans auszuziehen. Jemand hatte offenbar gesehen, wie toll sie waren. Während ich im Wasser war, wurden sie geklaut. Ich mußte im Badeanzug mit T-Shirt darüber in der S-Bahn nach Hause fahren.

Nicht lange davor hatte ich mit einigen Leuten aus meiner Klasse in der Filmbühne am Steinplatz den japanischen Film »Rashomon« gesehen. In ihm wird dieselbe Geschichte mehrfach erzählt, aus der Sicht aller Beteiligten und verschiedener Zeugen und jedesmal anders. Während des Sommersemesters spielten wir immer mal wieder »Rashomon« mit verteilten Rollen am Ufer des Landwehrkanals, einen schrägen Weg hinunter von der Straße des 17. Juni. Vorher tranken wir Wermut-Verschnitt, gerade soviel, daß wir uns in das Spiel hineinsteigern konnten. Aus dem Film und aus dem Spiel lernte ich, daß Wahrheit etwas sehr Subjektives ist, daß es eine objektive Wahrheit vielleicht gar nicht gibt, und wenn, dann nur dort, wo viele subjektive Wahrheiten sich überschneiden. Dieselbe Beobachtung machte Eberhard Fechner etwa zwanzig Jahre später in seinem grandiosen Dokumentarfilm über die »Comedian Harmonists«, deren Geschichte (vor allem die Geschichte der Teilung der Gruppe nach der Machtübernahme der Nazis) er in einer Art Collage von den noch lebenden Beteiligten und Angehörigen erzählen ließ. Die Wahrheit war das Destillat aus den verschiedenen Sichtweisen und Facetten, nichts genau Bestimmbares. Vielleicht sogar flüchtig, wenn man sie exakt festlegen wollte.

Im Sommer 1957 zogen wir um, von Lichterfelde nach Dahlem, in eine viel größere Wohnung in der Ehrenbergstraße. Kurz danach kam Peter zum ersten Mal nach Berlin zu Besuch. Annemarie, Peter und ich wollten einmal im DKW »Hiob« durchs Brandenburger Tor. Damals gab es Kontrollen auf beiden Seiten, und an diesem Tag war es der westliche Polizist, der übereifrig war. Er machte eine aufgeblasene Bürokraten-Bemerkung. Meine Tante Annemarie, die sich nichts gefallen ließ, sagte: »Scheißkerl.« Sie bekam eine Anzeige wegen Beamtenbeleidigung und bat Peter, der wieder in London war, um eine Zeugenaussage. Er schrieb eine wunderbare Verteidigung, nur leider mit dem Wort »Beampter«. Annemarie bekam eine Geldstrafe.

Unter Anleitung von Herrn Oertel hatte ich eine ansehnliche Mappe zusammengestellt, die ich an der Kunsthochschule einreichte. Obwohl ich acht Monate zu jung war, wurde ich zur Aufnahmeprüfung zugelassen, die diesmal vier Tage dauerte. Mit einer Ausnahmegenehmigung nahm ich im Herbst 1957 das Studium an der Kunsthochschule auf.

Am Steinplatz

In der Eingangshalle der Kunsthochschule war alles aus Marmor: die riesigen Bänke an den Wänden, der Fußboden und die vier breiten Treppen, zwei links, zwei rechts, jeweils vor und hinter den Marmorbänken. Die erste Treppe rechts führte zu den Malklassen im zweiten Stock. Auch dort Marmor- und Terrazzofußboden im Gang. Die beiden Klassenräume für Grundlehre waren am äußersten Ende des Ganges. Unser Professor hatte Metallplättchen an den Absätzen. Tong, tong hallten seine Schritte immer lauter, bis die Tür aufging. »Guten Morgen, meine Damen und Herren.« Jeder und jede der etwa dreißig Studierenden wurde mit Handschlag begrüßt, und dann ging es an die Arbeit.

Er hatte die Bauhaus-Grundlehre gelesen und richtete seinen Unterricht danach aus. Besonders hatte es ihm die »Analyse« angetan. Eine Akt- oder Portraitzeichnung war Ausgangspunkt für verschiedene Variationen: hell-dunkel, Rhythmus der Linien, Schwerpunkte der Komposition, unterschiedliche Bearbeitung der Flächen usw. sollten jeweils auf einem neuen Blatt aus der ursprünglichen Zeichnung »exzerpiert« werden. Heute ist mir klar, daß wir damit lernen sollten, vom Gegenstand zu abstrahieren. Die Methode scheint mir allerdings immer noch fragwürdig. Damals fand ich diese Aufgabe formalistisch, obwohl ich das Wort noch gar nicht kannte, und schob sie vor mir her. Aber ich malte und zeichnete viel. Portraitzeichnen hatten wir bei unserem Professor. Aktzeichnen und Naturstudium, Anatomie, Farbenlehre und Kunstgeschichte gab es bei anderen Professoren.

Naturstudium bedeutete im ersten Semester: im Zoo zeichnen. Einmal zeichnete ich vor einem Affenkäfig. Ich saß nah an dem Rautengitter des Käfigs. Plötzlich war mein Stift weg. Ein Affe saß hinter dem Gitter mit einem frechen Ausdruck im Gesicht und winkte mit meinem Bleistift. Noch etwas passierte im Zoo. Das erste Semester war Probesemester. Am Ende des Semesters gab es eine Mappendurchsicht. In unserer Klasse gab es einen Italiener, Fabio. Es war schon nach Weihnachten, und Fabio hatte noch kaum etwas für seine Mappe gemacht. Dann sahen wir im Zoo die Esel sich begatten. Fabio machte binnen kürzester Zeit etwa zwanzig Zeichnungen. Damit bestand er das erste Semester.

Am Sonnabendnachmittag, wenn die Schule ziemlich leer war, gewöhnte ich mir an, durch die Malklassen zu laufen und zu gukken, was die anderen machten. In der Klasse Kuhn gab es eine große Stellwand, übersät mit Bleistiftzeichnungen auf Bockwurst-Papptellern in verschiedenen Größen. Der Rand des Tellers bildete jeweils den Rahmen. Die Zeichnungen stellten sehr witzig »Deutsche Typen« dar, jeweils mit Namen versehen. Es gab wilhelminische Offiziere, spitze Bürokraten, vor Salbe, Taft und Juwelen glänzende Mädchen, preußische Soldaten mit Pickelhaube, dünne, bebrillte Lehrerinnen, dicke Marktfrauen, einen kurzgeschorenen, schnauzbärtigen Specknacken, »E. Heinicke« und einen ondulierten pickligen »Erhard Lampe von Neuss a. Rh.«. Jede Woche kamen neue Zeichnungen dazu, manchmal ganze Szenen. Es hieß, daß die Klasse einige Jahre zuvor nichts anderes gemacht habe als diese Zeichnungen. Professor Kuhn betrat damals den Klassenraum, so erzählte man sich, sagte: »Ach, ihr seid immer noch dabei«, und machte auf dem Absatz kehrt.

Die Zeichnungen fand ich nicht nur amüsant, sondern auch außerordentlich gekonnt. Ich stand ehrfürchtig davor und hoffte, daß ich auch einmal so prägnant zeichnen können würde. Die Urheber lernte ich etwas später kennen und freundete mich mit ihnen an, besonders mit Stephan Stolze, einem stillen, traurigen und ironischen jungen Mann, der am Ende seines Lebens, in den achtziger Jahren, zwei bemerkenswerte Erinnerungsbände schrieb über seine Kindheit im Dritten Reich und die Nachkriegsjahre in der DDR und West-Berlin. Sie enden mit der Beschreibung der Papptellerzeichnungen.

In anderen Klassen sah man ganz andere Dinge. In der Klasse

Camaro große Ellipsen in den Modefarben der fünfziger Jahre, blasses Maigrün, helles Zitronengelb und fahles Rosa auf schwarzem oder weißem Grund. In der Klasse Trier Bilder, die wie Fischernetze oder sehr grobmaschiges Strickzeug aussahen. In der Klasse Kaus mit dem Spachtel dick aufgetragene Erdfarben auf Rupfen oder auf die Leinwand getröpfelte Farbe im Stil von Jackson Pollock.

Die Hochschule bestand damals aus vier Abteilungen. Drei waren am Steinplatz untergebracht: freie Kunst, angewandte Kunst und Architektur. Die pädagogische Abteilung hatte ein eigenes Gebäude in der Grunewaldstraße in Schöneberg. Obwohl es eine ausgesprochene Ordinarien-Hochschule war, wo die Professoren noch die ungeteilte Macht hatten, sorgte die Übersichtlichkeit für eine gewisse familiäre Stimmung am Steinplatz. Man lernte Leute aus allen Abteilungen kennen.

Die berühmte Faschingsfete »Schräger Zinnober« richteten wir alle gemeinsam aus. 1958 war ich das erste Mal dabei. Ich mietete einen Leierkasten, irgendwo im Wedding auf dem zweiten Hinterhof beim letzten noch lebenden Drehorgelbauer in West-Berlin, und sammelte schon Geld auf dem Rückweg zur Hochschule in der Straßenbahn. Beim Fest schminkte ich mein Gesicht weiß, meine Augen schwarz, trug eine Melone und schwarze Klamotten und nahm ziemlich viel ein mit meinem Leierkasten.

Ich war eine fleißige, aber aufmüpfige Studentin. Das erste Semester ging vorbei, und ich hatte immer noch keine »Analyse« gemacht. Unser Professor meinte, nun wäre es langsam Zeit. Schließlich riß ich fünf Bögen von einer Rolle Packpapier herunter und rotzte die Aufgabe in einem Tag hin. Er sah die Blätter und sagte: »Melden Sie sich im Sekretariat ab!«, und als ich an der Klassentür war: »Ich geb' Ihnen noch einmal eine Chance.« So brachte ich die »Analyse« hinter mich.

Beim Aktzeichnen suchte ich mir eine andere Klasse. In der freien Abteilung wurde uns nahegelegt, die Form eines Körpers in Quadern, Zylindern, Kugeln usw. darzustellen. Ich verstand unter Aktzeichnen etwas anderes, weniger Verkrampftes und ging in die

Aktklasse der angewandten Abteilung. Der Dozent, Hermann Bachmann, selbst ein sehr guter Maler und anregender Gesprächspartner, bot keine Patentrezepte an, sondern unterstützte mich in meiner etwas wilden, malerischen Art zu zeichnen.

Eines meiner Lieblingsmodelle beim Aktzeichnen hieß Fräulein Brust, eine schöne junge Frau, die allerdings nur im Liegen posierte, denn sie las dabei Groschenromane. Gern zeichnete ich auch Fräulein Bock, eine kräftige, stämmige Person, die später einen Werkstattleiter heiratete und selbst anfing zu malen. Eines der männlichen Modelle war Herr Schwanenherz, der eine große Gabe besaß. Wenn Professor Tank in Anatomie etwas erklärte, war Schwanenherz dabei. »Zeigen Sie mal die fünfte Rippe, Schwanenherz«, und dann zuckte es bei Schwanenherz an der Seite, so daß alle es sehen konnten. An zwei Portraitmodelle erinnere ich mich mit Rührung: Herrn Gartz, der völlig abgeschabte Kleidung trug und von uns wegen seines langen Bartes »Rasputin« genannt wurde. Er hatte immer einen Handfeger bei sich, mit dem er vor dem Hinsetzen den Stuhl saubermachte. Und Fräulein Kaminsky, die sicher schon siebzig war, mit einem ausdrucksvollen Faltengesicht, einem zerbrechlichen Körper und hohen schwarzen Schnürstiefeln. Ab Mittwoch jeder Woche wünschte sie uns ein schönes Wochenende.

In der Eingangshalle saßen immer ein paar Professoren auf den Marmorbänken, plauderten und begutachteten die Studentinnen, die vorbeigingen. Ich empfand es als eine milde Art Spießrutenlaufen, da durchzulaufen und das Tuscheln mitzukriegen. Es machte unsicher, dieser Eindruck, daß wir Studentinnen in erster Linie als Frauen wahrgenommen wurden. Statt Förderung gab es oft das Gefühl, in Frage gestellt zu sein. Das galt auch, vielleicht sogar gerade, für diejenigen unter uns, die es mit dem Studium sehr ernst meinten und hart arbeiteten, zu denen ich gehörte. So manchen Macho-Spruch mußten wir wegstecken.

Umgekehrt war es aber auch so, daß ich selbst mit einer gewissen Spaltung fertig werden mußte. Wenn ich in Hosen in die Schule ging, wußte ich, daß ich an dem Tag arbeiten würde. Trug ich einen Rock, dann stand ich neben der Pförtnerloge am Fenster und guckte, wer hereinkam. Wenn es warm war, ging ich in den Hochschulgarten, der sehr schön war und wo immer Leute saßen, mit denen man sich unterhalten konnte. Ich glaube, das Verhältnis von Hosentagen zu Rocktagen war etwa fünf zu eins.

Ich war jetzt im zweiten Semester, dem letzten des Grundstudiums, und mußte mich nach einer Fachklasse umsehen. Bei meinen sonnabendlichen Rundgängen hatte ich von allen Malklassen einen Eindruck bekommen und meine Wahl war auf die Klasse von Ernst Schumacher gefallen. Schumacher hatte neben Hans Kuhn und Schmidt-Rottluff, der als Emeritus eine Meisterklasse leitete, eine der letzten Klassen, in denen noch gegenständlich gemalt wurde. Der Kampf Abstrakte gegen Figürliche war während der ganzen fünfziger Jahre an der Hochschule ausgetragen worden und war jetzt zugunsten der Abstrakten mehr oder weniger entschieden. Carl Hofer, der große figurative Maler und Präsident der Hochschule, war 1955 gestorben. Will Grohmann, der Kunstgeschichte unterrichtete, ein Ex-Nazi, was ich damals nicht wußte, war einer der größten Verfechter der abstrakten Malerei. Eine einfache Art von Vergangenheitsbewältigung. Ich war weder so noch so ideologisch festgelegt, sondern im Probierstadium.

An Schumachers Klasse reizte mich dreierlei: seine eigene flächige, stimmungsvolle Malerei, vornehmlich von Landschaften und Stilleben. Sie gefiel mir. Einige Leute in der Klasse malten aber ganz anders, ähnlich wie Hermann Bachmann, bei dem ich Akt zeichnete. Sehr farbige Bilder mit rhythmisch gesetzten kleinen Flecken. Auch das gefiel mir. Und dann gab es dort einen Studenten, der mir aufgefallen war und den ich näher kennenlernen wollte. Dieser Student hatte etwas sehr Entschlossenes. Er lief ernst durch die Halle, blickte nur aus den Augenwinkeln gelegentlich nach links oder rechts und malte, wie ich fand, sehr schöne Bilder, damals noch abstrahierte Stilleben und Figuren.

Ich meldete mich zu einem Gespräch bei Schumacher an. Man hatte mir gesagt, daß er von Malerinnen nicht viel hielt, ja, daß er sogar drei Jahre lang keine einzige Studentin in der Klasse aufgenommen hatte. Er wird mich schon nicht ablehnen, dachte ich, und ich hatte recht. Schumacher war besonders von einem blauen Bild beeindruckt, das ich von zwei Mietshäusern und einem kahlen Baum in der Uhlandstraße gemalt hatte. Er nahm mich allerdings zur Probe und mit der Mahnung auf, mich einzufügen. Der Ruf der Aufmüpfigkeit war mir vorausgeeilt.

Schumachers Klasse lag am entgegengesetzten Ende des langen Korridors von der Grundklasse. Im großen Klassenraum hatten sich etwa zwölf Studierende Arbeitsplätze abgeteilt. Wenn alle da waren, war es sehr voll. Die Arbeitsatmosphäre war aber anregend, und es roch schön nach Farben und Terpentin. Ernst Schumacher war ein kräftiger Mann in den Fünfzigern. Er baute Stilleben auf einem Tisch in der Mitte des Raumes auf. Einmal gab es eine Ausstellung von Max Pechstein in der Hochschule. Ich malte ein Stilleben im Stil von Pechstein. Schumacher war begeistert. Ich malte ein kleines rotes Selbstbildnis im Stil von Jawlensky und eine zarte Jünglingsfigur im Stil von Picassos blauer Periode. Im Lauf des Semesters kamen noch ein paar Stile dazu.

Der Student, dessen Arbeit ich bewunderte, teilte ein Atelier mit einem anderen Studenten im ersten Quergebäude hinter dem Hochschulgarten. Er war schon im achten Semester. Manchmal ging ich dorthin, um zu sehen, was er machte. So kamen wir ins Gespräch. Er hieß Andreas Brandt und war Anfang der fünfziger Jahre aus der DDR nach West-Berlin gekommen. Er wohnte bei Hermann Bachmann zur Untermiete. Später lernte ich durch sie den Maler Jochen Seidel kennen. Alle drei waren sie Hallenser. Andreas war schüchtern, besonders im Vergleich zu den anderen beiden, die derbe Sprüche von sich gaben. Er sprach sehr leise. In die Schule kam er nur, um zu arbeiten, er gammelte nicht herum. Davon war ich sehr beeindruckt. Wir wurden ein unstetes Paar. Mal mehr zusammen, mal mehr getrennt. Gerade diese Konzentriertheit, die ich bewunderte, machte die Beziehung schwierig. Für ein junges Studentenpaar hatten wir wenig Lockeres, Ausgelassenes. Wir waren ein bißchen verkrampft.

Andreas' Bilder mochte ich sehr. Sie wurden immer abstrakter und Bachmanns Bildern immer ähnlicher. Hermann Bachmann malte damals großformatige Bilder, die meistens im Grundton rot waren. Kleine Flecken wanderten diagonal über die Leinwand, von links unten nach rechts oben. Zwischen den Flecken in unterschiedlichen Rottönen gab es einzelne wohlgesetzte Flecken in anderen Farben, sehr leuchtend. Die Bilder hatten etwas Wohltuendes wie Musik. Andreas' grüne Stilleben verwandelten sich langsam in grüne Flecken mit anderen Farbtupfern, die etwas anders gesetzt und nicht ganz so leuchtend waren wie die von Bachmann, aber auch sehr schön. Seidel malte Bilder mit blauen und farbigen Flecken.

Ich malte noch flockig gegenständliche Bilder. Schumacher hatte eine merkwürdige Art zu unterrichten. Sehr apodiktisch. Er guckte ein Bild an und sagte:»Gelb am Rand vom Bild kann man nicht benützen.« Die Artigen unter uns übermalten in einem solchen Fall das Gelb. Ich war nicht artig. Ich kam darauf, daß er damit sagen wollte, daß eine warme Farbe am Rand eines Bildes noch mehr hervortritt als sonst. Und dann malte ich eine schon ziemlich in Flecken aufgelöste Landschaft mit gelb als Grundton, um zu zeigen, daß es doch ginge. Ich habe, gerade im Widerspruch, viel von Ernst Schumacher gelernt.

Einmal bat mich Schumacher, meinen Vater zu fragen, ob er seine Bilder nach Westdeutschland schicken solle. Die Berlinkrise war ausgebrochen. Chruschtschow drohte, einen separaten Friedensvertrag mit der DDR abzuschließen und die Verkehrswege nach West-Berlin zu schließen. Er verlangte ultimativ, daß die Westmächte sich innerhalb von sechs Monaten aus West-Berlin zurückziehen sollten. West-Berlin solle eine entmilitarisierte Freie Stadt unter Aufsicht der UNO werden. Es war der zweite Versuch, nach der Blockade, die Stadt auszutrocknen. Unruhe machte sich in der Bevölkerung breit. Viele Menschen zogen nach Westdeutschland. Die Krise war erst 1963 mit dem Beginn innerdeutscher Gespräche beigelegt. Durch diesen Dialog kam es unter anderem zu der ersten Passierscheinregelung für West-Berliner. Wirklich beendet war die Krise aber erst mit dem Abschluß der ersten Ostverträge 1972. Mein Vater riet übrigens Schumacher, sich nicht ins Bockshorn jagen zu lassen, und Schumacher behielt seine Bilder in Berlin.

Da ich lieber arbeitete, wenn die Klasse nicht zu voll war, blieb ich meistens in der Mittagspause in der Klasse, arbeitete und aß Brötchen mit Käse. Gelegentlich hatte ich aber Heißhunger auf etwas Warmes und ging essen. Manchmal in ein einfaches Restaurant in der Carmerstraße, wo es ein Menü gab für 1.30 Mark: Tasse Nudelsuppe, Brathering oder Solei mit Bratkartoffeln und Tütenpudding. Im vorderen Raum des Restaurants stand eine Theke. Am einen Ende saß die sehr dicke Besitzerin des Lokals und am anderen ihre noch dickere Schwester. Nachdem beide gestorben waren, wurde später ein Gipsmodell einer dicken Frau an die Theke gesetzt. Das Lokal wurde zur Kneipe »Dicke Wirtin« und besteht bis heute. Manchmal ging ich zum Fischladen in der Knesebeckstraße. Der Laden war zweistöckig. Im Ladenraum stand ein Tisch, an dem acht Personen Platz hatten. Es gab für eine Mark ein Stück gebratenen Fisch und Kartoffelsalat. Es schmeckte hervorragend. Die Ladeninhaberin stieg die Treppe herunter mit einer riesigen Schüssel und einem Holzlöffel und teilte den Kartoffelsalat mit Schmackes aus. Sehr gelegentlich ging ich in die Paris-Bar in der Kantstraße zwischen Uhland- und Fasanenstraße, wo immer dieselben Kunstprofessoren an immer demselben Tisch zu Mittag aßen. Schumacher gehörte nicht dazu. Ein paarmal war ich aber abends mit ihm und einigen anderen Leuten aus der Hochschule in der Kantstraße an der Joachimsthaler Straße bei Anna Barfuß, einem Lokal, wo die Hochschulprofessoren und die Mädchen von »Remdes St. Pauli« verkehrten. Das erinnerte ein bißchen an »Goodbye to Berlin«, das ich so gern gelesen hatte. Ein Berlin, das ich mochte.

Einmal saß ich mit etwa sechs Leuten aus verschiedenen Klassen nachmittags im Café am Steinplatz. Das Café war eine Ansammlung langer Holztische und -bänke im Freien auf einer sandigen Erhebung neben dem Kino am Steinplatz. Ich weiß nicht, wie wir darauf kamen, aber plötzlich bestellten wir alle verrückte

Essen. Jemand bestellte Eis mit Senf, eine Kommilitonin bestreute Tomatensuppe mit Zucker, und ein Student aus der Klasse Kaus aß fünf Bockwürste mit Schlagsahne.

Ich studierte gern, und doch war ich mir meiner selbst und meiner Malerei unsicher. Nicht für einen Augenblick zweifelte ich daran, daß ich Malerin werden wollte, aber es war mir klar, daß ich einen weiten Weg des Lernens und Arbeitens noch vor mir hatte. Wie sollte ich das aber mit dem Frau-Sein vereinen. Würde ich irgendwann heiraten, Kinder haben? Wenn ja, wie sollte ich das mit der Malerei verbinden? Wenn nein, wovon würde ich leben? Wo würde ich leben? Damals hielt ich es für wahrscheinlich, daß ich nach England zurückkehren würde, aber als ich im Sommer 1958 in den Semesterferien in London gewesen war, hatte ich zum ersten Mal gemerkt, daß es dort anfing, mir ein bißchen fremd zu werden. Dabei war ich noch längst nicht wirklich in Berlin angekommen. So hing ich mit allem ein bißchen in der Luft. Auch mit der Beziehung zu Andreas, die kompliziert war. In einer unserer Trennungsphasen hatte ich eine kurze platonische Beziehung zu einem anderen Mann. Er studierte Betriebswirtschaft und war angehender Unternehmer. Für drei Monate waren wir sehr verliebt und tingelten durch die Kneipen. Dann kehrte er zu seiner Dauerfreundin zurück und ich zu Andreas. Es war auch eine Rückkehr zur Malerei.

Ich verbrachte viel Zeit mit Andreas und Bachmann und Seidel. Wir sprachen über Kunst und über Gott und die Welt. Bachmann energisch, originell. Seidel fahrig, eruptiv. Andreas leise, genau. Ich lebendig, manchmal etwas zu bereit, mich auf das einzulassen, was die anderen sagten. Meine Bilder wurden immer fleckiger. Ab Frühjahr 1959 malte ich wie die anderen drei.

Im Juni 1959 zog ich zu Hause aus und in eine eigene Wohnung in der Uhlandstraße. Danach ging alles sehr schnell. Einiges entschied sich von selbst. Ende September war ich schwanger. Andreas und ich heirateten etwas unter Druck, aber ich werde meinem Vater immer dankbar sein, daß er mich, und dann auch meinen Sohn, noch etliche Jahre finanziell unterstützte. Für mich

kam alles ein bißchen schockartig. So wie die Dinge damals gehandhabt wurden, brach ich das Studium ab. Zunächst fühlte es
sich an wie das Ende der Welt. Mein Sohn wurde im Juli 1960
geboren. Danach verwandelte sich das Unglück in ein großes
Glück.

Für Schumacher war es schwer zu verkraften, daß die begabte-
ren Leute in seiner Klasse wie Bachmann malten. Ich glaube, er litt
sehr darunter. Drei Jahre, nachdem ich die Hochschule verlassen
hatte, starb er, noch keine sechzig. Da malte ich schon wieder fi-
gürlich. Er hat die Bilder nicht mehr gesehen, aber ich glaube, sie
hätten ihm gefallen. Einige Zeit später sah ich eine Gedächtnis-
ausstellung seiner schönen Bilder im Haus am Waldsee. Ich war
stolz darauf, daß er mein Lehrer gewesen war.

Feten und Buddelgespräche

»Kriegt Ihr Kind auch morgens Banane?« Das war die Standard-
einleitung zu einem Gespräch, wenn ich auf dem Spielplatz in der
Meierottostraße saß. Dort gab es zwei nicht sehr große Buddelkästen und eine Rutsche. Außerdem eine Rasenfläche, Betreten
verboten. Kurz vor fünf Uhr jeden Nachmittag gingen die größeren Kinder, die dort spielten, vom Rasen herunter. Um fünf kam
ein Polizist kontrollieren. Sobald er außer Sichtweite war, spielten
die Kinder wieder auf dem Rasen. An warmen Sommernachmit-
tagen saßen etwa fünfzig Kinder in den Buddelkästen und dreißig
Mütter ringsherum auf den Bänken. Natürlich kamen sich die
Kinder oft ins Gehege. Sofort griffen die Mütter ein: »Detlef, dein
Schippchen, paß auf dein Schippchen auf.« »Sabine, gib dem Jungen die Schippe wieder.« Und so ging es immer weiter: »Ist dir
kalt, möchtest du dein Jäckchen anziehen?« »Komm her, Mund
abwischen.« »Laß das!« Die Fragen und Kommandos waren genauso an die zuhörenden Frauen gerichtet wie an die Kinder. Alle
sollten hören, daß die Kinder »ordentlich« und zur Folgsamkeit
erzogen wurden.

Auf den Spielplatz ging ich mit David, sobald er laufen konnte.
Eine Zeitlang ließ ich mich auf die Buddelgespräche ein: »Ich habe
ab drei Monaten schon zugefüttert, und mit sieben Monaten hat
sie allein aus dem Becher getrunken. Mit neun Monaten ist sie
durch die ganze Wohnung gerobbt, mein Mann sagte immer, wie
ein Bulldozer.« Solchen Schwachsinn erzählte man sich dort. Die
Männer kamen fast nur als tätschelnde Begutachter in diesen Gesprächen vor, oder wenn einer gelegentlich Frau und Kinder mit
demonstrativen Küssen vom Spielplatz abholte.

Nach einer Weile wurde es mir zu blöd. Ich setzte mich mit einem Buch etwas abseits. Einige Zeit später saß dort eine andere

Frau mit einem Buch. Wir taten uns zusammen und sprachen über das, was wir lasen, über Ausstellungen oder über die Freuden und Einschränkungen, die es mit sich brachte, Mutter zu sein. Ihr Sohn Alexander war ein Jahr älter als David. Die beiden Kinder freundeten sich an.

Meistens kochte ich zu Hause. In der Nähe meiner Wohnung gab es zwei Märkte: den kleinen »katholischen« Markt um die Kirche am Ludwigkirchplatz und den großen »evangelischen« Markt an der Kirche am Hohenzollernplatz. Einmal, als David noch kleiner war, hatte ich ihn durch den »katholischen« Markt im kleinen Sitzwagen geschoben. Ich trug keinen Ehering. Eine Frau kam mir entgegen, blickte auf meine Hände und sagte, »Aha, unehelich!«

Ab und zu ging ich mit David in die Paris Bar essen. Dort gab es Steak Minute, Pommes Frites und Salat für 1.20 Mark. David aß das sehr gern. In der Paris Bar gab es zwei Räume, durch eine Theke gegenüber vom Eingang verbunden. Einmal saßen David, etwa drei Jahre alt, und ich an einem Tisch auf der rechten Seite. Wir hatten beide Steak Minute gegessen. Da verschwand David auf die andere Seite des Lokals und kam nicht wieder. Nach zehn Minuten ging ich ihn suchen. Er saß bei wildfremden Leuten am Tisch und aß Steak Minute. »Der kleine Junge meinte, er habe Hunger«, sagten sie. Mein Lieblingskellner in der Paris Bar hatte krissliges, drahtiges, dichtes, dunkelbraunes Haar, das er sehr kunstvoll um seinen Hinterkopf drapierte. Er grüßte uns immer sehr freundlich. Wenn es ans Zahlen ging, rief David ihm zu: »Herr Opa!«

David hatte eine kleine Freundin, Julia, die Tochter von einem Kommilitonen aus der Hochschulzeit, Peter Weitzner und seiner Frau Anne. Sie wohnten in der Carmerstraße. David und Julia sahen sich sehr oft und waren ein Herz und eine Seele. Gegenüber in der Carmerstraße lebte 1963/64 Stephan Stolze in der Wohnung von »Ikke« Manthey. Dort wohnte auch Ikkes Sohn Lukas, der ein halbes Jahr älter war als David. Lukas hatte rotbraun leuchtende Haare und Sommersprossen auf der Nase. Ikke war eine ganz junge Witwe. Ihr Mann, zusammen mit Stephan einer der Urheber der Papptellerzeichnungen in der Klasse Kuhn, war im Alter von einunddreißig ganz plötzlich an einem Herzanfall gestorben. Ikke kam ursprünglich aus Ost-Berlin, wo sie in einer Schrebergartensiedlung aufgewachsen war. Sie malte sehr schöne und poetische kleinformatige Stilleben in einem Klang zwischen Grau und Rosa. Stephan war in Ikke verliebt, sie aber nicht in ihn.

Alle paar Wochen ließ Ikke am Sonnabendnachmittag um vier Uhr die Rolläden herunter, damit es in der Wohnung dunkel war. Weitzners kamen mit Julia. Ich mit David. Bernard Boës, ein weiterer Papptellerzeichner, mit Frau und Tochter. Werner Kilz, ein junger Schriftsteller, kam allein. Und außerdem fünf oder sechs andere Leute. Alle brachten wir Rotwein oder Saft mit. Ikke oder jemand von uns hatte Blechkuchen gebacken. Erst gab es Kaffee und Kuchen. Die Kinder rannten in der Wohnung herum. Ein paar Stunden später gab es Abendbrot: Spaghetti mit Tomatensoße, Eintopf oder einfach Brote. Danach wurde es ruhiger. Die Kinder legten wir hin. Wir »Erwachsenen« tranken fast alle Rotwein, nur ich nicht. Ich hatte gemerkt, daß ich Alkohol nicht gut vertrug. Stephan und Kilz wetteiferten in Mißmut, Alkoholkonsum und Pessimismus. Es entspann sich zwischen den beiden ein Gespräch, das ungefähr so verlief:

»Früher verstanden es die Leute besser zu leben.«

»Ja, das Dritte Reich hat hier alles versaut. Von so einem moralischen Tieffall erholt man sich nicht. In diesem Land sind die Werte verlorengegangen.«

»Meinst du für immer?«

»Das weiß ich nicht, aber das kann noch sehr lange dauern, das erleben wir vielleicht nicht mehr.«

»Wofür, meinst du, lohnt es sich zu leben?«

»Ich weiß nicht einmal, wovon ich leben soll, geschweige denn wofür.«

»Ich glaube kaum mehr an ein Leben vor dem Tod.«

»Es ist doch alles furchtbar.«

Und so immer weiter – bis etwa morgens sieben Uhr.

Zwischendurch legte Ikke manchmal eine Platte auf. Blues. Wir anderen drehten langsame Kreise im Berliner Zimmer. Wenn wir uns wieder hinsetzten, waren Stephan und Kilz immer noch dabei:

»Jetzt bin ich zweiunddreißig. Ich kann mir nicht vorstellen, das nochmal solange auszuhalten.«

»Es wird nicht besser, darauf kannst du dich verlassen.«

So verbrachten wir unsere Jugend.

David und ich gingen für ein halbes Jahr nach Paris. Ein paar Wochen vorher saß ich mit ihm auf dem Spielplatz in der Meierottostraße. Neben mir saß die Frau aus dem Reformhaus in der Ludwigkirchstraße. Ihre beiden Kinder hatten statt Eimern und Schippen Blechbehälter von »Edenhonig« und Löffel zum Spielen. Sie durften keine Bonbons essen. Sie waren die blassesten Kinder auf dem ganzen Spielplatz. Ich rauchte. »Müssen Sie hier rauchen, Sie verpesten die Luft«, sagte die Reformhausfrau. Ich erzählte ihr, daß ich für einige Zeit nach Paris gehen wolle. »Dort würde ich nicht hingehen. Da gibt es nur Weißbrot.«

In Paris war der Spielplatz ganz anders. Eine riesige Anlage an der Avenue de Choisy in einem Arbeiterviertel. Der Buddelplatz für die kleinen und der Platz mit Klettergerüsten und Schaukeln für die älteren Kinder waren getrennt. Dazwischen gab es ein großes Bassin mit Wasser, wo man Boote schwimmen lassen konnte. Außerdem zwei kleine Karussells, je eines für die kleinen und die großen Kinder. Auf den Bänken um den Buddelplatz saßen nur Algerierinnen, bis ich mich ostentativ dazusetzte. Die anderen Mütter leisteten sich einen Stuhl für dreißig Centimes. Sie saßen weiter entfernt vom Buddelplatz und ließen ihre Kinder vollkommen in Ruhe. Wenn zwei sich kabbelten, schrien sie »Et alors!« oder »Ta gueule!« und redeten weiter miteinander.

Die Karussells kosteten auch dreißig Centimes pro Kind und Fahrt. Die kleinen Kinder bekamen einen Staubwedel in die Hand gedrückt, womit sie ihr Pferd »füttern« konnten. Die größeren Kinder kriegten einen kleinen Stock. Mit ihm angelten sie im Vorbeifahren Ringe herunter, die oberhalb der Pferde so angebracht waren, daß man sie herunterholen und später wieder aufhängen konnte.

Auf diesem Spielplatz lernte ich die einzige französische Familie kennen, die mich je zu sich nach Hause eingeladen hat. Sie hieß tatsächlich Dupont. M. und Mme. Dupont hatten elf Kinder. Die Familie zahlte kaum Miete, fuhr umsonst in öffentlichen Verkehrsmitteln, zahlte für Milch und Brot nur die Hälfte und bekam ein stattliches Kindergeld. M. Dupont stieg auf einen Stuhl und holte eine riesige Mundharmonika Marke Hohner vom Schrank herunter. Er blies den Staub fort, der sich darauf gesammelt hatte, und sagte: »Voilà, mes enfants.« Er ließ ganz langsam und vorsichtig mit einem dünnen Seil eine große Holzplatte von der Decke des Zimmers hinab. Darauf war eine elektrische Eisenbahn mit viel Landschaft und Schikanen aufgebaut. M. Dupont betrachtete sie liebevoll. »Voilà, mes enfants«, sagte er. Er hatte sich das alles vom Kindergeld geleistet. Vielleicht täuschte ich mich, aber mein Eindruck war, daß Mme. Dupont von dieser Vorführung nicht ganz so begeistert war. Ich mochte sie beide, und sie waren neugierig auf alles, was ich ihnen in meinem gebrochenen Französisch erzählen konnte.

Wieder in Berlin angekommen, ging ich nur noch etwa zwei Jahre mit David auf den Spielplatz. Danach ging er allein. Daneben war die Freie Volksbühne, zu der eine größere Rasenfläche gehörte. Als er acht Jahre alt war, gründete David dort mit anderen Kindern zusammen einen Geheimclub, der so geheim war, daß ich einen Tag später davon erfuhr. David zeigte mir den kleinen Ausweis, den er gemacht hatte, mit einem winzigen Photo, Fingerabdruck, Stempel und Unterschrift. Ein Jahr später bekam ich einen Brief von der Freien Volksbühne mit der Drohung, mich regresspflichtig zu machen, wenn mein Sohn weiterhin Fußball auf ihrer Rasenfläche spielte. Den Brief habe ich aufgehoben.

Meine erste Wohnung in der Uhlandstraße war in einem Neubau. Das Haus war gerade fertig geworden, als ich im Juni 1959 dort einzog. Die Wohnung bestand aus einem ziemlich großen Raum mit einer Nische für das Bett, einem kleinen Badezimmer und einer noch kleineren Küche, in der eine Person sich gerade umdrehen konnte. Ich fühlte mich, als hätte ich einen Palast bezogen.

Die Wohnung erreichte man über einen »Laubengang«, einen Korridor im Freien. Meine Nachbarin, eine entzückende Dame, die eine Zeitlang in Italien gelebt hatte, setzte sich morgens in ihrer offenen Wohnungstür an einen kleinen Tisch mit einem Frühstückstablett, blickte über das Gitter des Laubenganges in die Hinterhausgegend und sagte, sie fühle sich wie auf Capri. Einmal schenkte sie mir einen Keramikuntersetzer mit einem Fisch. »Für Sie aus meinem Capri«, sagte sie und drückte ihn mir in die Hand. Ich benütze ihn heute noch.

Der Sommer 1959 war ungewöhnlich heiß. Ich war noch Studentin und konnte zu Fuß zur Kunsthochschule laufen, wo ich in diesem Sommer weniger gearbeitet habe als sonst. Einerseits war ich überwältigt von dem Gefühl neugewonnener, aber ungewohnter Freiheit. Das Alleinleben und das Haushaltführen mußten erst erlernt werden. Andererseits war das Wetter so brüllend heiß, daß Professoren wie Studenten und Studentinnen sich entweder ganz verdrückt oder im Garten der Hochschule herumgehangen haben.

Ich hatte keinen Kühlschrank. Bei Werkzeug-Schmidt gegenüber in der Uhlandstraße wurde für mich ein kleines Holzgestell mit sechs Löchern für Eier angefertigt. Morgens ging ich mit einem Emaillekanister um die Ecke in einen schmalen dunklen Lebensmittelladen in der Ludwigkirchstraße einkaufen. Der altmodisch deutsch aussehende Betreiber – rundes Gesicht, runder

Körper, wasserblaue Augen – füllte mit einer großen Kelle »lose Milch« in meinen Kanister. Die mußte schnell ausgetrunken sein, sonst wurde sie sauer. Der Mann hieß bei mir »Fuffzig-Ölf«. So zählte er das Wechselgeld: zwanzig, dreißig, vierzig, fuffzig … zehn, ölf, zwölf, dreizehn …

Ein kleines Stück weiter in der Ludwigkirchstraße wohnte die Mutter einer Kommilitonin im Parterre. Nachmittags saß sie auf ihrer kleinen Veranda zur Straße hin und hielt Hof. Fast jeder blieb stehen und plauschte ein paar Minuten mit ihr, wenn er da vorbeikam. Der Fischladen gegenüber gehörte einem Ehepaar. Wenn gerade im Laden nichts zu tun war, stand das Paar vor der Tür, beobachtete die spielenden Kinder auf den breiten Bürgersteigen – damals gab es noch keine Parkhäfen – und schnackte mit Passanten.

Ungemütlich war es dagegen im Reformhaus. Dort hielten sich ältliche Frauen auf, klagten über Rheuma oder Migräne, kauften Gesundheitstees, dicke, fleischfarbene Unterwäsche und zählten ihre Rabattmarken. An der Ecke zur Uhlandstraße war der Bonbonladen, wo mein Sohn später sein Rabattmarkengeld für Gummibärchen – einen Pfennig das Stück – ausgab. Fast dörflich war das Leben in der Uhlandstraße und der Gegend um den Fasanenplatz, als ich dort hinzog.

Meine Freiheit dauerte nicht lange. Bald wohnten wir zu zweit in meiner kleinen Wohnung, und ziemlich bald danach waren wir zu dritt. Die Wohnung war zu klein.

Mit meinem Sohn auf dem Arm suchte ich eine neue Wohnung. Über dreißig Wohnungen habe ich angesehen – so viel Auswahl hatte man damals – und mich gewundert über die Hausbars mit struppigen hohen Hockern davor, die »Holz«-Täfelung aus Kunststoff an Wänden und heruntergelassenen Decken, aber ganz abgesehen davon gefiel mir nichts wirklich. Ich wollte genau die richtige Wohnung finden. Einmal hätte ich mich fast auf einen Kompromiß eingelassen: eine Wohnung in der Nähe der Martin-Luther-Straße mit schönen Erkern und Kachelöfen, einer davon sinnigerweise mit einem Reliefportrait von Martin Luther, aber es klappte nicht, und insgeheim war ich froh. Die Gegend um die Uhlandstraße war mir liebgeworden.

Ich hatte die Hoffnung schon fast aufgegeben, da erschien eines Sonntags in der »Morgenpost« eine Anzeige: Komfortaltbauwohnung, Kudammnähe, Gartenhaus, drei Zimmer, 100 qm, Wohnberechtigungsschein, 164,– Mark monatlich alles inklusive. Zu schön, um wahr zu sein, dachte ich, die ist bestimmt schon weg. So überzeugt war ich davon, daß ich erst zwei andere Wohnungen besichtigt habe. Am Mittwoch erst rief ich die angegebene Nummer an. Ja, die Wohnung ist noch zu haben, sagte der Makler, sie ist in der Uhlandstraße, gucken Sie sie sich an. Als ich die Wohnung sah, wußte ich sofort: Die ist es. Den Makler suchte ich an der angegebenen Adresse vergebens. Und so habe ich für meine Wohnung nie eine Maklergebühr bezahlt.

Die Wohnung war völlig heruntergekommen. Dunkelbraune Wände mit losen Tapeten, Dielen in »Berliner Rot« mit abblätternder Farbe, und der hintere Raum war noch vom Krieg zerstört: die Decke war eingebrochen und hing herunter. Aber selbst in diesem Zustand war der Charme der Wohnung nicht zu übersehen. Sie war im Viertelkreis geschnitten und »umschloß« einen Kastanienbaum. Hohe Räume mit Stuck, dreiteilige Fenster mit Oberlichtern und geschwungenen Messingbeschlägen. Aus allen Zimmern sah man den Baum und aus dem Berliner Zimmer weit dahinter die freie Ecke Lietzenburger/Fasanenstraße. Es war Liebe auf den ersten Blick.

Es gab noch einen besonderen Grund, weshalb ich die Wohnung sofort als »mein Zuhause« annahm. Meine Großeltern, die ich nicht gekannt habe, haben schräg gegenüber gelebt. Meine Mutter hatte hier den glücklichsten Teil ihrer Kindheit verbracht, vor dem Tod ihres Vaters und vor dem Ersten Weltkrieg. Es schien mir eine merkwürdige Fügung, daß ich fast fünfzig Jahre später, nach zwei Kriegen, nach der Emigration und Rückkehr meiner Eltern, und keine sieben Jahre nach meiner Ankunft in Berlin, genau dort leben sollte, wo die Familie meiner Mutter gelebt hat. Fast, als wäre nichts geschehen. Fast, als nähme ich so Verbindung zu meinen toten Großeltern auf, und als ob sie über mich wachten.

Die Renovierung dauerte Wochen. Danach war die Wohnung bezaubernd: weiße Wände, frisch lackierte Türen und Fensterrahmen, dunkelgraue Dielen, blaues Linoleum im Zimmer meines Sohnes, Küche und Bad hellblau, blauer Sisal im Flur. An meinem einundzwanzigsten Geburtstag im Februar 1961 zogen wir von der Uhlandstraße 42 in die Uhlandstraße 168. Viele Möbel hatten wir nicht, die konnten leicht in einem mittelgroßen Lieferwagen gefahren werden. Den Kleinkram packten wir in den Kinderwagen und schoben ihn vielleicht zwanzig Mal von einer Wohnung zur anderen.

Zum Umzug erschien der Dichter Günter Bruno Fuchs, saß breitbeinig auf einem geflochtenen Stuhl zwischen dem ganzen Kuddelmuddel und trank mit meinem Mann Unmengen von Bier. Schließlich verschwanden die beiden. Meinen Mann sah ich erst drei Tage später wieder. Unsere Ehe kriselte schon. Sie hat den Umzug nicht lange überstanden. Fünf Monate später waren wir getrennt.

Die Uhlandstraße war damals nichts weiter als eine breite Geschäftsstraße und eher vulgär, verglichen mit anderen Seitenstraßen des Kurfürstendammes, was mir gefiel. Auch in »meinem« Teil zwischen Kudamm und Lietzenburger gab es ganz normale Läden: Fleischer, Reinigung, Drogerie, Zigaretten, ein »Haus der 1000 Hüte« und einen kleinen »Zoo«-Laden mit Meerschweinchen, Aquarien und Hundefutter. Bekleidungsläden – damals sagte man noch nicht Boutiquen – gab es keine, nur ein Geschäft mit Unterwäsche »für die stärkere Dame«.

Ich war bei weitem die jüngste Erwachsene in meinem Hinterhaus. Es gab überhaupt nur noch eine Familie mit Kindern unter den zehn Parteien. Sonst alleinlebende Menschen, »Onkelehen«, wie man nicht verheiratete Paare damals nannte, und eine unheilvolle Mutter-Töchter-Symbiose, die tragisch enden sollte. Die Mutter hieß Alice von W. und war Kunststopferin. Vorn am Haus, zur Straße hin, hatte sie zwei kleine Kästchen angebracht, in denen man Beispiele ihrer Kunst – vorher, nachher – bewundern konnte.

Mein unorthodoxes Leben wurde von den Nachbarn mißtrauisch beäugt. Mein Tageslauf war sehr von meinem Sohn bestimmt, der damals ein Jahr alt war. Ich machte riesige Spaziergänge mit dem Kind im kleinen Sitzwagen – manchmal bis zum Brandenburger Tor und zurück. Oder ich besuchte mit ihm Freunde mit Kindern. Und ich hatte selbst viel spontanen Besuch. Die Leute schneiten einfach herein, ohne große Ankündigung. Meistens waren es nicht mehr als zwei oder drei an einem Tag, aber einmal waren es an einem Nachmittag achtzehn Menschen, die einfach bei mir aufkreuzten. Ich machte eine Nudelsuppe im großen Topf, in dem ich sonst die Windeln meines Sohnes auskochte. Keiner hat was bemerkt, die Suppe schmeckte hervorragend.

Nachts malte ich, manchmal bis ein oder zwei Uhr morgens. Wenn ein Bild fertig war, stellte ich Bachs »Magnificat« ziemlich laut an, was die Nachbarn zu Recht erboste. Es herrschten strenge Haussitten. Pünktlich um acht Uhr abends wurde die Haustür abgeschlossen, was ich für kleinkariert hielt und wovon ich wenig Notiz nahm – ich schloß die Tür auf, aber nicht wieder zu. Einmal herrschte mich Alice von W. auf der Treppe an, ob ich im Urwald bei den Hottentotten aufgewachsen sei.

Aber es gab auch gute Nachbarschaft. Oben im Haus wohnte Gretchen Bartens, Empfangsdame in der »Vollen Pulle« am Steinplatz und wegen ihrer roten Haare auch »die Tomate« genannt, mit ihrem zwanzig Jahre jüngeren Freund, einem Maler. Mit ihnen habe ich oft Tee getrunken. Und mit der kinderreichen Familie im Parterre habe ich gemeinsame Sache gemacht. Zusammen setzten wir es bei der Hausverwaltung durch, daß die Kinder einen Buddelkasten unter dem Kastanienbaum bekamen, aber das war etwas später.

Denn jetzt, Anfang August 1961, gab es ganz andere Probleme. Die Stimmung in Berlin war zum Zerreißen gespannt. Seit vielen Wochen flohen die Menschen aus der DDR in den Westen, jetzt schon manchmal fünftausend an einem Tag. Es war klar, daß die

Regierung in Pankow dem nicht länger tatenlos zusehen würde, aber was wollte sie machen? Doch nicht etwa die Grenze schließen? Alles redete darüber, aber keiner glaubte im Ernst daran.

Mit Werner Kilz, der Schriftsteller war und in beiden Teilen der Stadt ein Zimmer hatte, sprach ich sehr eindringlich. Bleib doch hier, sagte ich, die Situation ist zu brenzlig, du mußt dich entscheiden. In der Nacht vom zwölften zum dreizehnten August saß er in seinem Zimmer in Ost-Berlin und schrieb, ohne zu wissen, was draußen passierte, eine Geschichte über den Bau einer Mauer quer durch Berlin. Drei Wochen später kam er durch die Kanalisation in den Westen.

Der dreizehnte August war ein sehr heißer Tag, ein Sonntag. Ich war vormittags zu Hause und habe mich um Kind und Haushalt gekümmert und die Sonne in der Wohnung genossen. So hatte ich von nichts eine Ahnung, als es bei mir klingelte. Ein befreundetes Ehepaar mit ihrer kleinen Tochter und einem Extrablatt der »Morgenpost«. Den genauen Wortlaut weiß ich nicht mehr, aber den Schock spüre ich immer noch. Es war so unvorstellbar, daß es auch jetzt, wo es geschah, unwirklich erschien.

Und auch Tage später, als ich schon mehrere Male mit eigenen Augen die Mauer gesehen hatte, blieb es immer noch unfaßbar, beklemmend, als wäre mit der Abriegelung der Stadt etwas in einem selbst abgeriegelt worden. Zur großen Protestkundgebung vor dem Rathaus Schöneberg kam ein Viertel der Bevölkerung West-Berlins.

Sehr nahe gingen mir die Tragödien in meinem unmittelbaren Umfeld. Ein Bekannter, der von Frau und Kindern getrennt und völlig verzweifelt war. Gretchen Bartens aufgelöst weinend, weil ihr Freund von einem Besuch in Ost-Berlin nicht heimkehrte. Und ein Freund, der festgenommen wurde bei dem Versuch, seinen Zwillingsbruder mit einem gefälschten Paß aus dem Osten zu holen. Er mußte zwei Jahre absitzen.

Der Freund von Gretchen Bartens wurde nach ein paar Monaten durch einen Tunnel herausgeholt. Es gab eine große Begrüßung mit Champagner und Tränen. Er sah sehr mitgenommen aus.

Nach dem Mauerbau fühlte ich mich in der Stadt noch unbehauster als zuvor. Dieses Bauwerk war mir vor allem eines: zutiefst fremd. Wäre es nicht mit Pragmatismus und auch Patriotismus zu verhindern gewesen? Warum ließen sich die Deutschen so willig zur Speerspitze des Kalten Krieges machen und gegeneinander aufhetzen. Ich hielt eine solche ideologische Grenze in meiner anderen Stadt, London, für unvorstellbar. Die Londoner hätten es nicht zugelassen.

So ging dieses denkwürdige Jahr zu Ende. Ich war und blieb Außenseiterin und Zuschauerin in der Stadt. Meine von Anfang an schwierige Ehe war gescheitert. Und ich hatte ein wunderschönes Zuhause gewonnen – eine Wohnung, die genau meinen Vorstellungen entsprach und in der ich mich absolut wohl fühlte. Sie wurde für mich zum sicheren Ort, zur wirklichen Heimstatt, und sie ist es bis heute geblieben.

Ich malte im kleinsten der drei Räume. Der größte Raum, das Berliner Zimmer, war Durchgangsraum und wurde deshalb Wohnzimmer, und den länglichen hinteren Raum hatte mein Sohn, der Platz zum Spielen brauchte. Das nächtliche Malen gefiel mir, weil es so völlig ungestört war, so getrennt von der Welt. Kein Telephon klingelte, kaum ein Geräusch erinnerte daran, daß andere Menschen in der Nähe waren. Es gab nur eine Zwiesprache: zwischen mir und dem Bild.

Probleme machte mir das Neonlicht. Die Farben sahen am Tag anders aus als nachts. Wenn mein Sohn mittags schlief, machte ich »Farbnotizen«. Es dauerte einige Wochen, dann hatte ich es im Gefühl, wie die Farben sich veränderten. Damals malte ich noch abstrakt. Ich lernte dabei viel über den Bildaufbau, über die räumliche Wirkung von Farben, aber die Epigonenhaftigkeit meiner Malerei war mir bewußt. Ich hatte noch nicht zu mir selbst gefunden.

Die Trennung von meinem Mann, aber vor allem der Besuch der Biennale in Venedig im Sommer 1962 brachten die Einsicht, daß ich diese Art zu malen nicht mehr vertreten konnte. Auf der Biennale lief ich von einem Pavillon zum anderen, und alles schien sich im Kreis zu drehen, Unterschiede in der persönlichen Handschrift natürlich, aber die Auffassung von Malerei gleichförmig bis zur Langeweile.

Aufgewühlt kam ich nach Hause und versuchte zunächst in einem Aufsatz, meinen Unmut loszuwerden. Malerei ist nicht nur abstrakt wie die Musik, schrieb ich dort. Sie ist auch nicht erzählend wie die Literatur, sondern sie liegt dazwischen. Man braucht den Gegenstand als Widerstand für die Abstraktion. Erst im Widerstreit beider Seiten gibt es Reibung. Beides überzeugend zu vereinen, das ist die Kunst. Diese Thesen vertrete ich heute noch.

Jetzt mußte ich aber die Theorie in die Tat umsetzen. Zunächst malte ich meinen Sohn und ein Selbstbildnis. Ende 1962 schon die ersten Bilder aus meiner Wohnung, kleine Stilleben zunächst. Danach ein Bild, wo ich meine Außenseitersituation durch die Metapher Fenster thematisierte: eine Person von hinten gesehen, die durchs Fenster in ein rauhes blaues Draußen blickt. Jahrelang sollte mir die Wohnung noch Anregung zum Malen bieten. Die Poesie der Banalität hatte mich gefangengenommen. Alles malte ich, den Abwasch, die Badewanne, das ungemachte Bett, den Plattenspieler, die herumliegenden Schallplatten, später den Küchenschrank, das Bücherregal, viel später den unaufgeräumten Schreibtisch und ein Selbstbildnis, bäuchlings auf der Couch liegend, und immer wieder Fensterbilder.

Die Ereignisse draußen kriegte ich mit, die Spiegelaffäre, die Kuba-Krise, Kennedys Tod, aber es war, als lebte ich in einem Kokon, in einem eigenen Raum, in dem mich die Nachrichten nur bedingt erreichten. Dabei war ich durchaus gesellig, aber das Gefühl des Unbehaust-Seins verließ mich nie. Zu Hause war ich nur in meiner Wohnung.

1963 lernte ich einige der begabtesten jungen deutschsprachigen Schriftsteller kennen. Walter Höllerer hatte in der Carmerstraße das »Literarische Colloquium« gegründet, eine Art Schreibwerkstatt für junge Dichter, die Höllerer zusammen mit Günter Grass und einigen anderen bekannten Autoren durchführte. Die jungen waren Peter Bichsel, Nicolas Born, Hans-Christoph Buch, Hubert Fichte, Hermann-Peter Piwitt, Corinna Schnabel und Klaus Stiller. Piwitt schrieb später in der »Zeit«: »Das Literarische Colloquium findet statt zwischen Carmerstraße, Bahnhof Zoo, Savignyplatz und Sarahs Wohnung.«

Das galt nur solange, bis schräg gegenüber in der Uhlandstraße ein schmales längliches Lokal aufmachte: »La Locanda«. In der Mitte des dunklen Schlauchs war ein größerer Tisch, hell beleuchtet durch eine Hängelampe. Dort trafen sich allabendlich einige der jungen Autoren. Dazu kamen oft Marie-Luise Scherer, die damals für die Lokalredaktion der »Berliner Morgenpost«, später Reportagen für den »Spiegel« schrieb, und ich.

Mein Sohn ging inzwischen vormittags in den Kindergarten. Ich hatte mehr Zeit zum Malen, und so konnte ich es mir erlauben, manchmal abends wegzugehen. Auf der Music-Box in der »Locanda« spielten Marie-Luise und ich immer wieder dieselben Lieder: »Natalie« von Gilbert Bécaud und »Tombe la Neige« von Adamo. »Tombe la Neige« entsprach dem Wetter draußen. Der Schnee war so hoch, daß mein Sohn wie in einem Tunnel lief, über den er nicht hinwegblicken konnte, wenn ich ihn morgens in den Kindergarten brachte.

In der »Locanda« gab es lebhafte Diskussionen über Literatur und Kunst, manchmal auch über Politik. Marie-Luise erzählte witzig und pointiert Gruselgeschichten aus dem Stadtleben. Später tauchte da eine blonde Germanistikstudentin mit artiger Frisur auf, zusammen mit einem stillen, nervösen jungen Mann, und versuchte sehr ernst uns zu überreden, in die SPD-Wählerinitiative einzutreten. Das war aber schon 1965, als ich aus Paris zurück war. Sie hieß Gudrun Ensslin und wurde in den siebziger Jahren Aktivistin in der Roten Armee Fraktion. Ihr Freund war der Schriftsteller Bernward Vesper.

»Tombe la Neige« entsprach auch meiner Stimmung. Ich hatte mich unglücklich verliebt, und als sich mir die Möglichkeit bot, eine Wohnung in Paris für sechs Monate zu übernehmen, griff ich zu. Meine eigene Wohnung vermietete ich an einen Geschäftsmann. Im Mai 1964 zog ich mit meinem Sohn nach Paris. Hatte ich mich in Berlin oft nach London gesehnt und nach jedem Besuch dort monatelang getrauert, so sehnte ich mich in Paris oft nach meiner Wohnung in Berlin. Sehnsucht schien mein Markenzeichen zu sein, aber das kam der Arbeit zugute. Im Oktober kam ich mit sechs großen Bildern nach Berlin zurück.

Auf der Rückfahrt besuchten mein Sohn und ich Nicolas Born in Essen. Er arbeitete damals noch als Chemograph. Ich mochte ihn besonders gern: ein Schrank von einem Mann mit einer ganz dünnen Seele. Ein Mensch, der bei aller Kumpelhaftigkeit die leisen Töne mitkriegte. Er sang gern, und er hörte gut zu.

Hier erlebte ich ihn in seiner ursprünglichen Umgebung. Am Sonnabendnachmittag wurden in seiner Straße die Fenster von den Frauen und die Autos von den Männern gewienert. Born saß vor dem Fernseher und seine Frau brachte Bier. Was für eine Kluft zwischen diesem Leben und dem der jeunesse dorée in der »Locanda«. Diese Kluft hat Born nie wirklich überwunden. Auch er war ein Zerrissener, ein lebenslang Unbehauster. Sein früher Tod im Dezember 1979 hat mich sehr mitgenommen. Er ist einer von denen, die mir immer fehlen werden.

Die Zugfahrt von Essen nach Berlin. Wie würde Berlin sein: anders als zuvor oder unverändert, eher anheimelnd oder abstoßend? Als wir Charlottenburg erreichten, stand ich am Fenster. Wilmersdorfer Straße, Leibnizstraße, Schlüter, Bleibtreu, Knesebeck, Savignyplatz. Es war vertraut. Ich merkte ein leises Kribbeln vor Wiedersehensfreude.

Meine Eltern holten uns vom Bahnhof Zoo ab und brachten uns nach Hause. Ich war überglücklich, wieder in meiner Wohnung zu sein. Mein Sohn verschwand in sein Zimmer und spielte sofort mit seiner Holzeisenbahn. Mein Vater ging aufs Klo und kam grün im Gesicht heraus. »Dort würde ich nicht hineingehen«, sagte er. Mein Untermieter hatte nur drei Dinge benutzt: das Bett, eine Kanne für Tee und das Klo. Die Teekanne und das Klobecken waren beide bis oben hin gleich dunkelbraun verfärbt. Das Becken war nicht sauber zu kriegen, ich mußte es ersetzen.

Es war Herbst und der Farbwechsel des Kastanienbaumes aus allen Fenstern zu beobachten. Wir lebten wie im Wald, mitten in der Stadt. Was für ein großes Geschenk, diese Wohnung bekommen zu haben. Schön war es auch, wieder in der »Locanda« zu sitzen und mit den Freunden zu reden.

Aber das Alltagsleben in Berlin war mufflig wie eh und je. Oft wurde man angeraunzt oder zurechtgewiesen. Einmal fuhr ich mit meinem Sohn im Bus, wir saßen auf den länglichen Sitzen nahe dem Eingang. Mein Sohn kniete, um aus dem Fenster zu sehen, und ich paßte auf, daß seine Schuhe den Sitz nicht berührten. Da stieg eine Frau ein, faßte meinen Sohn an der Schulter, drehte ihn um und sagte: »Du hast hier nicht zu knien.« Ziemlich aufgebracht sagte ich: »Lassen Sie bitte die Hände von meinem Sohn.« Da wirft sie mir an den Kopf: »Wat, Sie sind die Mutter, na det hätt ick mir ja denken können.« Die Berliner Schnauze und vor allem die Einmischerei zerrten an den Nerven.

Die Aggressivität war eine ständige Begleiterscheinung in Berlin und machte auch vor meinem Bekanntenkreis nicht halt. An meinem 25. Geburtstag im Februar 1965 machte ich ein großes Fest. Dort griff ein Architekt Günter Grass an, der mit dessen Frau auf einem Faschingsfest geflirtet hatte. Die beiden bewarfen sich in der Küche mit Linsensuppe, was zugegebenermaßen nicht einer gewissen Komik entbehrte. Fünf Männer brachten den betrunkenen Architekten aus der Wohnung. Einer davon war der Bildhauer Ludwig Gabriel Schrieber. Er wurde von dem Architekten so ins Bein gebissen, daß die Narbe noch jahrelang zu sehen war.

In diesem Jahr wechselte die »Szene«-Kneipe von der »Locanda« zur »S-Bahn Quelle« am Savignyplatz. Dort wurde Walter Höllerer nach einer lautstarken Diskussion von einem Studenten angegriffen und seine Brille kaputtgeschlagen. Die Sache ging glücklicherweise noch vergleichsweise glimpflich aus. Es hätte im wahrsten Sinne des Wortes ins Auge gehen können. Ganz schlimm wurde es bei einem Fest bei Boris Blacher. Dort wurde ein junger Mann durchs Fenster geworfen und zerriß sich die Kniebänder.

Ich verstand diese Art der »Auseinandersetzung« nicht. Warum konnten die Leute nicht auf zivile Weise miteinander argumentieren. Warum wurden Meinungsverschiedenheiten oder Kränkungen so auf die Spitze getrieben und ausgetragen. Die ständig lauernde Brutalität machte mir Angst. Nein, Berlin hatte sich nicht verändert, und ich fühlte mich nach wie vor fremd unter den Leuten. Immer mal wieder dachte ich daran, nach England zurückzukehren.

1965 brachte aber auch zwei schöne Neuigkeiten: meine erste Ausstellung in der Galerie Benjamin Katz am Kurfürstendamm. Sie wurde sehr wohlwollend aufgenommen. Und den Einzug einer Freundin, Karin Röhrbein, mit ihrem kleinen Sohn Momme in unser Haus. Mein Sohn David und Momme wurden dicke Freunde und sind es bis heute geblieben.

Ostern 1966 wurde David eingeschult. Es war das letzte Mal, daß Kinder zu Ostern eingeschult wurden, der nächste Termin wäre Herbst 1967 gewesen. Ich hatte also die Wahl, ihn früh oder spät einschulen zu lassen. Die Entscheidung fiel mir nicht schwer. Je früher David in die Mühle hineinkäme, desto früher wäre er wieder draußen.

Es war die Zeit der Mini-Mode. Ich erschien zur ersten Elternversammlung im kurzen Röckchen. Hinter mir saßen zwei »stärkere Damen« in dunklen Röcken und weißen Perlonblusen. Als ich mich hinsetzte, hörte ich die eine zur anderen sagen: »Wat, det sollne Mutter sein.« Dann sprach die Lehrerin. »Es sind hier vierzig Kinder in der Klasse, und es ist nicht immer leicht, sie zu disziplinieren. Es könnte sein, daß mir gelegentlich die Hand ausrutscht.« Ich wollte gerade einwenden, daß ich das bei meinem Sohn unter keinen Umständen dulden würde, da höre ich direkt hinter mir eine Stimme: »Hauen Sie mal ordentlich zu, die haben immer wat ausjefressen.«

Seit meiner Ankunft in Berlin hatte ich immer mal wieder antisemitische Äußerungen gehört, gedankenlose Bemerkungen, die verletzten, auch wenn ich nicht die direkte Zielscheibe war, und gegen die ich mich immer wehrte. Im Frühsommer 1966 hatte ich ein Erlebnis, das mich in den Grundfesten erschütterte. Ich lief die Uhlandstraße hinunter und wollte einkaufen. An der Ecke Ludwigkirchstraße standen drei jüngere Bauarbeiter. Ich war eine schöne junge Frau, und es war mir klar, daß sie etwas brüllen würden. Ich nahm es hin und lief geradeaus blickend an ihnen vorbei. Aber das, was dann kam, traf mich unvorbereitet und zutiefst: »Die ist bei der Judenverbrennung durch den Rost gefallen.«

Ich rannte heulend nach Hause und schmiß mich aufs Bett. Ich zitterte am ganzen Leib. Drei Tage lang vergrub ich mich in meiner Wohnung, meinem sicheren Ort. Warum waren wir nur aus London weggegangen, wären wir bloß dort geblieben.

Ende 1966 gab es die Große Koalition und das Erstarken der NPD vor allem in Bayern. Aber auch etwas, was ich zunächst nur neugierig betrachtete: die ersten Proteste gegen den Vietnamkrieg vor dem Amerikahaus, der aufkommende Unmut der Studenten und ihr Protest gegen autoritäre Zustände vor allem an der Freien Universität. Es tat sich endlich etwas gegen die Restauration und die Erstarrung im Lande. Im April 1967 wurde in der Wielandstraße der Republikanische Club eröffnet. Ich gehörte zu den ersten Mitgliedern. Sollte ich in Deutschland bleiben, dann mußte ich mich am Protest beteiligen, das war mir klar.

Im selben Monat fuhr ich nach London, vielleicht zum siebten oder achten Mal seit unserem Umzug. Es war nicht mehr das Austerity-London meiner Kindheit oder das Labour-London mit sozialen Reformen meiner frühen Jugend. Es war »Swinging London«, bunt, esoterisch und lebendig, aber auch fremd. Mein Bruder Peter überredete mich, mit ihm zusammen LSD zu nehmen, ein Erlebnis, das schwer in Einklang zu bringen war mit meinem keimenden politischen Bewußtsein. »Meine« beiden Städte entwickelten sich in diametral entgegengesetzte Richtungen. Weder da noch dort war ich zu Hause. Mit dieser Tatsache mußte ich fertigwerden. Halt gab mir vor allem das Malen.

Der 2. Juni 1967. Ich hatte fest vor, zur Demonstration gegen den Schah des Iran vor der Deutschen Oper zu gehen, aber dann bekam ich entsetzliche Zahnschmerzen und mußte zu Hause bleiben. Nachträglich muß ich für die Zahnschmerzen dankbar sein. Aber nach diesem Tag war alles anders.

Die Ermordung des Studenten Benno Ohnesorg. Die ungerechtfertigte Einsperrung von Fritz Teufel. Die widerwärtig zynische »Leberwurst-Taktik« der Polizei an diesem Abend (an den Seiten abbinden und in der Mitte 'reinstechen). Die Weigerung von Ärzten in Krankenhäusern, Wunden von Demonstranten zu behandeln. Die ekelhaft geifernde Springerpresse, die an den »Stürmer« erinnerte. Die Verdrehung der Tatsachen auch von Seiten der Politiker. Und die Aufhetzung der Bevölkerung gegen die Studenten. Das alles empörte zutiefst und rüttelte eine ganze Generation intellektueller Jugend auf, gegen die verlogene, heuchlerische, spießige Unmoral der Nachkriegs-Gesellschaft zu protestieren. Die Studentenbewegung war geboren.

Endlich gab es Leute, die aussprachen, was ich seit langem fühlte. Daß man nicht nach den ungeheuerlichen Verbrechen des Zweiten Weltkrieges, dem maschinellen Massenmord, einfach zur Tagesordnung übergehen könne, als sei nichts geschehen. Daß es nie eine »Stunde Null« gegeben habe. Daß die Demokratie in der Bundesrepublik formal sei, autoritäre Strukturen nach wie vor das Land prägten. Dazu kam die Empörung über den Krieg in Vietnam und das Entsetzen über das Leiden der zivilen Bevölkerung dort und die wachsende Erkenntnis über die Ausbeuterrolle der Industrienationen gegenüber der »Dritten Welt«.

Ich geriet in helle Aufregung und in einen ganz neuen Konflikt: zwischen Malerei und Politik. Im »Kursbuch« diskutierten Peter Weiß und Hans Magnus Enzensberger darüber, ob Dichtung (und demnach auch Malerei) noch zeitgemäß und »zulässig« sei. Ich ließ mich von diesem Unsinn bedrängen, aber ich brauchte das Malen.

Ich fühlte mich der Studentenbewegung verbunden, aber wie überall als Außenseiterin. Ringsherum zogen Freunde in Wohngemeinschaften, probierten neue Lebensformen aus. Mir wäre es nicht im Traum eingefallen, meine Wohnung aufzugeben, und vor Gruppen grauste es mir. Ich war eine hoffnungslose »bürgerliche

Individualistin«. Aber meine Empörung über die politischen Zustände war ehrlich und ging tief. Wie sollte ich das nur alles auf einen Nenner bringen? Anfang 1968 machte ich einen mißlungenen Versuch, den Krieg in Vietnam und meinen Konflikt in einem Bild zu thematisieren. Im oberen Teil des sehr hohen Bildes sah man den Bauch eines Flugzeugs und fallende Bomben und unten eine Landschaft, die in Rauch aufging. »Tod einer Landschaft« sollte das Bild doppeldeutig heißen. Es ist nichts geworden.

David malte in dieser Zeit fast mehr als ich. Er war acht Jahre alt. Er zeichnete unentwegt demonstrierende Pinguine, die Ho, Ho, Ho Tschi Minh brüllten und andere Sprüche der Studentenbewegung in Luftblasen von sich gaben. Außerdem klauten David und Momme Mercedes-Sterne, um sich an der Revolution zu beteiligen.

Dort, wo »Fuffzig-Ölf« lose Milch verkauft hatte, machte meine Freundin und Nachbarin Karin Röhrbein den ersten linken Buchladen West-Berlins auf. Auf der anderen Seite der Ludwigkirchstraße, zum Ludwigkirchplatz hin, gab es Volker Ludwigs »Reichskabarett«. Nicht lange nach der Öffnung des Ladens mußte Karin ins Krankenhaus wegen Blinddarmentzündung. Einmal besuchte ich sie dort mit etwa sechs anderen Leuten. Danach wollten wir zu einer Demonstration. Wir hatten die Studentenbewegungskluft an: die Männer bärtig und langhaarig mit Jeans und Parkas, die Frauen lotterig mit weiten Pullovern und Hosen oder schlappigen Röcken. Und alle hatten wir Vietkong-Fahnen dabei. Die Blicke des Krankenhauspersonals waren angeekelt bis erschrocken.

Im Februar 1968 fand der Internationale Vietnam-Kongreß im Audi-Max der TU statt. Ich erledigte dafür die englische Korrespondenz. Die Veranstaltung und die anschließende Demonstration mit dreißigtausend Menschen beeindruckten so sehr, daß der Senat sich bemüßigt fühlte, eine Gegendemonstration zu veranstalten. Das widerliche Gegeifer der Politik und vor allem der Springerpresse gegen die Apo nahm an Schärfe noch zu.

Ostern 1968 fuhren David und ich mit Freunden – einem englischen Journalistenehepaar und ihren beiden kleinen Töchtern – in den Bayrischen Wald. Wir wohnten an einem Ort, wo es nicht einmal »Bild am Sonntag« gab, geschweige denn irgendeine vernünftige Zeitung. So hörten wir von dem Anschlag auf Rudi Dutschke bruchstückhaft aus einem piepsigen Transistorradio. Wir beschlossen, sofort nach Berlin zurückzukehren. Unsere Gastgeberin, eine bayrische Bäuerin, quittierte die Mitteilung mit der Bemerkung: »Studenten g'hörn alle aufg'hängt – v'kehrtrum v'steht sich.«

Die TU war voll von Leuten, die geschäftig hin und her liefen, viele von ihnen mit Kopfverbänden oder Pflastern im Gesicht. Es gab Arbeitskreise und Hinweisschilder zu allem und jedem. Die Stimmung war gleichermaßen erregt wie bedrückt. Ich verbrachte eine ganze Nacht damit, mit einigen SDS-Leuten darüber zu diskutieren, wie man am besten die Springerpresse lahmlegen könne. Zu dieser Zeit wäre ich zu fast jedem Sabotageakt bereit gewesen.

Mein Konflikt blieb. Ich verstand mich als Malerin, und ich brauchte das Malen, aber was konnte man sinnvollerweise malen. 1968 lernte ich das Siebdrucken und machte zunächst auf eigene Faust ein oder zwei politische Plakate. Danach ging ich in ein »Plakatkollektiv«. Dort ging es sehr deutsch zu. Stundenlange Debatten über die Vorschläge der etwa zehn Beteiligten und heraus kam ein nichtssagender Misch-Masch. Auch dieser Kompromißversuch scheiterte.

Nach der Demonstration am Tegeler Weg im November 1968, bei der wir Demonstranten zum ersten Mal die Polizei in die Flucht geschlagen haben, und der anschließenden Diskussion über Gewalt gegen Personen und gegen Sachen fing die Bewegung insgesamt an, sich zu dogmatisieren. Die antiautoritäre, witzige, erfinderische Phase war vorbei. Die ersten sektiererischen Organisationsversuche entstanden. Die Luft war raus aus der APO. Tiefernst und kleinkrämerisch ging es zu. Die Bewegung fing an, so zu werden wie das, was sie bekämpft hatte.

Dafür übernahm die Werbung die Revolutionsrhetorik. »Pril« warb mit dem Spruch: »Revolution in Rosé«. Und unsere Drogerie in der Uhlandstraße brachte eine große Tafel an: »Wir befreien Sie gern« und winzigklein darunter »von ihren unerwünschten Haaren«.

Ich war an einem toten Punkt angelangt und sah in Deutschland für mich keine Möglichkeit, aus der Lebenskrise herauszukommen. Zusätzlich zu dem Konflikt zwischen Malerei und Politik und meiner großen Unzufriedenheit auf beiden Gebieten hatte ich Existenzprobleme. Ich mußte eine regelmäßige Arbeit finden, um mich und meinen Sohn zu ernähren. Ich beschloß, nach London zurückzukehren, wo ich eher Chancen vermutete, ohne Schul- und Studiumsabschluß eine Stelle zu bekommen. Vorher absolvierte ich ein Semester Graphik an der Kunsthochschule, machte meine zweite Ausstellung, und im November 1969 zogen David und ich nach London um. Meine Wohnung vermietete ich an die Frau eines »Spiegel«-Korrespondenten, die nach Berlin gekommen war, um Revolution zu machen. Sie stand morgens um halb fünf auf, um in der Fabrik zu agitieren. Als ich zwischendurch nach Berlin zurückkam, sah ich teure Parfums und Kosmetika im Badezimmer und den Kühlschrank bestückt mit bestem französischen Käse und Wein.

David und ich wohnten bei meinem Bruder Peter in Stockwell. Peter unterrichtete an einer Kunstschule in Watford. Da ich unablässig von der Studentenbewegung redete, meinte er, ich solle darüber an seiner Schule einen Vortrag halten. Es war der erste Vortrag meines Lebens. Zwei Stunden habe ich frei gesprochen. Der Leiter der Schule und die Studierenden waren begeistert. Ich bekam den Auftrag, drei weitere Vorträge zu halten und danach einen Lehrauftrag für Farbtheorie. Nebenher arbeitete ich als Übersetzerin und Graphikerin.

Unten in unserer Straße in Stockwell lebte ein kleinbürgerliches Ehepaar, er Koch, sie Friseuse, mit denen ich mich etwas angefreundet habe. Irgendwann rief Günter Herburger aus München an: »Kannst du Thorwald Proll unterbringen. Er ist auf der Flucht und muß aus Deutschland heraus.« »Ja, wenn er hier nichts anstellt und nicht für sehr lange«, sagte ich. Thorwald kam an und wohnte sechs Wochen bei uns. Einmal sah er eine ganze Nacht lang mit David Filme der »Marx Brothers« im National Film Theatre an. Dann hielt mich das Ehepaar auf der Straße an: »Bei Ihnen wohnt ein junger Deutscher. Wir wollen in den Ferien nach Deutschland fahren, könnte er uns vorher ein bißchen Deutsch beibringen?« »Natürlich kann er das«, sagte ich, und Thorwald, der Kaufhausanzünder, ging brav dorthin, um Deutschunterricht zu geben.

London war weltstädtisch, tolerant und lebendig wie eh und je, aber politisch parochial. Mit der Dinner-Party-Kultur und dem Small-Talk kam ich nicht sehr gut zurecht, ich sagte immer die falschen Sachen. Einmal war ich bei einer Dinner-Party in Hampstead eingeladen. Die Suppe wurde aufgetragen, und ich sagte: »Was halten Sie von Biafra?« Ein schlimmer faux pas. Ich kannte die ungeschriebene Regel nicht, daß bis zum dritten Gang nicht über Politik gesprochen wird. In Berlin hatte ich nächtelang über nichts anderes diskutiert. »Finden Sie, daß Mini, Midi oder Maxi besser kleidet?« entgegnete die Gastgeberin.

Ich sprach Englisch wie eine Engländerin, aber mit dem Vokabular bestenfalls einer Sechzehnjährigen und mit dem Slang von Mitte der fünfziger Jahre. »Okeydoke«, sagte ich, und »cheerio.« Es gab belustigte Blicke. Neueren Slang verstand ich dagegen manchmal nicht und erst recht nicht Anspielungen, die sich auf Werbeslogans oder Fernsehsendungen bezogen. David hatte Heimweh. Ich wollte ihm nicht die Zerrissenheit zumuten, die ich selbst kannte. Nach etwas über einem Jahr kehrten wir nach Berlin zurück.

Mit den Zeugnissen von meiner Arbeit an der Kunstschule in London bekam ich eine Stelle als Dozentin für Spiel und Englisch an der »Ersten Staatlichen Fachschule für Erzieher« in Berlin. Im April 1971 fing ich an, dort zu unterrichten. Ich dachte, ich hätte damit den »Langen Marsch durch die Institutionen« angetreten.

Die Studentenbewegung war nun vollends zersplittert und zerstritten. Wie hatte sich alles verändert. Momme Röhrbein, der anti-autoritär erzogen worden war und über die Tische kletterte, war plötzlich bei den Jungen Pionieren, der Jugendorganisation des West-Berliner Ablegers der SED. In meinem weiteren Bekanntenkreis schlossen sich Leute einer von mehreren politischen Sekten an, die gegeneinander gifteten. Über die Springerpresse wurde kaum noch gesprochen. Meine näheren Freunde aber blieben undogmatisch, kritisch, fragend.

Allerdings nicht alle. Bald nach meiner Rückkehr traf sich zum ersten Mal der Arbeitskreis revolutionärer Schriftsteller (Arsch). Dazu gehörten etwa acht Schriftsteller. Natascha Ungeheuer, auch eine Malerin, und ich gesellten uns dazu. Der Arbeitskreis einigte sich in der ersten Sitzung, daß wir uns erst »richtig« kennenlernen sollten (etliche der Schriftsteller waren beim »Literarischen Colloquium« dabeigewesen und kannten sich seit Jahren). Ich glaube, es fiel in diesem Zusammenhang sogar das Wort »Selbsterfahrung«. Jedenfalls beschlossen wir, erst unsere Lebensgeschichten zu erzählen, eine pro Sitzung. Danach sollte die politische Arbeit beginnen, von der mindestens ich, aber ich glaube auch sonst niemand, eine Ahnung hatte, worin sie bestehen würde. Vielleicht die sechste Lebensgeschichte trug ein Schriftsteller in starkem Berlinisch vor. Er gab sich den Anstrich, Proletarier zu sein, weil er zwei Jahre lang bei der Post gearbeitet hatte. Unterschwellig meldete er damit seinen Führungsanspruch in der Gruppe an. Damit war ein anderer überhaupt nicht einverstanden, der zwei Wochen später mit seiner Lebensgeschichte dran war. Er war der Sohn eines Diplomaten, in seiner Kindheit und Jugend ein paarmal deswegen von Land zu Land gezogen, und konnte fließend Englisch und Französisch. »Du Bürgersöhnchen«, griff ihn der »Proletarier« an, »du gehörst hier überhaupt nicht hin!« »Du Heuchler«, pflaumte das »Bürgersöhnchen« zurück, »sprich richtig deutsch, wenn du dich mit mir unterhältst.« Ein Wort gab das andere, wie es immer so schön heißt. Es dauerte nicht lange, da gingen die beiden mit Fäusten aufeinander los. Nur mit Mühe konnten sie auseinandergebracht werden. Damit war der Arsch gespalten.

Mein Engagement verlegte ich in die Schule. Ich war aktiv in der Schul- und Gewerkschaftspolitik. Ich mußte aber, um die Stelle zu behalten, meinen Hochschulabschluß nachholen. Das war mein Glück, denn so fing ich nach drei Jahren sporadischen Malens wieder regelmäßig an, in meiner Freizeit zu malen. 1973 erhielt ich die Meisterschülerernennung an der Kunsthochschule.

Mein Teil der Uhlandstraße änderte sich gewaltig. 1972 begann der Bau des Kurfürstendamm-Karrees. Tag und Nacht wurde gearbeitet, zunächst vier siebzig Meter hohe Versorgungstürme in Windeseile hochgezogen. Wenn ich abends herauskam, sah ich die immer höher werdenden Türme mit den beleuchteten Kränen darauf vor einem neonbeleuchteten Nachthimmel und vor der Baustelle einen popvioletten Durchgang für die Fußgänger. Der Anblick war gespenstisch und schön zugleich. Ich mußte es malen. Ich setzte mich tagsüber auf die niedrige Balustrade vor »Cosy-Wasch«, der Autowaschanlage neben meinem Haus, und machte Skizzen. Das drei Meter hohe Bild kostete Nerven. Ich mit meiner Höhenangst stand oben auf einer wackeligen Leiter und mußte gerade Striche ziehen.

Auch sonst gab es »zeitgemäße« Änderungen, von denen einige mir gar nicht gefielen. Die Reinigung war einer Peep-Show gewichen, aus der Männer mit plierigem Blick herauskamen. Die Drogerie an der Ecke nannte sich jetzt Parfümerie, und der Papierladen Papeterie. Beide waren entsprechend teuer. Dort, wo die »Locanda« gewesen war, gab es eine kleine Pizzeria, wo David manchmal für uns etwas zu essen holte, wenn ich keine Lust hatte zum Kochen. Ein paar Schritte weiter, neben dem entstehenden Kudamm-Karree, war ein etwas vornehmeres italienisches Lokal, wo ich oft mit Freunden gegessen habe. Neben der Pizzeria gab es eine Boutique, wo man Fummel aus London kaufen konnte. Auf meiner Seite hatte auch schon die erste Boutique aufgemacht. Aber noch gab es den Wäscheladen und das Restaurant »Schildkröte«, das noch nicht »Hühner Hugo« geworden war.

Einmal kam ich mittags von der Schule nach Hause und sah vor meinem Haus eine Menschentraube stehen. Das Haus war von der Polizei abgeriegelt, und ich wurde erst durchgelassen, nachdem ich meinen Ausweis vorgezeigt hatte. Der Juwelier war in seinem Laden unten im Haus ermordet worden. Der oder die Mörder waren über den Hof in den Laden gekommen, hatten den Juwelier bedroht und, nachdem er sich schützend vor seine Auslagen gestellt hatte, erschossen. Der Mörder ist meines Wissens nie gefaßt worden.

Die Hausbewohner wurden alle von der Polizei vernommen und konnten keine Hinweise geben. Am Tag nach dem Mord klopften einige ältere Frauen an Karin Röhrbeins Fenster im Parterre und sagten: »Wir wissen, wer es war.« Karin erzählte es der Polizei. »Ach die«, sagte der Kommissar, »die sind bei jedem Mord dabei.«

Alice von W. und ihre Tochter waren aus ihrer Parterre-Wohnung in den zweiten Stock gezogen und waren jetzt meine direkten Nachbarinnen. Alice von W. war damals noch nicht bettlägerig, aber auch nicht mehr ganz der alte herrschsüchtige Drachen von einst, jedenfalls nicht mir gegenüber. Immerhin pflegte sie morgens um drei staubzusaugen und manchmal zwischendurch mit einem Fernglas in meine Wohnung zu spähen.

Ihre Tochter war ein graues Wesen undefinierbaren Alters, bei der man das Gefühl hatte, daß sie umfallen würde, wenn man sie stark anpustete. Einmal hielt mich die Tochter auf der Treppe an und sagte: »Wissen Sie, daß bei Ihrem Sohn im Zimmer Männer hängen?« »Ja, das weiß ich«, sagte ich. David war mitten im Fußballfieber und hatte lebensgroße Photos seiner Idole aus dem »Kikker« an die Wand geklebt.

Im Sommer 1974 während einer Hitzewelle wurde ich einmal nachts angerufen von den Nachbarn, die die Parterre-Wohnung der von Ws. übernommen hatten. Alice von W. ginge es schlecht, ihre Tochter sei wegen einer Nierengeschichte im Krankenhaus, ob ich mich um die alte Dame kümmern könne. Ich rief den Notarzt, wie sich herausstellte ein zynischer junger Schnösel. »Die alten Leute werden alle klapprig bei der Hitze, ich geb' ihr mal 'ne Spritze«, meinte er. »Glauben Sie nicht, daß Sie besser ins Krankenhaus zu ihrer Tochter sollte?« »Ach was, das geht vorbei, sie soll sich nicht anstellen.« Und weg war er. Bei dieser Gelegenheit sah ich zum ersten Mal die Wohnung der von W's. An beiden Enden des Flurs türmten sich Möbel bis unter die 4.20 Meter hohe Decke. Es war klar, daß etwas nicht stimmte.

Am nächsten Morgen klingelte ich, um nachzufragen, ob etwas zu besorgen sei, aber es gab keine Antwort. Es muß etwas Schlimmes passiert sein, dachte ich, und rief die Feuerwehr an, um die Tür aufbrechen zu lassen. Vier Männer mit Helmen und Nackenschützen rammten mit angestrengten Gesichtern die Tür auf. Es sah aus wie ein Bosch-Gemälde. Die Wohnung war menschenleer. Es stellte sich heraus, daß die alte Dame nachts Angst bekommen hatte und mit einem Taxi zu ihrer Tochter ins Krankenhaus gefahren war. Ich bekam von der Tochter einen bitterbösen Anruf, was mir einfiele, bei fremden Leuten die Tür aufbrechen zu lassen, ich solle mich gefälligst aus ihren Angelegenheiten heraushalten. Daran habe ich mich danach gehalten, aber mich später gefragt, ob es richtig war.

Ich unterrichtete jetzt über drei Jahre an der Erzieherfachschule. Das erste Jahr war schwer gewesen. Ich konnte mir unter dem Fach »Kinderspiel und -arbeit« nicht viel vorstellen und mußte mir erst selbst eine Grundlage schaffen. Ich war mit dem, was ich mir selbst erarbeitete, immer zwei Wochen meinen Schülerinnen und Schülern voraus. Auch mit dem Fach Englisch hatte ich zunächst Schwierigkeiten, Dinge, die mir selbstverständlich waren, wie etwa die Benutzung der Verlaufsformen von Verben, grammatikalisch zu erklären.

Inzwischen war ich aber sicher geworden und hatte mir einen ziemlich großen Fundus an Stoff erarbeitet. Das Rollenspiel in Theorie und Praxis, dazu das Herstellen von Handpuppen, Schattenspielfiguren, Masken und Marionetten, kooperative Spiele, die Gestaltung von anregenden Spielplätzen mit wenig Geld, die umfassende Förderung kleiner Kinder angelehnt an die englische Vor- und Grundschulreform, das Bauen lebensgroßer Figuren mit Zeitungspapier und Kleister über einem Gestell aus Holz und Maschendraht. Dies waren nur einige der Dinge, die im Lauf der Zeit zu meinem Fundus dazukamen. In den ersten Jahren fand ich die Arbeit herausfordernd und bereichernd.

Auch die politische Arbeit betrachtete ich als Herausforderung. Ich war wirklich mit der Illusion angetreten, daß man in den Institutionen die Gesellschaft umkrempeln könne. Und gerade in dieser – einer Institution, die andere Institutionen beeinflußte. Wir hatten über eintausend Schülerinnen und Schüler, darunter viele, die mit ähnlicher Motivation wie meiner von anderen Berufen kamen und eine zweite Ausbildung machten, manche davon älter als ich. Gleichzeitig mit mir waren etwa vierzig andere Dozentinnen und Dozenten zum Kollegium dazugekommen, das auf über hundert Lehrende angewachsen war. Die meisten Neuen waren von der Studentenbewegung geprägt: Politologen, Soziologen, Psychologen. Am Anfang war eine Stimmung großer Reform- und Experimentierfreude, ein richtiger Aufbruch zu neuen Ufern, wie ich dachte. Aber die Institution war stärker. Das machte sich nicht sofort bemerkbar, aber immer mehr stießen wir an Grenzen.

Das hing damit zusammen, daß die Schule nicht autonom war, sondern Teil einer Hierarchie und dieser unterworfen. Von außen bestimmte bürokratische Regeln mußten eingehalten werden: das Führen von Klassenbüchern mit festgelegten Eintragungen, Zensurenlisten, Ausbildungsordnungen, Versetzungskonferenzen und Prüfungen. Manches davon ließ sich unterlaufen oder verwässern, aber die grundlegende Struktur blieb, und der bürokratische Ballast nahm im Lauf der Zeit nicht ab, sondern zu. Zum anderen waren selbst bei vielen meiner linken Kollegen autoritäre Grundstrukturen nicht zu übersehen. Statt für oder gegen eine Sache zu votieren, sah man lieber erst im Schulverfassungsgesetz nach, ob und wie es erlaubt sei, sich zu äußern. Ich hatte mit dem Schulverfassungsgesetz nicht viel am Hut und nahm kein Blatt vor den Mund, wenn es darum ging, deutlich Stellung zu beziehen, und so wurde ich oft vorgeschickt, um kritische Fragen in der Konferenz zu klären.

Ganz traurig wurde es nach dem Radikalenerlaß, 1972. Einer

nach dem anderen der mit so viel Reformpathos Angetretenen wurde still und stiller. Und als es an unserer Schule zwei Fälle von Berufsverbot gab, waren aus dem großen Kollegium nur acht bereit, aus Solidarität zu streiken. Das war also der Marsch durch die Institutionen.

Ähnlich zermürbend fand ich die Arbeit in der Gewerkschaft, wo es ein Jahr dauern konnte, bis ein Antrag der Basis den Geschäftsführenden Vorstand erreicht hatte, nur um dann in einer Empfehlung der von der Gewerkschaftsspitze eingesetzten Antragskommission auf der Delegiertenversammlung abgebügelt zu werden. Nervend fand ich die Heuchelei – wenn es darum ging, mehr Freizeit zu bekommen, hieß das: Zeit für gründliche pädagogische Vorbereitung – und nervend auch die Korinthenkackerei. Einmal brach ich bei einer Sitzung einsam in lautes Gelächter aus, als der Tagesordnungspunkt »Beamtenbesoldungsrechtsänderungsgesetz« aufgerufen wurde. Alles drehte sich nach mir um, als hätte ich eine Schraube locker. Nein, das war nicht meine Welt.

So war ich nach vier Jahren in der Schule schon etwas ernüchtert und ermattet und fing an, mich zu fragen, ob ich diese Arbeit bis zur Pensionierung durchhalten wolle. Da passierte etwas in meinem Haus, das mich gut zwei Jahre lang beschäftigen und in eine ganz andere Richtung führen sollte.

Im Herbst 1974 zog ein Ehepaar mit zwei Kindern in die Wohnung über den von Ws. im dritten Stock. Zunächst bemerkte ich nichts Ungewöhnliches, nur ab und zu glaubte ich, merkwürdige Geräusche aus der Wohnung wahrzunehmen. Aber die Fenster waren geschlossen, es ging meistens bald vorbei, vielleicht täuschte ich mich auch. Ohnehin wußte ich nicht, die Geräusche einzuordnen. Das ging ein paar Monate so, immer wieder dieses Winseln, oder war es ein Schreien, das durch die geschlossenen Fenster gedämpft wurde. Meistens war es abends oder nachts. Die Kinder waren es wohl nicht, dafür waren die Geräusche zu tief, zu kehlig. Es war mir unheimlich. Nach und nach wurde mir klar, daß jemand in der Wohnung gequält wurde. Jetzt waren die Fenster manchmal geöffnet und ich hörte Wortfetzen: »Du Hure, du

Schlampe, ich werd's dir …«, und dann dieses flehentliche Weinen und Schreien.

Inzwischen sprach das ganze Hinterhaus darüber. Gretchen Bartens fing an, Unterschriften zu sammeln, daß der Familie die Wohnung gekündigt werden solle. Ich weigerte mich zu unterschreiben.

Ein- oder zweimal stand ich mitten in der Nacht im Morgenrock vor der Tür und hörte das Schimpfen und Drohen des Mannes, dumpfe Schläge und das Schluchzen der Frau. Ich traute mich nicht zu klingeln. Hinter mir im Treppenhaus war die Wendeltreppe, die hohen Stufen mit Messingkanten. Ein Schritt nur, und er hätte mich da hinunterwerfen können.

Einmal klingelte es nachts bei mir. Es waren die beiden verstörten Kinder: »Der Vater bringt die Mutter um, können Sie was machen.« Ich rief die Polizei. Sie hat nicht viel unternommen, aber in dieser Nacht war es danach ruhig. Vielleicht noch fünf- oder sechsmal rief ich nachts die Polizei. Sie wurde immer abgebrühter. Beim letzten Mal fragte ich, ob sie nicht die Frau schützen, den Mann mitnehmen und Anzeige erstatten könne. »Tja, wissen Sie«, sagte der Polizist, »da muß sie schon mit 'm Kopp unterm Arm dastehen.«

Im Mai 1975 war ich einmal mit meinem Sohn am Neuen See im Tiergarten rudern. David ging von dort zu einer Verabredung, und ich ging allein nach Hause. Als ich mich meinem Haus näherte, sah ich meine Nachbarin mit einer anderen Frau vor der Tür stehen. Meine Nachbarin kam mir ein Stück entgegen, zum ersten Mal sprach sie mich an. »Ist Ihr Sohn da?« »Nein«, sagte ich, »aber wenn ich Ihnen helfen kann, bitte sagen Sie es mir.« Sie war ein bißchen angetrunken, die andere Frau auch. »Ich will zu meiner Freundin ziehen, aber sie ist herzkrank und gestern aus dem Krankenhaus entlassen. Sie kann mir nicht helfen, die Sachen herunterbringen. Können Sie mir helfen?« So lief ich sechs- oder siebenmal mit ihr die Treppen hinauf und herunter. Dabei erzählte sie mir, daß ihr Mann auch den Sohn angegriffen und beinahe erwürgt habe. »Ich halte es nicht mehr aus. Ich muß hier weg.« Drei verstörte Menschen zu einer kranken Freundin, das wird wohl nicht lange gutgehen, dachte ich, als sie weggezogen war. Und tatsächlich kam meine Nachbarin mit den Kindern nach zweieinhalb Wochen wieder.

Es war jetzt Sommer, die Fenster waren offen. Zwei- oder dreimal in der Woche hörten wir nachts stundenlang das Schimpfen, Schlagen und Schreien. Meine Nachbarin sprach nicht mit mir, wahrscheinlich aus Scham. Aber mir ging ihre schreckliche Situation keine Sekunde aus dem Kopf. Ich mußte Hilfe für sie finden. Da ich wußte, daß der Mann auch die Kinder schlug, ging ich zum Jugendamt. »Von der Familie haben wir schon gehört«, sagte die Sozialarbeiterin, nachdem ich eindringlich die Situation geschildert hatte, »da schreiben wir einen Brief hin.« Ich rief den Kinderschutzbund an. »Wenden Sie sich an das Jugendamt, wir können da nichts unternehmen.«

Ich wollte den Mann anzeigen. Mein Anwalt klärte mich auf: »Das ist ein Antragsdelikt, kein Offizialdelikt. Da kann nur die Frau selbst Anzeige erstatten, und das wird sie nicht tun, denn dann muß sie mit Rache und noch schlimmeren Mißhandlungen rechnen. Deswegen wird sie auch die Scheidung nicht einreichen. Sie können da gar nichts machen.« Jetzt wurde mir die Ausweglosigkeit der Lage meiner Nachbarin klar. Mein Mitleid verwandelte sich in Wut, unglaubliche Wut. »Die Würde des Menschen ist unantastbar, sie zu achten und zu schützen Verpflichtung aller staatlichen Gewalt.« »Jeder Mensch hat das Recht auf körperliche Unversehrtheit.« Galt das nur für Männer? Gab es eine stillschweigende Übereinkunft, daß Frauen und Kinder keine Grundrechte besaßen? Es war eine furchtbare Erkenntnis, die einem den Boden unter den Füßen wegriß: In die Lage meiner Nachbarin konnte jede Frau kommen. Und niemand half.

Ich hatte nur noch ein Gesprächsthema: was machen. Eine Zeitlang überlegten Freunde und ich, Geld zusammenzulegen und der Frau zu geben, damit sie fliehen konnte. Aber wohin fliehen mit den beiden Kindern? Dann erzählte mir eine Bekannte, sie habe gehört, es gäbe in England Häuser, wo mißhandelte Frauen sich hinflüchten könnten. Ich rief Peter an. »Ja, die Presse ist voll davon«, sagte er. Er schickte mir das Buch von Erin Pizzey über das erste Frauenhaus in England, das 1971 eröffnet worden war. Ich beschloß, in den Sommerferien nach London zu fahren, mir die Frauenhäuser anzusehen und einen Artikel darüber zu schreiben. Vielleicht konnte ich damit etwas erreichen.

»Was, einen Artikel willst du schreiben«, sagte meine Freundin Gudie, die Filmemacherin ist, als ich in London war, »schreib einen Artikel, wenn du willst. Aber wenn du wirklich etwas erreichen willst, mußt du einen Fernsehfilm machen.« »Wie komm ich denn dazu?« »Das ist ganz einfach«, und schon hatte sie das Telephon in der Hand. »Ich habe hier eine Freundin mit einem interessanten Filmprojekt. Kann sie Ihnen ihr Exposé in Köln zeigen?« »Das war Rudolf Rohlinger«, sagte sie, »du sollst auf dem Rückweg zum WDR fahren und dein Filmprojekt dort vorstellen.«

Ich sah mir vier Frauenhäuser an. Sie waren alle überfüllt. Flüchtlingslager, das war meine Assoziation. Und das waren sie ja auch. Aber ich war zutiefst beeindruckt von der Hilfe, die Frauengruppen in England, manchmal ohne jede finanzielle Unterstützung, leisteten. Ich sprach mit einem Psychiater, der eine Untersuchung im ersten Frauenhaus in Chiswick durchführte. Dann rief ich die beiden Fernsehsender an. »Ich komme vom WDR, können Sie mir etwas zu diesem Thema zeigen?« Bei ITV, dem kommerziellen Sender, gab es einen fünfzigminütigen Film und darin ein Interview mit einer schottischen Frau, die gerade in einem Londoner Frauenhaus aufgenommen worden war. »Dieses Interview würde ich gern verwenden.« »Wie ist denn Ihre Produktionsnummer?« Ich schaltete ganz schnell und nannte aufs Geratewohl einen Buchstaben und fünf Ziffern. Mit meinem Exposé flog ich nach Köln. »Ich kann Ihnen keine großen Hoffnungen machen, wir haben wenig Geld«, sagte Rudolf Rohlinger, »aber es ist nicht mein Ressort, ich rufe Frau Kraemer vom Ressort Familie an. Sie wird Ihr Exposé lesen.« Eine Viertelstunde später war sie da, nahm mein Exposé, las die erste Seite und sagte: »Das machen wir.«

Ich war gleichermaßen erfreut wie erschrocken. Ich hatte eine volle Stelle in der Schule in Berlin. David war fünfzehn, mitten in der Pubertät, und brauchte mich. Der Haushalt mußte auch laufen. Ich sollte einen Film in Köln machen und hatte vom Filmemachen keine Ahnung. Wie sollte das gehen?

Es ging. Mittwochs hatte ich einen freien Tag in der Schule. Oft flog ich mit dem ersten Flugzeug nach Köln zur Besprechung und mit dem letzten zurück. Am nächsten Morgen stand ich um acht Uhr vor der Klasse. In der Schule wußte noch niemand etwas von dem Film. Ich war ja auch erst ganz am Anfang einer achtmonatigen Arbeit. Mein Film bekam eine Produktionsnummer: ein Buchstabe und fünf Ziffern, natürlich andere, als ich bei ITV angegeben hatte. Dort teilte ich mit, daß die Produktionsnummer sich aus technischen Gründen geändert habe.

Das Recherchieren in Deutschland stellte sich als viel schwerer heraus als in England. Das Thema war noch völlig tabuisiert, und es wurde vieles vertuscht oder verschwiegen. Zum Beispiel wußte ich von der englischen Untersuchung, daß viele von den Frauen, die ins Frauenhaus in Chiswick geflohen waren, einen oder mehrere Selbstmordversuche hinter sich hatten.

Im Gesundheitsamt Kreuzberg fragte ich: »Was passiert mit Frauen, die Selbstmordversuche begehen?« »Das kommt kaum vor«, bekam ich zur Antwort. »Und wenn?« beharrte ich. Mein Gegenüber murmelte etwas von Sozialpsychiatrischem Dienst. Dort das gleiche Mauern, bis auf mein Nachbohren das Wort »Nervenheilanstalt« fiel. Eine mutige Ärztin in einer Heilanstalt erzählte mir, daß die Frauen sich freiwillig meldeten. »Sie bleiben solange, bis sie es hier nicht mehr aushalten, gehen dann zurück, und kommen wieder, wenn es dort zu schlimm wird. Ein richtiger Pendelverkehr.«

Eine Zeitlang mußte ich aufhören zu recherchieren, weil ich jede Nacht Alpträume hatte. Damals fuhr ich noch U-Bahn. In fast jedem Mann, der einstieg, sah ich einen Prügler, in fast jeder Frau ein Opfer. Wenn ich an Getränkeläden vorbeikam, verwandelten sich die Schnaps- und Weinflaschen in prügelnde Männer. Nach wie vor hörten wir oft nachts das Schreien meiner Nachbarin.

Nach meinen ersten Recherchen brauchte ich vier Wochen, um mich soweit zu stabilisieren, daß ich weiter recherchieren konnte. Musik, sonst mein größter Trost, hörte ich zum ersten Mal in meinem Leben gar nicht.

Aber es gab auch gute Entdeckungen. Ein katholischer Priester, der eine ausländische Frau erst versteckt und dann dafür gesorgt hatte, daß sie mit ihren Kindern in ihre Heimat zurückkehren konnte. Eine engagierte Sozialarbeiterin, die nach Kräften versuchte zu helfen und gelegentlich Frauen bei entfernten Verwandten in Westdeutschland unterbrachte. Und dann die allerbeste Entdeckung: Es gab bereits eine Frauengruppe, die in Berlin ein Frauenhaus gründen wollte. Sie war aus einer Beratungsstelle des Paritätischen Wohlfahrtsverbandes in Kreuzberg hervorgegangen und hatte sich schon ohne Erfolg an den Berliner Senat gewandt, um finanzielle Unterstützung zu bekommen. Ihr Brief nach Bonn an die damalige Gesundheitsministerin, Katharina Focke, war nicht einmal beantwortet worden. Später habe ich die Gruppe und Frau Focke im Film mit ihren Aussagen gegenübergestellt.

Wir drehten in den Herbstferien 1975 in London. Im Februar 1976 weihte ich den Direktor meiner Schule ein. Er war großzügig. »Legen Sie beide Hälften Ihrer Klassen zusammen«, sagte er, ich hatte sogenannten Teilungsunterricht, »und hören Sie drei Wochen vor den Osterferien auf.« In diesen drei Wochen haben wir in Berlin und Westdeutschland gedreht. Wir, das waren fünf Männer (Regie, Kamera, Aufnahmeleitung, Licht und Ton) und ich (Autorin/Interviewerin).

In den Osterferien wurde der Film geschnitten. Ich hatte durchgesetzt, daß ich dabeisein konnte. Beim Schreiben des Kommentars beachtete ich den guten Rat, den mir jemand gegeben hatte, ihn noch schärfer zu machen, als ich ihn haben wollte. Tatsächlich wurde er bei der Abnahme etwas herabgemildert und war dann in der Tonlage richtig. Ende April 1976 wurde der Film im Ersten Programm gezeigt. Trotz der Sendezeit um 22.15 Uhr war die Sehbeteiligung hoch (23 Prozent). Meine Nachbarin sah den Film zusammen mit ihrem Mann an. Später erzählte sie mir, er habe gesagt, er verstehe nicht, wie Männer Frauen so behandeln könnten. Er würde so etwas nie tun.

Eine Woche, nachdem der Film gezeigt worden war, gab es Anfragen im Bundestag. Danach wurde Geld für das erste Frauenhaus bewilligt: Die Kosten sollten zwischen dem Bund und dem Land Berlin geteilt werden, allerdings unter der Bedingung der Gründung eines Trägervereins aus Frauen des öffentlichen Lebens. Es mußte ja auch erst ein geeignetes Haus gefunden werden. Das alles dauerte einige Monate. Die Frauenhausgruppe hatte mich inzwischen aufgenommen. Im Oktober 1976 eröffnete das Frauenhaus in einer großen Villa im Grunewald, zunächst inoffiziell, ohne öffentliche Ankündigung, ein Monat später offiziell.

Die erste Frau, die ins Frauenhaus kam, war die Frau eines Oberamtsrates. Die zehnte war meine Nachbarin. Das Haus war ab November voll, und das sollte so bleiben. In den dreizehn Räumen leben immer über hundert, manchmal hundertdreißig oder hundertvierzig Menschen. Inzwischen gibt es ungefähr dreihundert Frauenhäuser in der alten Bundesrepublik und zirka sechzig in den Neuen Ländern. Direkt nach dem Film begann ich mit der Arbeit an einem Buch. Ich hatte viel von dem Material, das ich gesammelt hatte, in dem Fernsehbericht nicht unterbringen können. Das Buch erschien im November 1976.

Seit Oktober 1976 arbeitete ich nebenberuflich im Frauenhaus. Spannend war es, den Prozeß der Befreiung zu beobachten, der bei den Frauen sehr unterschiedlich verlief. Bei jüngeren ging es manchmal schnell, aber manche brauchten mehrere Anläufe, um loszukommen. Viele kamen drei oder mehr Male ins Frauenhaus. Frauen, die fünfzehn oder zwanzig Jahre Mißhandlung durchgemacht hatten, waren ausgelaugt und brauchten viel Zeit und Ermutigung, um wieder Kraft zu sammeln. Natürlich war das Leben im Frauenhaus nicht konfliktfrei, aber in wöchentlichen Hausversammlungen konnten Konflikte angesprochen und Lösungen gesucht werden. Für die Frauen bedeutete es schon eine Stärkung zu wissen, daß so viele andere in der gleichen Lage waren. Die Überwindung der Isolation, die gegenseitige Unterstützung und die Un-

terstützung durch die Mitarbeiterinnen halfen dabei, Selbstbe-
wußtsein aufzubauen und ein neues Leben zu beginnen.

Mir lagen die Kinder besonders am Herzen. Einmal brachte ich
von der Schule Kartoffelpuppen mit. Schnell sammelte sich eine
Gruppe von etwa zwölf Kindern. Ich gab ihnen die Puppen und
sagte: »Stellt Euch vor, der Vater kommt nach Hause und die Wohnung ist nicht aufgeräumt.« Ein wildes Spiel entwickelte sich, an
dessen Ende es nur noch Reste der Puppen gab. Dieses Spiel war
Anlaß für uns, auch mit den Kindern Aufnahmegespräche zu führen. Ihnen war bis dahin nicht klar gewesen, daß sie alle aus Fami-
lien mit gewalttätigen Vätern stammten.

Neben der Arbeit in der Schule und im Frauenhaus hielt ich immer noch oft Vorträge, zu dieser Zeit aber nicht mehr bei Parteien
und Institutionen, sondern nur noch, wenn es um konkrete Hilfe
für Frauenhausinitiativen ging.

Ich war erschopft, und ich merkte, wie ich immer mehr ab-
stumpfte. Es war wohl ein Verteidigungsmechanismus, der nach
zwei Jahren fast ausschließlicher Beschäftigung mit diesem Thema
eingesetzt hatte. Ich ließ die Dinge nicht mehr so an mich heran-
kommen. Das Unerträgliche, das ich hörte, blieb unerträglich.
Aber da es nicht zu ertragen war, schob ich es weg.

Hinzu kamen ideologische Differenzen, unterschiedliche Vorstellungen über die Arbeit im Frauenhaus, Intrigen und Eifersüch-
teleien unter den Mitarbeiterinnen. Die ständigen Krisengespräche
führten eher zur Verschärfung als zu Annäherung und gipfelten im
April 1977 in der Spaltung der Mitarbeiterinnen-Gruppe. Die ursprünglichen Initiatorinnen aus der Beratungsstelle in Kreuzberg,
Renate Bookhagen und Ingrid Kaemmerer, verließen zusammen
mit mir die Gruppe. Es war traurig, aber nicht zu ändern. Ich ging
mit dem Gefühl, meinen Teil geleistet zu haben. Schon seit längerer
Zeit fehlte mir etwas: Ich hatte Sehnsucht nach dem Malen.

Ich reduzierte meine Stunden in der Schule zunächst von vierund-
zwanzig auf zwanzig in der Woche. Damit hatte ich einen weiteren freien Tag, zusammen mit dem Wochenende also vier freie

Tage, allerdings nicht zusammenhängend. Aber es hatte eine Verlagerung stattgefunden. Das Übergewicht lag jetzt beim Malen.

Es war nicht leicht nach einer so langen Pause. Ich wußte noch gar nicht, wo es weitergehen sollte. Nach einer Weile frustrierenden Herumwurstelns probierte ich es mit einer neuen Technik. Ich ging in die Druckwerkstatt im Bethanien. Die Grundlagen des Siebdruckens hatte ich in der Studentenbewegung gelernt. Nun lernte ich unter Anleitung des Werkstattleiters im Bethanien die Technik wirklich beherrschen. Es war umständlich und anstrengend – und es machte enorm Spaß.

1978 im Frühjahr machte David Abitur und fing an zu studieren, zu meiner großen Verwunderung Wirtschaftsingenieurwesen. »Kannst du dir vorstellen, dein Leben im Anzug zu verbringen?« fragte ich ihn einmal. »Och«, sagte er, »wenn es ein Cordanzug ist.« Er hielt sein Studium durch, machte Diplom und wurde wissenschaftlicher Mitarbeiter an der TU. Das mißfiel ihm ziemlich bald. »Was mußt du da machen?« fragte ich ihn. »Scheiße auf Blocksatz bringen.« Er kündigte nach neun Monaten und wurde Photograph.

Jetzt war er aber siebzehn, gerade erst am Anfang des Studiums. Fünfzehn Mal am Tag ging bei uns das Telephon, drei- oder viermal für mich, der Rest für David. Abends spät zwischen zehn und elf tauchte er mit acht Freunden auf und machte in der Küche Käsefondue. Ich mochte die jungen Leute gern, aber manchmal kam ich mir vor, als sei ich Untermieterin in meiner eigenen Wohnung.

Ich fing an, mich mit dem Gedanken zu befassen, daß David in absehbarer Zukunft ausziehen würde. Auf diesen Einschnitt mußte ich mich vorbereiten, wir kamen gut miteinander aus. Allerdings war die Aussicht, irgendwann Davids Zimmer als Atelier zu übernehmen, verlockend. Der kleine Raum, in dem ich malte, schrieb und schlief, platzte aus allen Nähten.

Seinen achtzehnten Geburtstag feierte David als Kindergeburtstag mit Luftballons, Topfschlagen, Reise nach Jerusalem usw. Ich wurde für den Abend ausgelagert. Am nächsten Morgen sagte er, er sei vollkommen fertig, er habe keine Ahnung gehabt, wie stressig Kindergeburtstag sei.

Im Frühjahr 1979 fing David mit der Wohnungssuche an, die sich als schwieriger herausstellte als gedacht. Monatelang versuchte er es mit Maklern und der »Morgenpost«. Nichts klappte. Ein ganz anderer Einfall war gefragt. David hatte die zündende Idee, und ich setzte sie um. »Wir müssen Anzeigen aufhängen«, sagte er, »aber nicht so mickrige, auffällig wie die Bildzeitung.« Das war es. Bildzeitung. Ich kopierte den Kopf und schrieb riesig und fett daneben: »SKANDAL!« Der Text ging los: »Obwohl der Berliner Student David Brandt (19) schon seit Monaten emsig eine Wohnung sucht, muß er immer noch Mutters Schwelle verdunkeln ... « Wir boten als Belohnung fünfhundert Mark an oder ein Jahr lang täglich ein Freibier. David hängte die Anzeigen in Cafés und Kneipen in der Innenstadt auf. Binnen einer Woche bot uns jemand eine billige Zwei-Zimmer-Wohnung mit riesiger Veranda in der Blücherstraße in Kreuzberg an. Und für die fünfhundert Mark bekam David sogar ein Hochbett und eine Waschmaschine. Im Oktober 1979 zog er um. Aber er kam immer noch zwei- oder dreimal in der Woche nach Hause, um zu baden und zu klönen. So konnten wir uns beide gut an die neue Situation gewöhnen.

Die Uhlandstraße zwischen Kudamm und Lietzenburger war immer mehr halbseiden geworden. Inbegriff des neuen Stils war ein Laden mit dem Namen »Prestige«, der teure nachgemachte »Antiquitäten« verkaufte und Wölkchen billigen Parfums verströmte. Als Ausgleich war aus »Hühner Hugo« wieder die »Schildkröte« geworden, wo es Sauerbraten mit Knödeln und Strammen Max zu essen gab. Vom Kurfürstendamm bis »Cosy Wasch« gehörten alle Häuser der Klingbeilgruppe, die ohne viel Federlesens langjährige Mieter/innen vergraulte, Gewerbemieten verdoppelte und schon in Glanzprospekten aufgemotzte Häuser in der Uhlandstraße mit protzigen »altmodischen« Vorbauten und Marmorfassaden als Abschreibungsobjekte anbot. Das sollte alles in den kommenden Jahren verwirklicht werden.

Die Entwicklung setzte sich abgeschwächt und nicht ganz so geschmacklos zwischen Lietzenburger und Ludwigkirchstraße und in der Ludwigkirchstraße fort. Alteingesessene Läden machten dicht und wurden durch Boutiquen und Restaurants ersetzt. Karin Röhrbeins linker Buchladen bei »Fuffzig-Ölf« hatte einer Schicki-Micki-Boutique Platz gemacht. Und in Davids Bonbon-Laden an der Ecke gab es eine Spielhölle.

Aber die Gegend um den Savignyplatz wurde immer schöner. Der Platz selbst war schön. Und ringsherum gab es alles, was das Herz der oberen Mittelschicht begehrt: Bücher, CD's, Bilder, Keramik, Klamotten und vor allem Cafés und Kneipen. Die Hoch-Zeit von »Zwiebelfisch« war zu Ende. Dort hatten sich jahrelang Literaten, Künstlerinnen, Architekten und Pädagoginnen getroffen. Es gab heiße Diskussionen, besoffenes Geschwafel und öfter mal mitten in der Nacht eine Prügelei. Die »Szene« war jetzt bei »Rosalinde«, wo es schnuckelige kleine Gerichte gab und gesitteter zuging als im »Zwiebelfisch«. Die Snobs trafen sich bei »Florian« zu exquisitem Essen. Die »Dicke Wirtin« war rappelvoll mit jungem Volk. Bei »Franz Diener« wurden die gemalten Jagdszenen an den verräucherten Wänden dunkler und dunkler. Nachmittags ging es zu den schrillen Typen ins »Schwarze Café« oder Kaffeetrinken und Zeitunglesen ins »Cour Carrée«. Mittags saßen wie eh und je die Kunstprofessoren wie Plastiken an ihrem Tisch in der »Paris Bar«.

Auf dem Platz selbst stand die schöne Skulptur von Renée Sintenis von dem störrischen Jüngling, der einen störrischen Ziegenbock hinter sich herzieht, noch auf dem Rasen. In den achtziger Jahren sollte der Platz seine ursprüngliche Gestalt wiederbekommen mit gebogenen, berankten Baldachinen über den Sitzbänken, ein kleiner Schutz für die Obdachlosen, die damals wie heute dort schlafen, und großen Blumenbeeten auf dem Rasen. Den Jüngling und den Ziegenbock sollte es zweimal geben. Sie wurden später auf Sockeln sich selbst gegenüber aufgestellt und bilden seither eine Art Eingang zu einem der schönsten Plätze Berlins.

In der Schule wurde ich immer unzufriedener. Ich lebte aus meinem Fundus, machte die Arbeit mit Routine, aber nicht mehr mit innerer Beteiligung. Dieser Zustand konnte auf die Dauer nicht aufrechterhalten werden. 1978 reduzierte ich meine Stundenzahl nochmal um zwei Stunden, ein Jahr später auf eine halbe Stelle. Ständig überlegte ich hin und her, ob ich es wagen könne, die Stelle ganz aufzugeben. Sicher, ich würde mich einschränken müssen, aber ich war doch mal angetreten, Malerin zu sein, und jetzt gäbe es die Chance, ernst zu machen. David würde BAFöG bekommen oder Geld von seinem Vater. Ich rechnete herum und konnte mich nicht entschließen. Dann kam ein Angebot, einen Lehrauftrag an der Kunsthochschule zu übernehmen. Ich sagte zu, unter der Bedingung, daß ich mein Seminar en bloc abhalten könne und nicht jede Woche für fünf Stunden antanzen müsse. 1980 fing ich dort an.

Im Januar 1980 starb mein Bruder Peter an einem Herzinfarkt. Es war ein furchtbarer Schock. Er war erst achtundvierzig. Wir hatten uns das letzte Mal im Frühjahr 1979 in London gesehen. Peter hatte mit mir Tarotkarten gelegt. Eine meiner Karten war der Tod. »Jemand in deiner unmittelbaren Nähe wird sterben«, hatte Peter gesagt. Am Tag vor meiner Abreise gingen wir am kleinen Flohmarkt in Charing Cross vorbei. Ich kaufte dort eine Flasche aus türkisem Milchglas. Zu Hause stellte ich die kleine Flasche auf meinen Sekretär. Am 22. Januar 1980 stieß ich sie aus Versehen an. Sie fiel um und zerbrach. Abends rief mein Bruder Oliver an und sagte: »Peter ist tot.«

Nach Peters Tod war ich wie erstarrt, aber ich versuchte mit Aktivität, den Schmerz nicht überhand nehmen zu lassen. Im Februar hatte ich eine Ausstellung. Das zog ich durch. Den Unterricht in der Schule und der Kunsthochschule machte ich wie ein Zombie. Gemalt habe ich kaum. Im ganzen Jahr 1980 habe ich nur zwei Arbeiten gemacht: einen Siebdruck von einer Katze, die eine Treppe herunterrennt; und ein ganz düsteres kleines Bild in Ölkreide, eine liegende weibliche Gestalt von hinten gesehen, schwarz zugedeckt in einer schwarz-grauen Umgebung: »Im Dunkeln«.

Um mich abzulenken, machte ich bei einer Bürgerinitiative mit. In der Fasanenstraße sollten drei schöne alte Stadtvillen nahe am

Kurfürstendamm, schräg hinter meinem Haus, abgerissen und zwei über hundertjährige Bäume gefällt werden, um Platz für »Wohnungen für Führungskräfte« und ein Kino zu machen. Das mußten wir vereiteln. Im Haus Nummer 23 waren das Restaurant »Wintergarten« und darüber ein Bordell gewesen. Das Dach war schadhaft. Die Besitzer ließen absichtlich Wasser hereinlaufen, um das Haus zu ruinieren und es abreißen lassen zu können. Wir sahen es uns an. Die Fußböden waren schon ganz gewellt. Zum ersten Mal in meinem Leben sah ich ein Bordell. Orange gestrichene Zimmer. Es war enttäuschend. Ich hatte mir rote Samttapeten vorgestellt.

Durch die Arbeit in der Bürgerinitiative erfuhr ich ein wenig von der Geschichte meines Wohnblocks. Der Block hatte der Familie Wertheim gehört. Nach der »Arisierung« im Dritten Reich war eine Zeitlang geplant, den ganzen Block abzureißen und daraus ein »Großdeutsches Kaufhaus« zu machen. Warum dies nicht geschehen ist, konnten wir nicht herausfinden, aber Gott sei Dank ist der Plan nicht durchgeführt worden.

Jetzt galt es, eine nachträgliche Verschandelung des Blocks zu verhindern, der bis auf die südliche Seite an der Lietzenburger Straße vom Krieg verschont worden war. Unsere Bürgerinitiative kämpfte mehrere Jahre. Ich machte solange mit, bis abzusehen war, daß die Villen stehenbleiben würden. Heute sind das Literaturhaus, das Käthe-Kollwitz Museum und die Galerie Pels-Leusden dort untergebracht.

Der Schmerz über Peters Tod ließ sich nur bedingt unterdrücken. Es war klar, daß ich etwas in meinem Leben radikal verändern müsse, um mit der Depression fertig zu werden. Jetzt gab es kein Herumrechnen mehr. Mit dem Mut der Verzweiflung gab ich im Sommer 1981 meine Stelle an der Schule auf. Ich hatte 14 000 Mark auf der Kante, und mit dem Lehrauftrag war meine Miete gedeckt. Die Entscheidung habe ich nie bereut.

Ich glaube, es war Anfang 1981, als Alice von W. und ihre Tochter starben. Alice von W. war seit Jahren bettlägerig. Trotzdem hatte sie kein Telephon am Bett. Eines Tages brach ihre Tochter zusammen und starb. Es war wohl Herzversagen. Die arme alte Dame konnte keine Hilfe rufen und ist im Bett verhungert. Als die Wohnung aufgebrochen wurde, quollen die beiden Kühlschränke über von ungeöffneten Fleischpaketen und Unmengen von Butter. Mir war nichts aufgefallen. Die alte Dame sah man sowieso nie mehr und die Tochter selten. Hätte ich die Tragödie verhindern können, wenn ich mich früher mehr gekümmert hätte, fragte ich mich. Hätten sie es zugelassen?

Im Herbst starb Karin Röhrbein. Karin hatte eine erstaunliche Entwicklung gemacht. Mit dem linken Buchladen hatte sie sich vergrößert und war von der Ludwigkirchstraße an den Savignyplatz gezogen. Parallel hatte sie mit Kleiner Matrikel ein Studium der Wirtschaftswissenschaften begonnen und in Windeseile durchgezogen. Anfang der siebziger Jahre zog sie mit Momme nach New York, um für die United Nations zu arbeiten, und wurde von der UNO 1978 nach Kuba geschickt, danach in ein kleines afrikanisches Land, ich glaube Guinea Bissau. Dort diagnostizierte man bei ihr einen Hirntumor. Sie war zweimal in der Schweiz operiert worden. Dann kam sie nach Berlin. Ich besuchte sie jeden zweiten Tag im Krankenhaus und war an ihrem Todestag dort. Sie war gerade einundvierzig geworden.

In der ersten Hälfte des Jahres 1981 versuchte ich, mich aus meinem Tief herauszuhangeln, indem ich Gedichte schrieb, deren Stimmung langsam heller wurde. Der Gedichtband mit vier Siebdrucken erschien 1982 in der Edition Mariannenpresse. Er hieß: »Graue Tage. Grüne Tage«. Als ich beim Drucken war, sagte der Werkstattleiter: »Dein Buch müßte ›Graue Nasen. Grüne Nasen‹ heißen«. Ich guckte in den Spiegel. Er hatte Recht.

Wie ich diese erste Zeit als Freiberuflerin finanziell überstanden habe, weiß ich nicht mehr. Eigentlich weiß ich bis heute nicht, wie ich es geschafft habe, all die Jahre vom Malen zu leben, aber irgendwie bin ich über die Runden gekommen. Ich merkte ziemlich schnell, daß man als Freiberufler an Gott glauben muß: Er ist für die Finanzen zuständig. Man muß nur ordentlich glauben.

Nachdem David ausgezogen war und ich nicht mehr in die

Schule ging, hatte ich viel mehr Zeit als vorher. Ich fing an, öfters nach Ost-Berlin zu fahren. Nach und nach baute ich dort einen zweiten Freundes- und Bekanntenkreis auf. Ich mochte die Ernsthaftigkeit der Gespräche. Wenn ich im Westen eine oberflächliche flippige Bemerkung machte, wurde gelacht, und das war's. Im Osten kam man nicht so leicht davon. »Was meinst du damit?« wurde ich gefragt. Ich konnte schlecht sagen: Das war nur ein Witz, so schnell dahin gesagt, und bemühte mich um eine ernsthaft klingende Erklärung. »Was meinst du damit?« kam dann nochmal. Ich wand mich wieder, aber irgendwann mußte ich zugeben, daß ich schneller geredet als gedacht hatte.

Es gefiel mir auch die langsamere Gangart im Osten. Die Leute erschienen mir vergleichsweise ungehetzt. Vielleicht war es aber auch die Neugierde auf Besuch aus dem Westen, jedenfalls hatten sie immer Zeit für mich. Da man 25 Mark »Eintrittsgeld« zahlen mußte, verbrachte ich immer einen ganzen Tag in Ost-Berlin. Ich verabredete mich um 11 Uhr, um 15 Uhr und noch mal abends. Es kam fast nie vor, daß jemand mich auf einen anderen Tag vertröstete. Private Treffen zu organisieren war unkompliziert. Kehrseite war natürlich die offizielle Schikane: die Umständlichkeit beim Beantragen und Besorgen von Passierscheinen und die grotesken Kontrollen an der Grenze. Aber das nahm ich in Kauf, denn mich reizte das Ungewohnte im anderen Teil der Stadt.

Unsere Bürgerinitiative hatte die drei Stadtvillen in der Fasanenstraße gerettet. Jetzt hätten wir weitermachen müssen, denn schon wurde über Pläne gemunkelt, die Ecke Fasanenstraße/Lietzenburger Straße mit einem hohen Wohnblock zuzubauen und im Blockinneren waren Einkaufswege im Freien mit noch mehr Boutiquen und Schnick-Schnack vorgesehen, als gäbe es davon in unserer Gegend nicht genug. Diesmal war ich direkt betroffen, denn es war die schöne freie Aussicht aus meinem Wohnzimmerfenster, die da viel zu hoch zugebaut werden sollte. Aber ich hatte nicht mehr die Energie, mich damit zu befassen, und ein verbrieftes Anrecht auf die freie Aussicht hatte ich auch nicht, die ich immerhin über zwanzig Jahre im Winter genossen hatte. Vom Frühjahr bis Herbst sah ich ohnehin nur den Kastanienbaum. Ein kleiner Trost war es, daß die Pläne im Vergleich zum Kudamm-Karree gegenüber in der Uhlandstraße geradezu menschlich erschienen.

Das Kudamm-Karree war eine der großen Bausünden der siebziger Jahre und der berüchtigten Architektin Sigrid Kressmann-Zschach gewesen. Dort war der ganze Block mit einem Hochhaus überbaut und das Erdgeschoß mit Konsumpassagen und Kneipentunneln durchzogen worden: zur Lietzenburger Straße hin eine Art Theater-Attrappe, die sich »Sperlingsgasse« nannte und nachgemachte »Alt-Berliner« Kneipen beherbergte. Billigste Touristenfallen. Aus diesem Sündenfall hatte man immerhin gelernt. Die Pläne für unseren Block waren vergleichsweise harmlos. Aber ich kann trotzdem nicht sagen, daß sie mich besonders gefreut hätten.

Die Hochschule der Künste war seit dem großen Zusammenschluß 1975, bei dem die Musikhochschule, die Max-Reinhardt-Schule für Schauspiel und Teile der Pädagogischen Hochschule zur Hochschule für bildende Künste dazugekommen waren, ein unübersichtliches, anonymes, bürokratisiertes Gebilde geworden. Ein Gefühl von Orientierungslosigkeit machte sich dort breit. Das Unterrichten selbst machte Spaß. Ich hielt ein Seminar über Farbe, in dem ich die Theorie durch praktische Anwendung vermittelte, was bei den Studierenden gut ankam. Da ich nur zehn Tage im Semester an der Hochschule war, hatte ich gehofft, mich den Zwängen der Institution entziehen zu können. Das erwies sich als Trugschluß. Da nur wenige Frauen an der Hochschule unterrichteten, gab es unter ihnen eine Übereinkunft, daß in jedem Gremium mindestens eine Frau sitzen sollte. Das bedeutete für mich Arbeit in drei Gremien. Schon wieder endloses Gelaber.

Ich hatte jetzt Davids Zimmer als Atelier und etwas mehr Platz zum Malen als vorher. Ich malte viele Portraits in dieser Zeit: von David, von Momme Röhrbein vor einer weißen Tür, von meinem Vater und 1984, vier Jahre nach seinem Tod, ein Erinnerungsbild an meinen Bruder Peter. Im Vordergrund des Bildes eine Katze, die sich ihm nähert. Er wird nach hinten zu immer undeutlicher, als würde er sich verflüchtigen. Es war ein Versuch, die gleichzeitige Anwesenheit und Abwesenheit Peters in einem Bild zu fassen. Die suchende lebendige Katze stellt mich dar. Peter sitzt da wie eine Chimäre, als wäre er noch da, aber gleich wieder weg. Es hatte lange gedauert, bis ich dieses Bild malen konnte.

1985 bereitete ich eine große Ausstellung mit Bildern aus zehn Jahren im Haus am Lützowplatz vor. Während ich an den letzten Bildern für die Ausstellung malte, wurde mir klar, daß ich am Ende einer Phase angelangt war. Ich mußte etwas Neues in meiner Malerei finden. Was es sein würde, war mir noch nicht klar.

Im selben Jahr war ich durch Zufall auf eine ganz andere Art zu malen gestoßen. Ich war für zehn Tage auf ein Hausboot in Norddeutschland eingeladen gewesen und hatte vor der Abfahrt ein Reißbrett und Papier, Ölkreiden und Gouachen ins Auto gepackt, für den Fall, daß es regnen sollte. Es regnete die ganze Zeit, und ich malte immerzu das Wasser in dieser Mischtechnik, die mir ganz neu war. Ich kam mit sechs Bildern nach Berlin zurück. Es war eine lockere Art zu malen: spontan, spielerisch, relativ schnell, relativ klein und viel weniger streng als meine anderen Bilder.

Ich malte sie aber neben meinen großen Bildern, und mit diesen wußte ich nicht weiter. Nach der Ausstellung fiel ich in ein Loch. Eine schöpferische Krise ist wie jede andere Krise: eine Zeit der Haltlosigkeit, fast der Bodenlosigkeit, eine Zeit des Tastens und Suchens, und eine zunächst unsichere Eroberung neuen Terrains. Wie bei vielen anderen Krisen, geht es auch hier um Fragen der Identität und Integrität. Bei mir ging es darum, daß ich ein größeres Maß an Verdichtung in meinen Bildern anstrebte. Sie »klebten« mir zu sehr an der Realität, waren in der Bildauffassung oft konventionell. Ich suchte nach einer abstrakteren Form ohne meinen Anspruch, Realistin zu sein, aufzugeben. Von einer größeren Synthese zwischen Inhalt und Form versprach ich mir mehr Intensität.

Ein Problem kommt selten allein. Auch bei meinem Lehrauftrag war ich an dem Punkt angelangt, wo ich mich fragte, ob ich bleiben oder gehen solle. Ich war jetzt sechs Jahre an der Kunsthochschule, hatte jeden Aspekt der Farbe zweimal durchgenommen. Wollte ich ein drittes Mal dieselben Sachen unterrichten? Wollte ich weiterhin Zeit in stundenlangen Gremiensitzungen vertun? Die Machtkämpfe und Intrigen langweilten mich. Ich war für das Leben in Institutionen ungeeignet. Im Sommer 1986 gab ich den Lehrauftrag auf.

Monate nach der Ausstellung am Lützowplatz mußte ich für eine Ausstellung in Hamburg ein Selbstbildnis malen. Das Bild war lebensgroß, Kopf auf die Hand, Arm auf den Tisch gestützt. Es war öde. Ich schmiß das Bild weg und fing nochmal an. Dieselbe Bildidee. Sie war immer noch öde. Es störte das viele »Drumherum«, um etwas Rätselhaftes, Widersprüchliches auszudrücken: eine melancholische Haltung und ein lächelndes Gesicht. Schließlich malte ich nur das, ausschnitthaft, stark vergrößert. Die schräge Linie zwischen Hand und Gesicht als bildbestimmende Diagonale. Das Bild gefiel mir. Die Komposition war ganz eigen, und ich hatte mich auf genau das beschränkt, was ich ausdrücken wollte. Da konnte es weitergehen.

Kaum hatte ich dieses Problem ansatzweise gelöst, kam schon das nächste auf mich zu: Davids Zimmer wurde zu klein, ich mauerte mich langsam mit meinen Bildern ein. Seit über einem Jahr wurde hinter meinem Haus gebaut. Den üblichen Baulärm hatte ich bis dahin stoisch ertragen, aber nun quietschte eine Kreissäge in unregelmäßigen Abständen fast direkt unter meinem Fenster. Jedenfalls hörte es sich so an. Es war unerträglich. Dann kamen meine Bilder von einer Ausstellung zurück. Ich hatte keine Ahnung, wie ich sie je untergebracht hatte. Ich brauchte dringend ein Atelier.

Mit solchen Dingen habe ich immer Glück. Jemand hatte mir von der Gewerbesiedlungsgesellschaft erzählt, deren Leiter ein Herz für Künstler habe. Ich rief ihn an. »Lassen Sie sich von unserem Hausmeister die freien Räume im Gewerbehof in der Helmholtzstraße zeigen«, sagte er. Darunter war ein Raum, der seit zwanzig Jahren nicht benutzt worden war, eine ehemalige Färberei. Vier Farbwannen standen noch in dem Raum, Farbe blätterte von den bräunlichen Wänden. In ähnlichem Zustand hatte ich über ein viertel Jahrhundert früher meine Wohnung zum ersten Mal gesehen. Der Raum war nicht sehr groß, dreißig Quadratmeter, aber er hatte Nordlicht, ein schräges Fenster und den gewissen Charme, den ich suchte. Er sollte nur 225 Mark warm kosten. Den Raum mietete ich im April 1987.

Ich mochte die Atmosphäre des Gewerbehofs. Ich war umgeben von allen möglichen Betrieben und Werkstätten: Elektrikern, Stadtplanern, Tischlern, Druckereien usw. Die Arbeitsatmosphäre steckte an. Außerdem hatte ich kein Telephon in meinem Atelier und nichts, was mich von der Arbeit ablenkte. Zu Hause konnte jede unabgewaschene Tasse als Grund herhalten, sich vor der Arbeit zu drücken, wenn es nicht gut lief. Im Atelier konnte ich mich nicht so leicht entziehen. In den ersten Jahren im Atelier malte ich mehr als je zuvor. Ich stellte viel aus: drei, vier oder fünf Ausstellungen im Jahr. Und ich lebte nicht unbescheiden, aber gut vom Malen.

Neben den Gesichtslandschaften malte ich ziemlich bald eine andere neue Art von Bildern: sehr strenge, sehr abstrahierte, sehr stimmungsbetonte Stadtbilder. Mit ihnen wollte ich die Grenze zwischen Abstraktion und Gegenständlichkeit ausloten. Berliner Brandwände, fensterlos, zu jeder Tages- und Jahreszeit. In allen meinen Bildern trugen die Farben die Stimmungen. Gleichzeitig setzte ich sie perspektivisch ein. Ich experimentierte viel mit neuen Techniken, machte jetzt die ersten Schichten eines Bildes in Eitempera und malte dann mit Öl darüber. Bei den Stadtbildern spachtelte ich die Wände mit den feinen Farbübergängen und malte nur den Himmel mit dem Pinsel. In das Terpentin löste ich Bienenwachs auf, damit die Bilder einen seidigen Schimmer bekamen, geschützt waren und keinen Firnis brauchten.

Bald kam eine vierte Sorte Bilder dazu: männliche Akte. Ich wollte mich bei den Menschenbildern nicht nur auf den Kopf beschränken, und es ergab sich fast von allein, daß ich neben den nachdenklichen, in sich gekehrten Frauen ruhende nackte Männer malte. Auch sie sind in sich gekehrt, aber es ist eher eine narzißtische als eine reflektierende Einkehr.

Zwei- oder dreimal im Monat fuhr ich nach Ost-Berlin, um Freunde und Bekannte dort zu besuchen. Da ich jedesmal fünfundzwanzig Mark umtauschte, die ich bei den Freunden liegenließ, hatte sich seit Anfang der achtziger Jahre ziemlich viel Geld angesammelt, etwa achthundert Mark. Ich überlegte, was ich damit machen sollte. Mein erster Einfall war, alle Ost-Berliner Freundinnen und Freunde zusammen einzuladen. Dann kam mir die Idee, auch meine Freundinnen und Freunde aus dem Westen dazu zu bitten. Viele hatten gesagt, daß sie gern Leute aus dem Osten kennenlernen würden, das wäre die Gelegenheit.

Im Januar 1987 mietete ich die Hälfte eines Lokals am Prenzlauer Berg, »Offenbach Stuben«, und lud 35 von der einen Seite und 35 von der anderen Seite ein. Die Einladungen in Ost-Berlin kamen nicht an, und ich mußte alle noch mal telephonisch benachrichtigen. Als ich in »Offenbach Stuben« 'reinkam, sah ich die Leute von der Stasi an der Bar sitzen, selbst für mich waren sie auffällig. Wir ließen uns aber davon nicht verdrießen. Die Fete war ein Riesenerfolg, und es sind daraus Freundschaften entstanden, die bis heute bestehen. Noch 1987 machte ich eine zweite Ost-West-Fete, diesmal in dem Lokal »Zum Fernfahrer« in der Wallstraße am Märkischen Museum. 1988 hatte ich eine Ausstellung im »Haus der jungen Talente« (jetzt »Podewil«) in der Klosterstraße in Ost-Berlin. In der Museumskantine fand die dritte Ost-West-Fete statt.

Ein Ost-West-Frauenstammtisch, den ich zu installieren versuchte, war nicht so ein Erfolg. Obwohl es das Wort noch gar nicht gab, bekam ich schnell das Gefühl von »Besser-Wessi«. Die Probleme für Frauen waren anders gelagert in der DDR und in der Bundesrepublik. Dort waren Abtreibung, Scheidung und Unterbringung der Kinder unkompliziert (wenn man die staatliche Indoktrination in Kauf nahm). Dagegen waren die Versorgung der Familie und die Organisation des Alltags mühevoller, oft ohne Telephon und mit weniger Hilfe durch maschinelle Haushaltsgeräte als im Westen. Vom ständigen Anstehen, um Sachen zu ergattern, die gerade zu haben waren, ganz zu schweigen. Die Diskussionen, die wir in der Frauenbewegung seit zwanzig Jahren führten, hatte es dort nicht gegeben. Schon die Tatsache, daß wir die Männer nicht dabeihaben wollten, stieß bei manchen Frauen aus dem Osten auf Unverständnis (und erst recht bei den Männern selbst). Letztendlich kam Mißtrauen auf, ob wir sie nicht für unsere Zwecke instrumentalisieren wollten. Die Sache schlief ein.

Um diese Zeit heiratete David seine Freundin Cornelia, eine Kunsthistorikerin, und im Oktober 1988 wurde mein Enkel Laurens geboren. Ich wollte schon immer Großmutter sein. Es erschien mir die ideale Beziehung. Nur Spaß und keine Verantwortung, was könnte es Schöneres geben.

Laurens war einmal in der Woche bei mir, erst nachmittags, später auch über Nacht. Wieder war die Zeit für riesige Spaziergänge angebrochen. Ich schob das Baby im Kinderwagen in Kreuzberg am Kanal entlang oder durch den Tiergarten wie ehedem David. Laurens entwickelte sich schnell. Er hatte die familieneigene Mischung aus Eigensinn, Humor und Dickköpfigkeit geerbt. Als er älter war, konnte ich ihn immer mit Davids Autos ablenken, die ich aufgehoben hatte. Schöne Metallautos. Mit ihnen spielte Laurens besonders gern.

Anfang 1989 wurde im »Gripstheater« ein Stück uraufgeführt: »Ab heute heißt du Sara«. Ihm zugrunde liegt die Geschichte von Inge Deutschkron, die im Dritten Reich mit ihrer Mutter untergetaucht und ständig auf der Flucht war. Mit Hilfe einiger Berliner haben sie die Verfolgung überlebt. Ihr Vater war 1939 nach England geflohen. Im Stück wurde plötzlich ein Photo meines Hauses an die Hinterwand projiziert. So erfuhr ich, daß Inge Deutschkron eine Zeitlang in meinem Haus gelebt hat.

Seit ich in meine Wohnung eingezogen war, hatte ich mich immer wieder gefragt, ob ich wohl jemand versteckt hätte, wenn ich Deutsche im Dritten Reich gewesen wäre. Die Antwort weiß ich bis heute nicht. Ich kann nur hoffen, daß ich mich nicht gedrückt hätte.

Im Mai 1989 bekam ich Besuch von der Stasi. Das wurde mir aber erst hinterher klar. Der Mann gab sich als Herzspezialist aus, vielleicht war er es auch. Er sei im Westen, um an einer Besprechung für eine Anthologie im de Gruyter-Verlag teilzunehmen. Seine Frau sei Psychiaterin. Sie hätten beide meine Ausstellung in Ost-Berlin gesehen und seien sehr beeindruckt, außerdem habe er eine briefmarkengroße Abbildung von mir in der Zeitschrift »art« gesehen. Ob er vorbeikommen könne, die Bilder ansehen. Von einer briefmarkengroßen Abbildung in »art« wußte ich nichts, aber ich hatte gerade eine Ausstellung in Freiburg. Vielleicht hatte der dortige Kunstverein eine Anzeige aufgegeben.

Der Mann kam also zu mir und interessierte sich überhaupt nicht für die Bilder. Er sagte, er habe eine Graphik eines Dresdener Künstlers kaufen wollen, dieser sei aber inzwischen im Westen. Ob ich vielleicht wüßte, wo er sich aufhielte. Ich wurde immer noch nicht stutzig. Ich kannte den Namen des Künstlers nicht, aber naiv fragte ich, ob er wüßte, mit wem der Künstler bekannt sei. Vielleicht könne er ihn so finden. »Mit Sascha Anderson«, sagte er. »Dann ist es ganz einfach,« antwortete ich, »Sascha Anderson kennt Ralf Kerbach, und Kerbach kennt Hans Scheib, und von Scheib kann ich Ihnen die Nummer geben.« (Kerbach und Scheib waren aus der DDR übergesiedelt, sie sind beide Künstler.) Ganz zum Schluß fragte er, ob ich meine Bilder verkaufen würde. »Für Ostgeld«, sagte ich, »nein, wissen Sie, ich hatte ein paar Ausstellungen in der DDR und habe dort ein Konto, ich weiß überhaupt nicht, was ich mit dem Geld anfangen soll. Aber hier haben Sie einen Katalog für Ihre Frau.« Und weg war er.

Ein paar Tage später traf ich Hans Scheib bei einer Ausstellungseröffnung. »Wen hast du mir da auf den Hals gehetzt?« fragte er: »Da hat einer angerufen und gesagt, er habe eine briefmarkengroße Abbildung von mir in ›art‹ gesehen.« Mir wurde heiß und kalt. Der Groschen war gefallen. »Glaubst du, der war von der Firma?« »Na, was denkst du denn.« Bis heute weiß ich nicht, was er von mir wollte, aber bald brauchte ich mir darüber keine Gedanken mehr zu machen.

Es lag in der Luft wie damals, als die Mauer gebaut wurde. Wieder flohen die Menschen aus der DDR, jetzt über Ungarn und die Tschechoslowakei. Es gab Demonstrationen und Aufruhr in der DDR. Die Oberen reagierten zunächst mit Gewalt, aber ihre Autorität war dahin. Auch mit einem Blutbad hätte das marode System nicht gerettet werden können. Es brach sang- und klanglos zusammen und mit ihm die Illusion der Intellektuellen, daß es noch zu reformieren sei.

Als die Mauer gebaut wurde, war David dreizehn Monate, und als sie fiel, war Laurens dreizehn Monate. Eine Bekannte hatte zu dieser Zeit eine Freundin aus England zu Besuch. Sie war zum ersten Mal in Deutschland und sprach kein Wort Deutsch. Am 9. November haben die beiden nichts mitbekommen. Am 10. November ging die Engländerin allein bummeln, kam zurück und sagte: »Etwas ist hier anders geworden. Die Leute essen Bananen auf der Straße.« Eine schöne Geschichte ging durch die Presse von einem Mann, der zwei Tage nach der Maueröffnung mit einem Buch in der Amerika-Gedenk-Bibliothek erschien und sagte: »Wegen Umständen, die ich nicht zu verantworten habe, konnte ich dieses Buch achtundzwanzig Jahre nicht zurückgeben.«

Ich hatte immer gehofft und auch geglaubt, daß ich die Vereinigung Berlins erleben würde. Mit der DDR brach auch das Kunstgebilde West-Berlin zusammen. Mir war es recht. West-Berlin war zunehmend inzüchtig gewesen. Die einzige Stadt auf der Welt, wo man wußte, daß alle am Wochenende zu Hause waren. Die Stadt schmorte im eigenen Saft. Es war Zeit für etwas Neues.

Spannend war es, die Stadt neu zusammenzusetzen. Wie ein Puzzle, bei dem die eine Hälfte fast fertig ist und es in der anderen Hälfte erst ein paar zusammenhängende Teile gibt. Jetzt erst merkte ich, was für idiotische Wege ich gefahren war: über Moabit nach Treptow oder Grünau. Das Erstaunen, daß man ungehindert in den Osten und auch aus der Stadt herausfahren konnte, hielt lange an. Als ich das erste Mal auf der Autobahn ein Schild »Rostock« sah, zuckte ich richtig zusammen. Wieso steht da Rostock? Das muß doch Hamburg heißen. Lange noch registrierte ich mit Verwunderung die genaue Stelle, wo die Mauer gewesen war.

Ich war dankbar, das alles zu erleben, aber die große Euphorie, die nach der Maueröffnung ausbrach, konnte ich nicht teilen. Ich war Außenseiterin geblieben, in diesen Tagen merkte ich es verstärkt. Ebensowenig teilte ich die große Ernüchterung, die nach einiger Zeit einsetzte. Die Vereinigung wurde von vielen nicht als Chance und Herausforderung, sondern als Störung empfunden. Das verstand ich nicht.

Bei meinen eigenen Freundschaften und Bekanntschaften in der Ex-DDR stellten sich mit der Zeit drei Muster heraus. Einige gingen genauso weiter wie vorher, als wäre nichts geschehen. Einige überstanden eine längere Periode leiser Spannungen. Die Spannungen resultierten daraus, daß viele Leute in der DDR sich einfach überfordert fühlten. War vorher Besuch aus dem Westen eine Abwechslung gewesen in einem eher langweiligen Alltag, so bedeutete er jetzt noch mehr Stress in einer Zeit, in der sie sich in allem umstellen und eine gewaltige Anpassungsleistung vollbringen mußten. Ein Freund von mir drückte es anderthalb Jahre nach der »Wende« so aus: »Ich fühle mich wie jemand, der lange verreist gewesen ist, und jetzt möchte ich nach Hause kommen.« Und er war mit dem System überhaupt nicht einverstanden gewesen. Ich kannte dieses Gefühl, und deswegen konnte ich mich gut in die Situation hineinversetzen. Jahrelang hatte ich mit unserem Umzug von England nach Deutschland gehadert. Ich kannte die Haltlosigkeit und Orientierungslosigkeit, die Entfremdung der Emigration. Und was die Menschen in den Neuen Ländern durchmachten, war Emigration im eigenen Land. Ich fuhr in dieser Zeit weniger nach Ost-Berlin als vorher, weil ich erst etwas Ruhe einkehren lassen wollte. Das ging oft gut. Bei manchen meiner Bekannten stellte sich aber heraus, daß die Anziehung nur in einer gewissen Exotik bestanden hatte. Diese Beziehungen brachen relativ schnell zusammen.

Für die Künstler und Künstlerinnen in beiden Teilen der Stadt wurde das Leben nach der Maueröffnung schwerer. Vom Westen her sah das so aus: Es waren mit einem Schlag etwa anderthalb Tausend mehr professionelle Künstler/innen in der Stadt, die um einen Markt konkurrierten, der gerade zusammenbrach. Die Leute, die vorher regelmäßig Kunst gekauft hatten, die Ärzte, Zahnärzte, Architekten, Anwälte, Psychologen usw. hielten jetzt ihr Geld fest, weil die Zeiten unsicher geworden waren. Oder sie kauften sich eine Datscha im Umland von Berlin und steckten Geld in den Ausbau. Gleichzeitig flogen Künstler aus ihren großen Ateliers heraus, die unsinnigerweise in Büros oder Jugendherbergen umgewandelt wurden. Ziemlich schnell brach zu allem Überfluß die öffentliche Förderung zusammen. Die großen Gelder aus Bonn blieben aus. Die Stadt hatte enorme »Aufbau-Ost«-Leistungen zu erbringen. Wie immer wurde zuerst bei den sozialen Leistungen und den Leistungen für Kultur gekürzt. (Es gab aber genug Geld, um das Parkhaus gegenüber in der Uhlandstraße in Granit zu verkleiden, was offenbar dringend nötig war.) Die Situation war für viele Künstler und Künstlerinnen katastrophal und führte dazu, daß manche nach einiger Zeit resigniert die künstlerische Arbeit aufgaben.

Noch schlimmer war es für viele meiner Kollegen und Kolleginnen im Osten. Dort konnten Mitglieder des Verbandes Bildender Künstler damit rechnen, gelegentlich öffentliche Aufträge zu bekommen. Es gab auch viele öffentliche Ankäufe. Auf einem nicht üppigen Level waren die meisten Künstler/innen relativ abgesichert gewesen. Jetzt brachen die ihnen bekannten Strukturen zusammen. Die Künstler mußten sich nach Fleischtöpfen umgucken, von denen sie gar nicht wußten, wo sie waren, und die auch für uns im Westen schwerer zu finden waren als vorher. Die Möglichkeit, neben einem Brotberuf künstlerisch zu arbeiten, wie viele es im Westen taten, gab es kaum. Die klassischen Brotberufe: Schule, Taxi und Post, waren schnell von anderen besetzt, manchmal von anderen aus dem Westen. Auch im Osten flogen viele Künstler/innen aus ihren Ateliers heraus. Und sie waren jetzt mit der »Freiheit« des Marktes mit seinen Trends konfrontiert, dem einige sich schnell anpaßten. Sicher, es gab einen kurzen Boom für Ost-Kunst auf dem schwindenden Markt, aber wie alle Moden ging auch diese ziemlich bald vorüber. Den Druck hielten einige nicht aus. Ich hörte von drei Selbstmorden in der Zeit nach der »Wende«.

Für mich war die Veränderung nicht so drastisch, aber zu merken war sie schon. Mein kleines Atelier war nicht gefährdet. Aber finanziell war der Einschnitt deutlich. Hatte ich vorher locker genug Geld zum Leben verdient und sogar etwas beiseite legen können, wurde es schlagartig schwierig, Käufer zu finden. Ich hatte Anfälle von Existenzangst.

Bald kam eine andere Angst dazu. In den Jahren 1992/93 gab es grauenhafte Ausbrüche von virulentem Rassismus und zunehmend auch von Antisemitismus, sowohl im Osten als auch im Westen. Beides hatte es immer unterschwellig, manchmal auch offen in der Bundesrepublik gegeben. Aber nicht mehr als in anderen Ländern, obwohl in Deutschland immer ein besonderer Beigeschmack damit verbunden war. Das, was jetzt passierte, übertraf aber alles bis dahin Dagewesene, sowohl in der Häufung als auch in der Brutalität. Und die hilflose bis beschwichtigende Reaktion der Politik und Justiz, die geradezu aufstachelnde Berichterstattung mancher Medien machten alles noch schlimmer. Ich bekam Anfälle von Panik und fing an, mir Gedanken zu machen, ob ich aus Deutschland weggehen oder zumindest für den Notfall mir ein zweites Standbein in einem anderen Land schaffen solle. Wie sollte ich das aber finanzieren, wo ich ohnedies Geldprobleme hatte? 1993 malte ich ein Bild, in dem ich die Frage Bleiben oder Gehen zusammen mit dem Unwohlsein bei der »Mauer in den Köpfen« thematisierte. Das Bild heißt »In der Stadt«. Fast hätte es »Aus der Stadt« heißen können. Aber es gab doch auch vieles, was mich in Berlin hielt. Mit der Zeit beruhigte ich mich wieder etwas, aber eine wirkliche Beruhigung wird es wohl zu meinen Lebzeiten nicht geben.

Meine größte Freude in diesen Jahren war mein kleiner Enkel Laurens. Einmal saß er in meiner Küche und aß Tortellini. Er war dreieinviertel. Auf meiner Speisekammer steht ein Gartenzwerg aus Ton, den ich mal in der DDR ersteigert habe. Nicht weit davon sitzt ein kleiner türkisfarbener Teddybär, den ich geschenkt bekommen habe, auf einem Regal. An einem anderen Regal hängt ein kleiner Vogel aus Glasperlen. Diese drei Persönlichkeiten erblickt Laurens und fragt: »Was machen die denn da?«

»Weißt du, sie erzählen sich nachts, was sie tagsüber gesehen haben. Zum Beispiel, wer sich nicht die Zähne putzen wollte und wer erst ein Buch vorgelesen haben wollte, und dann waren es drei.«

Schweigen.

Eine Woche später sitzt er an derselben Stelle, guckt alle drei an und sagt: »Weißt du, was die sich heute nacht erzählt haben?«

»Nein.«

»Sarah raucht zuviel.«

Einmal im Leben eines Malers passiert ein Wunder, und mein Wunder passierte 1993. Ich hatte 1992 eine Ausstellung in der Akademie der Künste am Pariser Platz, die von Ingeborg Ruthe in der »Berliner Zeitung« sehr schön besprochen wurde. Sie fragte mich, ob ich eine Ausstellung im Foyer der »Berliner Zeitung« machen würde. Die Räume waren nüchtern, aber ihr zuliebe sagte ich zu. Zur Eröffnung im Oktober 1993 schrieb sie nochmal eine halbe Seite. Ein Schweizer Unternehmer und Bildersammler las die »Berliner Zeitung« im Flugzeug von Zürich nach Berlin, ging in die Ausstellung und kaufte neun Bilder! Ein kleines Bild hatte ich schon bei der Eröffnung verkauft. Die »Berliner Zeitung« kaufte auch ein Bild. Ich war auf Jahre hinaus finanziell abgesichert.

Ost-Berlin, oder der Ostteil, wie das jetzt hieß, änderte sich in diesen Jahren schnell. Manche Straßen waren kaum von West-Berliner Straßen zu unterscheiden. Dann fuhr man um die Ecke, und es sah aus wie in Warschau. Am Prenzlauer Berg, der einheitlich grau und heruntergekommen, sehr berlinisch düster gewesen war, gab es in jeder Straße schon modernisierte Häuser, die oft puddinggelb angestrichen waren. Ich fuhr gern über den Potsdamer Platz zurück, eine riesige unübersichtliche Baustelle mit Hunderten von Kränen, die in den Himmel ragten. Der Platz war wie ein Abenteuerspielplatz. Wenn man in diese Baulandschaft hineinfuhr, wußte man nie genau, wo man wieder herauskommen würde. Es gab dauernd neue Umleitungen. An bestimmten Stellen gab es immer Stau. Sofort hatten einige findige junge Berliner eine Marktlücke entdeckt und verkauften »Stau-Kaffee« für eine Mark.

Anfang 1996 wurde mein zweiter Enkel, Nils, geboren. Ein ver-
schmitzter, anhänglicher, kleiner Charmeur. Nils kam nicht so oft
zu mir wie Laurens, weil Cornelia in dieser Zeit nicht außer Haus
arbeitete. Davids Familie wohnte inzwischen am Planufer. Wenn
ich dort durch die Haustür kam, stand Nils im dritten Stock an
der Wohnungstür und brüllte »Oma Sarah! Oma Sarah!»

Weihnachten 1997 brachte ich unter anderen Geschenken ein
Spiel zum Planufer mit, das ich im Foyer des Deutschen Histori-
schen Museums gefunden hatte. Es hieß »Überholen ohne einzu-
holen«, eine Art DDR-Monopoly. Ziel war es, nach Wandlitz zu
kommen. Um das zu erreichen, mußte man sich ein Telephon ergattern (dreimal aussetzen), einen Trabi ergattern (fünfmal aussetzen), in die Partei eintreten und Stasi IM werden (sofort). Es gab
noch etliche Gebote und Hindernisse, aber wenn man nicht zum
Kollektivurlaub nach Rügen geschickt wurde, kam man irgendwann nach Wandlitz. Wer zuerst dort war, hatte gewonnen. David, Cornelia, Laurens und ich spielten zusammen. Ich mußte viel
lachen, und es tat weh in der Brust. »Leute«, sagte ich, »ich höre
auf zu rauchen.« David guckte mich groß an. »Das glaubst du
doch wohl selbst nicht.« Fast hätte er Recht gehabt. Ich rauchte
weiter. Ich kaufte sogar nochmal Zigaretten. Dann schämte ich
mich so, daß ich alles nahm und einem befreundeten Künstlerehe-
paar, beide Raucher, brachte. Das war am 24. Januar 1998. »Wir
heben dir das drei Wochen auf«, sagten meine Freunde. Seitdem
bin ich eine Art Nicht-Raucherin, aber ich halte mich gern dort
auf, wo geraucht wird.

1998 zog David mit seiner Familie nach Dresden. Cornelia hatte dort eine große Wohnung mit einem Garten ringsherum geerbt.
Am Tag, als sie umzogen, dem 31. Juli 1998, schlief Nils zum ersten Mal bei mir. Es war ein heißer Tag. Nils war zweieinhalb. Wir
stiegen aus dem Auto aus, und Nils sagte: »Jetzt holen wir uns ein
Eis, und dann gehen wir auf den Spielplatz. Okay?« Ich durfte ja
sagen. Wir gingen durch die Passage, Dort saß ein Mann vor einem Laden. Nils sagte »Hallo.« »Hallo«, sagte der Mann. »Hast
du gehört«, sagte Nils, »der hat Hallo gesagt.«

Kurz bevor sie umzogen, war ich bei David und Cornelia zu einem Frühstück eingeladen. Lauter junge Paare, die sich über ihre Kinder unterhielten. Es kam mir vor wie eine Musik aus fernen Zeiten. In meinem Umfeld drehten sich die Gespräche um Krankheiten und Vergeßlichkeit.

Ich sehe die »Entdeckung der Langsamkeit« zwischen fünfzig und sechzig nicht nur negativ. Beim Arbeiten schaffe ich genauso viel wie früher, aber in der Hälfte der Zeit. Ich habe viel mehr Erfahrung und weiß, wie man manche Klippe umschifft, an der ich früher fast gestrandet wäre. Zum Beispiel habe ich es im Lauf der Jahre gelernt, mir nicht sofort die Zähne daran auszubeißen, wenn ich mit einem Bild nicht weiterkomme, sondern das Bild wegzustellen und an einem anderen weiterzumalen. Ich male immer an zwei oder drei, gelegentlich an sechs Bildern gleichzeitig. Ich kenne alle Tricks, mit denen man die Arbeitslust anstacheln kann, wenn es nicht gut läuft: in eine Ausstellung gehen, Leinwände aufziehen und grundieren, neue Bilder konzipieren, im Atelier aufhören und zu Hause malen, zeichnen. Und wenn alles nicht hilft, sich eine genau abgemessene Pause ohne schlechtes Gewissen gönnen. Ich weiß, daß man nie für längere Zeit aus dem Atelier weggehen soll, ohne dort ein oder zwei angefangene Bilder zu haben. Ich kann manchen selbstauferlegten Zwang loslassen und muß nicht mehr jeden Brief innerhalb von zwei Wochen beantworten oder überall pünktlich sein. Sicher, auch ich suche ständig meine Brille und muß manchmal ins Wohnzimmer zurückgehen, um herauszufinden, was ich in der Küche wollte. Aber es fällt leichter, fünfe gerade sein zu lassen, auch mir selbst gegenüber.

Am meisten suche ich mein Auto. Die Uhlandpassage hinter meinem Haus ist schon lange fertig. Der Eingang ist neben meinem Haus, dort wo früher »Cosy Wasch« war. In der Passage gibt es viel überteuertes Luxuszeugs, aber sie ist insofern praktisch, als ich durch sie schnell in die Fasanenstraße oder die Lietzenburger komme, wo ich meistens parke. Es gibt viele Ausgänge, und ich kann immer den richtigen wählen, sofern ich mich erinnern kann, wo mein Auto steht. Nach einem Tag weiß ich es immer, aber nach zwei oder drei Tagen habe ich es oft vergessen. Etliche Male habe ich mein Auto in allen in Frage kommenden Straßen gesucht, dabei habe ich zu Hause eine Karte an der Wand mit einer Stecknadel zum Markieren, aber auch das vergesse ich meistens. Einen großen Vorteil hat es, daß die Lietzenburger Straße inzwischen zugebaut ist. Meine Wohnung ist ganz still. Ich höre fast keinen Straßenlärm mehr.

Die Uhlandstraße kommt langsam herunter. Alles zieht nach Mitte. Zwischen Kudamm und Ludwigkirchstraße stehen sieben oder acht Läden leer. Die Mieten sind aber nach wie vor hoch. Die Vermieter scheinen noch nicht begriffen zu haben, daß die Gegend hier nicht mehr en vogue ist. Wenn sie es begreifen, wird die Uhlandstraße vielleicht mit der Zeit wieder das werden, was sie war, als ich vor über vierzig Jahren hierherzog: eine ganz normale, etwas ordinäre Geschäftsstraße.

In meinem Gartenhaus bin ich jetzt die älteste Mieterin. Die jüngste ist ein kleines Mädchen, Katharina, das einzige Kind, das hier wohnt. Unter den Mietern herrscht freundliche Distanz. Einmal im Jahr lädt uns unsere Hausmeisterin an ihrem Geburtstag zu einem Fest unter dem Kastanienbaum ein. Dann dürfen wir in den Garten, der unserem Hinterhaus seinen Namen gibt. Sonst bleibt er verschlossen. Ich erzähle Geschichten von früher, wie David und Momme von Fenster zu Fenster zwischen zweitem Stock und Parterre eine Anlage zum Morsen bauten. Und wie sie sich im Keller vom Sperrmüll eine Art Wohnzimmer einrichteten und dort beim Licht einer Petroleumlampe Flugzeugmodelle zusammensetzten. Vom Mord im Juwelierladen. Von Gretchen Bartens und ihrem Freund, die beide schon lange tot sind.

Oft schlendere ich durch die Straßen dieser Stadt, die meine Stadt geworden ist, obwohl ich in ihr Zuschauerin geblieben bin. Manchmal setze ich mich in ein Café zum Träumen und Beobachten. Ich genieße die Freiheit, das zu tun und zu lassen, was ich will. In der Uhlandstraße gibt es einen Laden, der sich treu geblieben ist in all den Jahren, die ich hier lebe: »Musik Riedel«. Jetzt gibt es statt Schallplatten CDs dort zu kaufen, aber heute wie vor vierzig

Jahren Noten und Musikbücher, Gitarren und Blockflöten. Wenn ich einen Brief in den Briefkasten einstecke, der vor »Musik Riedel« steht, kommt es vor, daß ich in den Laden hineingehe und mir eine CD kaufe. Ich höre viel Musik. Ich habe die Poesie des Alltags wiederentdeckt, wie ganz am Anfang, als ich in meine Wohnung zog, in der Uhlandstraße 168.

Schlacke

Kurz nach meinem 24. Geburtstag, 1964, zog ich mit meinem damals fast vierjährigen Sohn für sechs Monate nach Paris. Ich wohnte im 13. Arrondissement in einer kleinen Wohnung in der Avenue d'Italie im ersten Stock eines ziemlich heruntergekommenen Hauses. Darunter war ein leerer feuchter Raum, dort malte ich. Eines Tages begegnete mir in diesem Raum eine sehr große Ratte. Danach bin ich zehn Tage lang nicht mehr da hineingegangen.

Als Vierzehnjährige hatte ich mir vorgenommen, Malerin zu werden. Meine Zukunftsvision war, in einem heruntergekommenen Haus in Paris zu wohnen, wo die Ratten auf den Treppen hinauf und herunter tanzten. Nun hatte sich also mein Jugendtraum in gewisser Weise bewahrheitet. Sehr behaglich war mir dabei nicht.

Ich kannte niemanden in Paris, hatte mir aber von Freunden einige Adressen geben lassen. Zehn Tage nach meiner Ankunft rief ich den Maler Daniel Spoerri an. Er wohnte in der Rue Mouffetard, einer schlängeligen Straße mit einem herrlichen Markt, in einem der hohen schmalen Häuser mit grünen Fensterläden, die für Paris so typisch sind. Eine dunkle, schmale Treppe hinauf und hinein in eine völlig chaotische Wohnung. Zu meiner Überraschung war außer Spoerri noch jemand da. Eine merkwürdige Erscheinung, die hauptsächlich aus einem bekleckerten Jeansanzug, Unmassen von rötlichen Haaren und einem rötlichen Bart zu bestehen schien. Das Gesicht, oder was davon erkennbar war, nahm ich erst beim zweiten Hinsehen wahr: listige und lustige Augen und eine spitzige Nase. »Das ist Schlacke«, sagte Spoerri. Wir unterhielten uns vornehmlich über Spoerris Arbeit. Wenn ich mich richtig erinnere, hat sich Schlacke kaum an dem Gespräch beteiligt.

Um so überraschender war es für mich, als er zwei Wochen später plötzlich vor meinem Haus stand. Es war Pfingstsonnabend.

Ich war mit meinem Sohn im Jardin du Luxembourg gewesen und kam am späten Nachmittag nach Hause. Da steht diese für die damalige Zeit absolut außergewöhnliche Erscheinung vor meiner Tür und sagt: »Hast du Lust, schwimmen zu gehen?« Ich war jung, arglos und vor allem neugierig. Es war ein heißer Tag gewesen, und die Sonne brannte noch. »Warum nicht«, antwortete ich, »ich hol nur mal die Badesachen.« Wir stiegen in Schlackes völlig verlotterten VW-Bus ein und fuhren los.

Ich dachte, daß Schlacke uns an einen See oder in ein Freibad fahren würde, aber er fuhr aus Paris heraus. Nach einer guten Stunde wurde mir etwas mulmig zumute. »Wann kommen wir an?« fragte ich. »Morgens um halb vier«, murmelte Schlacke. Meine Gedanken fingen an zu rasen. Worauf hatte ich mich bloß eingelassen, was hatte dieser Verrückte vor, wie käme ich mit meinem Sohn heil aus dieser Situation heraus?

Schlacke erzählte, er sei mit einer Engländerin verheiratet, Tochter eines Offiziers, und habe zwei kleine Kinder. Die Familie sei zur Zeit an der bretonischen Küste in einer Sechs-Zimmer-Wohnung mit zwei Badezimmern, und dort führen wir jetzt hin. Ich glaubte ihm kein Wort. Er will es nur spannend machen, dachte ich, zumindest hätte er sich ein etwas glaubwürdigeres Märchen ausdenken können.

Wir fuhren gerade durch Chartres, es dämmerte schon, und ich wähnte meine Chance gekommen, die Flucht zu ergreifen. »Kannst du mal anhalten«, sagte ich, »David ist müde, ich möchte ihn hinten hinlegen.« Mein Plan war: raus und weg. In den nächsten Laden oder bei Leuten klingeln oder in ein Taxi. Bloß weg. »Es ist ein bißchen schwierig, hier anzuhalten«, sagte Schlacke, »warte, bis wir wieder aus der Stadt herausgefahren sind.«

Jetzt hilft nur noch beten, dachte ich. Ich war innerlich völlig erstarrt bei dem Gedanken, was jetzt auf mich zukäme. Und David wäre dabei. Eine Horrorvorstellung. Schlacke hielt auf der dämmerigen Landstraße an, und wir stiegen aus. Nur Böschung und Bäume, keine Möglichkeit zur Flucht. Schlacke ging pfeifend nach hinten, legte David im Auto auf ein paar alte Decken hin und deckte ihn mit einem dreckigen Kindermantel zu. Also hat er doch etwas mit Kindern zu tun, ging es mir durch den Kopf, vielleicht hat er eins ermordet. Dann ging er pfeifend nach vorn, stieg wieder ein und wir fuhren weiter. Wie lange wollte er dieses Spiel noch weiterspielen und mich auf die Folter spannen? Ich erwartete jeden Augenblick, daß er anhalten und über mich herfallen würde. Wir fuhren durch die dunkel gewordene Nacht. Schlacke schweigend, ich voller Angst.

In jedem Dorf waren Lampions aufgehängt. Die Leute feierten Pfingsten in der Dorfscheune. Um Mitternacht sagte Schlacke: »Laß uns mal zugucken und etwas essen.« Wir gingen in eine Scheune, wo wir sofort umringt und neugierig befragt wurden. »Wo kommen Sie her?« »Aus Hannover in Deutschland«, sagte Schlacke, und ich: »Aus England und aus Deutschland.« »Ah, ich kenne jemand in England«, sagte eine Frau, »vielleicht kennen Sie ihn auch.« Uns wurde wunderbares französisches Essen und Wein vorgesetzt. Und dann haben Schlacke und ich getanzt. Meine Angst ließ endlich nach. Er will ja gar nichts Böses, fühlte ich mit großer Erleichterung. Nach ungefähr einer Stunde verließen wir satt und munter die fröhliche Gesellschaft.

Später habe ich ein Bild gemalt von einer Figur im Auto, von hinten gesehen, die eine schnurgerade nordfranzösische Allee in der Dunkelheit entlangfährt. Man sieht den Hinterkopf, die Schultern und die Hände der Figur am Lenkrad und durch die Windschutzscheibe die sich nach hinten zu verjüngende Allee mit den weißen Ringen an den Bäumen. So sahen die Straßen alle aus, eine unendliche Folge von vorbeihuschenden hohen Bäumen und weißen Ringen.

Das zweite Bild von dieser Reise habe ich nie gemalt, aber ich sehe es immer noch vor meinem inneren Auge. Die Ölraffinerie in St. Nazaire. Eine riesige Anlage mit einem Kreuz und Quer und Auf und Nieder von beleuchteten Röhren vor dem tiefdunklen Nachthimmel und mittendrin ein kleiner katholischer Friedhof mit zum Himmel blickenden Heiligen und betenden Marien mit Rosenkränzen.

Ich weiß nicht, wann wir St. Nazaire erreicht haben. Ich hatte geschlafen und wachte davon auf, daß Schlacke sagte: »Das mußt du dir ansehen.« Es wird wohl zwischen zwei und drei Uhr morgens gewesen sein, denn es dauerte nicht mehr lange und wir waren in La Boule, genau wie Schlacke gesagt hatte, um halb vier. Seine Frau Anne machte etwas verschlafen die Tür auf »Entschuldigung«, sagte ich, »ich wollte nicht mitten in der Nacht hier aufkreuzen, er hat mich einfach mitgenommen.« »Das macht gar nichts«, sagte Anne, »sonst bringt er meistens sechs Leute mit.« Wir waren todmüde. Bald schliefen wir alle.

Schlacke hatte mit keinem Wort gelogen. Anne und die beiden Kinder wohnten in der Luxuswohnung einer Tante mit Blick auf den Atlantik aus den riesigen Fenstern, zwei Badezimmern und zwei Fernsehern. Nur, in La Boule kostete ein Pfund Tomaten zwei Francs fünfzig, und Anne hatte für die ganze Familie zwei Francs täglich zur Verfügung.

Geld hatten wir alle nicht. Aber wir waren lebenslustig, erfinderisch und ausgelassen. Ich freundete mich mit Anne an und David mit den beiden Kindern, und wir hatten es gut miteinander. Nach zwei Wochen fuhren wir alle zusammen nach Paris zurück in der sengenden Hitze. Wir drei Erwachsenen vorn, die Kinder hinten im VW-Bus zwischen Spielzeug, schmelzender Butter und sauer werdender Milch.

Schlacke und Anne mieteten sich eine kleine Wohnung am Place Contrescarpe. Dort ging es ähnlich zu wie im VW-Bus. Totales Chaos in äußerlichen Dingen, aber Liebe und Spontaneität und Herzlichkeit zwischen den Menschen. Wovon die Familie sonst gelebt hat, ist mir nie ganz klar geworden. Schlacke war Architekt und arbeitete womöglich bei Wettbewerben oder in Streßzeiten in dem einen oder anderen Architekturbüro.

Der Bus wurde an der Straße abgestellt, und dort nistete sich alsbald ein Algerier ein, Jackie, der die Gegend um Notre Dame unsicher machte. Jackie kleidete sich nur in Leder. Er besaß zwei Anzüge mit hautengen Hosen, einer schwarz, einer weiß, die Jakken über und über mit Nieten beschlagen. Mit seinen wilden schwarzen Locken und stechenden Augen war er eine bedrohliche Erscheinung. Seine Masche war, sich in den Cafés zu Touristen an den Tisch zu setzen und Geld zu fordern, damit er wieder wegginge. Er hatte ein gutes Auskommen.

Eines Tages kamen Schlackes Eltern aus Hannover zu Besuch. Ein biederes norddeutsches Ehepaar in Anzug und Kostüm. Schlacke schlug einen Ausflug nach Versailles vor. Als seine Mutter Jackie im VW-Bus erblickte, sagte sie: »Mit dem fahre ich nicht nach Versailles.« »Das ist mein Freund«, sagte Schlacke, »entweder er kommt mit oder wir bleiben alle hier.« Seine Mutter gab klein bei. In Versailles angekommen, sagte der Wächter am Eingang: »Sie können alle rein, aber diese Person nicht.« Er zeigte auf Jackie. »Das ist unser Gast«, sagte Schlackes Mutter, »entweder Sie lassen ihn herein oder wir bleiben alle draußen.« So haben alle zusammen das schöne Schloß besichtigt.

Evi

Um 1960 lernte ich Evi kennen, sie war fünfzehn Jahre älter als ich. Evi war in Magdeburg aufgewachsen. Der Vater war pensionierter Richter und Mitglied bei den Nazis. Die Mutter war viel jünger und hatte in der Familie das Sagen. Sie hängte das Hitler-Portrait in einem Spalt zwischen dem Kleiderschrank und der Wand so auf, daß niemand es sehen konnte.

Evi war zunächst Schauspielerin und tingelte in der DDR einige Jahre an kleineren Bühnen, bis sie Anfang der fünfziger Jahre nach West-Berlin zog. Evi war eine auffallende Erscheinung. Ausgefallene modische Kleider. Flammendrote Haare und Sommersprossen auf den Armen. Sehr hoch stehende Wangenknochen und eine große Nase, unter der sie litt, die ich aber schön fand.

In West-Berlin lebte Evi zunächst von journalistischen Assistenzjobs, bis sie eine Stelle bei einer Boulevardzeitung bekam, wo sie Prominenteninterviews veröffentlichte und Geschichten aus dem Stadtleben schrieb, die sie mit Vorliebe mit Sätzen enden ließ wie: »Eine dunkelrote Rose lag im Schnee.«

Evi wohnte in Halensee in einer schicken kleinen Wohnung, wo ich sie manchmal besuchte. Meistens lag sie dann auf ihrer Couch, mit einer flauschigen Mohairdecke zugedeckt, die sie von ihrem verheirateten Freund, dem Chefredakteur, geschenkt bekommen hatte. Ich setzte mich dazu und wir aßen schnuckelige Kleinigkeiten, die Evi bei Rack am Roseneck besorgte. Neben ihrem Bett stand eine Musiktruhe der Firma Braun aus hellem Holz auf kleinen schrägen Beinen. Wir hörten Chansons – das wunderschöne Lied »Les feuilles mortes«, gesungen von Yves Montand mit seiner samtenen Stimme, oder »Il n'y a pas d' amour heureux«, gesungen von Georges Brassens. Unsere Unterhaltungen kreisten oft um dieses Thema. Evi war in dem Arrangement mit ihrem verheirateten Freund nicht glücklich, und ich hatte heftige kurze Verliebtheiten, die genauso plötzlich endeten, wie sie begonnen hatten, und an denen ich dann monatelang litt.

Evi sah den Film »Lawrence of Arabia« zum ersten Mal 1962. Der Film veränderte ihr Leben. Sie verliebte sich in Lawrence of Arabia und ein bißchen auch in Peter O'Toole, der ihn im Film darstellte. Den Film sah sie im Lauf von wenigen Jahren sieben- oder achtmal.

Als ich im Sommer 1962 mit Evi in Italien war, lernte sie schon Arabisch. Wir saßen auf der Veranda unseres Hotels in der Sonne und tranken Campari. Evi hatte ein Lehrbuch für Arabisch und machte in ein Heft fleißig Kringel von rechts nach links und kleine Punkte darunter. Ich las oder legte Patiencen. Sie sprach über Lawrence of Arabia, Peter O'Toole und ihren verheirateten Chefredakteur. Manchmal änderte sich die Reihenfolge. Wenn wir am Strand lagen, waren es dieselben Themen, Evi hatte mehrere Bücher über Lawrence of Arabia nach Italien mitgenommen, die sie nach und nach verschlang. Zwischendurch gingen wir in die Boutiquen des Städtchens. Evi kaufte sich ein hellgrünes Leinenkostüm und ich ein lockeres blau-grünes Kleid.

Wenn Evi von Lawrence of Arabia sprach, dann vor allem mit Begeisterung von seiner Liebe zu den arabischen Ländern und von seiner Unbedingtheit. Später dachte ich manchmal daran. Liebe und Unbedingtheit.

Evis Interesse für den Nahen Osten wurde in den nächsten Jahren politischer und konzentrierte sich besonders auf den Libanon. In der »Schweiz des Orients« war es zu gewalttätigen Auseinandersetzungen über die Neutralitätsfrage gekommen. Seit 1958 gab es dort bürgerkriegsähnliche Zustände. Evi fuhr einige Male nach Beirut. Sie schwärmte von der Schönheit der Stadt und war bestürzt über die fortschreitende Zerstörung.

Sie verließ ihren Freund und war eine Zeitlang in Berlin mit einem Libanesen, Mustafah, liiert, der ziemlich viel jünger war und noch studierte. Ich sah sie in dieser Zeit weniger als vorher, aber wenn wir uns sahen, sprach Evi fast nur noch und zunehmend erregt über die Situation im Libanon. Der Libanon sei einzigartig, erklärte sie mir, weil es dort eine »Mosaikgesellschaft« gäbe. Viele verschiedene religiöse Gemeinschaften hatten bis zur Krise friedlich dort zusammengelebt. Das habe den besonderen Reiz und die hohe Kultur des Landes ausgemacht. Der libanesische Präsident Schamun habe 1958 um die Intervention der USA gebeten, dadurch die muslimische Opposition in die Defensive gedrängt. Sie mußte sich wehren, durch Waffenlieferungen aus Syrien und Ägypten unterstützt. So sei es zu den Kämpfen gekommen.

Ich gebe das hier so wieder, wie ich es von Evi hörte. Ich wußte nichts über den Libanon. Aber Evis Anteilnahme, ja ihre ganze Verwandlung beeindruckten, verwunderten mich. Beirut liebte Evi offensichtlich, sicher zum Teil auch, weil man dort trotz der Kämpfe immer noch elegante Klamotten kaufen konnte. Vollständig verwandelt war Evi nun auch wieder nicht. Sie war erkennbar Evi, aber sie hatte durch den Film »Lawrence of Arabia« eine ganz neue Dimension dazugewonnen. Von Beirut sprach sie nach jeder Reise mit noch größerer Zuneigung, von dem Libanon mit noch größerer Kenntnis und von den Auswirkungen der Kämpfe mit noch größerer Trauer.

Sie lebte nur noch äußerlich in Berlin, aber immer noch schrieb sie, mit Ekel, ihre Geschichten für die Boulevardzeitung. Diese Situation wurde immer unerträglicher. 1967 zog sie die Konsequenzen. Wie genau ihre Vereinbarung mit dem »Auslandsdienst« ihrer Zeitung aussah, weiß ich nicht, jedenfalls zog sie mit einem gewissen finanziellen Polster nach Beirut. Von dort schrieb sie unter einem männlichen Pseudonym sehr parteiische Berichte für die »Frankfurter Rundschau«, manchmal für den »Spiegel«, für »Twen« (ein Glossy-Magazin für schicke junge Leute) und gelegentlich für andere Blätter.

Die Situation im Libanon hatte sich nach dem Sechs-Tage-Krieg zugespitzt. Die Palästinenser begannen, sich politisch und militärisch zu organisieren. Mehr und mehr verlagerten sie ihre Aktivitäten nach dem Libanon, vor allem nach Süd-Libanon, der Grenze zu Israel. Von den dortigen Muslimen wurden sie unterstützt.

Die Christen sahen ihre Vormachtstellung bedroht und die Identität Libanons durch die unkontrollierbaren Palästinenser endgültig in Gefahr. Nach und nach zerbrach der Libanon an dem Konflikt über die Palästinenserfrage.

Das lernte ich aus Evis Artikel. Sie kam nur noch selten nach Berlin. Bei einem ihrer kurzen Besuche erzählte sie mir, daß sie von den Fedajin zunächst argwöhnisch betrachtet worden sei, weil sie in ihr eine Spionin vermuteten. Inzwischen sei sie aber anerkannt und genieße Vertrauen. Einmal sei ein Zitat aus einem ihrer Artikel sogar als Schlagzeile in einer arabischen Zeitung verwendet worden. Sie hatte ein Verhältnis mit einem Palästinenserführer, sagte sie mir, sie sahen sich aber nicht oft, er war selten in Beirut. Sie wirkte verspannt, aber nicht unglücklich. Das war 1969, kurz bevor ich für einige Zeit nach England umzog.

Als ich zurückkam, 1971, sah ich sie zum letzten Mal. Sie war sehr dünn geworden, nervös und machte fahrige Bewegungen. Jemand hatte ihr Pseudonym gelüftet. Die Sache hatte sich bis zum »Auslandsdienst« herumgesprochen, und Evi war ihr Fixum losgeworden. Sie lebte jetzt mehr schlecht als recht als freie Journalistin. Jemand sagte mir später, daß sie abwechselnd Aufputsch- und Beruhigungsmittel einnahm. Von dem Palästinenserführer erzählte sie nichts mehr. Aber sie trug ein Fedajin-Abzeichen und war so überzeugt wie immer.

1972 kam die Nachricht von ihrem Tod. Sie hatte sich umgebracht. Ihre Putzfrau hatte sie gefunden. Es gab keinen Abschiedsbrief. In ihrem Testament war der Satz ausgestrichen, daß sie bei den Fedajin begraben werden wollte. Sie war siebenundvierzig, als sie starb.

Evi wollte nie alt werden. Sie wollte nicht in Kompromissen leben. Sie sprach manchmal davon, daß man immer die Freiheit habe, sich umzubringen. Ich stimme nicht mit allem überein, woran sie geglaubt hat. Aber sie hat sich nicht verleugnet.

Im Rausch

Wir standen an der Theke einer Kneipe in Soho, Peter, mein großer Bruder, und ich. Die Kneipe heißt »The York Minster«, wird
aber meistens »The French Pub« genannt, weil sich dort im Krieg
die französische Exilregierung getroffen hat. An der Wand hängt
immer noch ein vergilbter Aufruf von Général de Gaulle. Das Publikum hat sich aber sehr geändert. Seit den fünfziger Jahren treffen sich in »The French Pub« Journalisten und Ganoven, Künstler
und Prostituierte.

Es war früher Abend eines kühlen Tages im April 1967. Peter
war von der Kunstschule gekommen, an der er unterrichtete. Ich
war in der Stadt unterwegs gewesen und hatte mir eine Platte mit
Gitarrenmusik gekauft. Wir wollten nur kurz ausspannen, etwas
trinken und zusammen nach Hause fahren. Da sagte Peter unvermittelt: »Du mußt LSD nehmen.«

Es war nicht das erste Mal. Seit zehn Tagen war ich in London.
Jeden Tag sagte Peter: »Du mußt LSD nehmen.« Und ich winkte
ab. Ein bißchen Haschisch rauchen, das ja, aber eine richtige Dro-
ge, das war mir unheimlich. Peter insistierte: »Du läßt dir etwas
Phantastisches entgehen, ich kenne mich da aus, das mußt du machen.« Und ich winkte ab.

Und nun sagte er wieder: »Du mußt LSD nehmen.« Meinen
Bruder Peter liebte ich sehr. Wir sahen uns nicht sehr oft, Peter
wohnte in London und ich in Berlin. Aber wenn wir uns sahen,
dann konnten wir genau wieder dort anfangen, wo wir aufgehört
hatten. Peter hatte mich in seine erste Kunstschule mitgenommen,
als er anfing zu studieren, ich war damals neun und er achtzehn.
Er hatte meinen Eltern geraten, mir Ölfarben zu schenken, als ich
dreizehn war. Und nun waren wir beide Maler. Unsere Söhne wurden beide im Juli 1960 geboren. Wir waren uns immer auf beson-

dere Weise nah gewesen, und nun sagte Peter: »Du mußt LSD nehmen.« Kein anderer hätte mich dazu überreden können. »Okay«,
sagte ich, »ich mach's.«

Auf der kurzen Strecke zwischen der U-Bahn-Station Stockwell
und Peters Haus brach er einen Zweig von einem Baum ab und
stellte ihn zu Hause in ein Glas auf den Tisch. Das Zimmer, das
Peter als Wohnzimmer benutzte, war im Souterrain seines Hauses.
Der Tisch stand vor dem Fenster, aus dem man tagsüber ein Gitter
vor dem Haus und die Beine von Passanten sehen konnte, wenn
man nach oben blickte. Jetzt war es aber Abend, und Peter zog die
indischen Vorhänge vor dem Fenster zu. Er füllte zwei Gläser halb-
voll mit Wasser und legte in jedes Glas ein kleines Stück Löschpa-
pier, das sich mit Wasser vollsog. Während wir darauf warteten,
daß das LSD sich auflöste, legte er meine neue Platte auf, dann
setzten wir uns auf die Couch gegenüber vom Fenster. »Unterhält
man sich dabei?« fragte ich. Peter lachte. »Das wirst du schon sehen«, sagte er, »Ich will dir nur etwas sagen: Am Anfang wirst du
die Augen aufhaben, aber mach sie später zu. Wenn dir etwas unangenehm ist, kannst du die Situation verändern, indem du die
Augen auf- oder zumachst. Wenn dir etwas ganz unangenehm ist,
dann sag mir Bescheid. Dann verändere ich die Situation.«

Ich will nicht verhehlen, daß ich ziemliche Angst hatte und froh
war, als sich zunächst nichts veränderte, nachdem wir das Wasser
getrunken hatten. Vielleicht – hoffentlich – wirkt es nicht, dachte
ich. »Es passiert ja gar nichts«, sagte ich. »Warte ab«, sagte Peter.

Neben dem Wasserglas mit dem Zweig zündete er eine Kerze
an. Es entstand ein schöner Schatten an der Decke des niedrigen
Raumes. Ich beobachtete den Schatten, hörte aufmerksam der
Musik zu und entspannte mich. Es dauerte eine ganze Weile, dann
merkte ich, daß der Schatten sich langsam bewegte. Die Musik löste sich in einzelne Töne auf, wie schwere Regentropfen. Sie vi-
brierten wie Gongschläge in meinen Ohren. Der Schatten bewegte
sich etwas schneller und dehnte sich immer weiter aus. Dann noch
schneller und noch weiter, bis er sich schließlich tanzend über die
ganze Decke und die Wände des Raumes ausbreitete, reliefartig

erhaben, mit glasartigen, spektralfarbenen Rändern. Das Indischrot des Vorhangmusters begann zu glühen, das Muster schlängelte sich über den Tisch und den Fußboden, verband sich mit dem Regenbogen-Zweigschatten an den Wänden. Das ganze Zimmer verwandelte sich in eine Orgie von leuchtend farbigen, ständig neuen Ornamenten, das Rot und Gelb feurig züngelnd.

Ich war mir bewußt, daß Peter im Zimmer war. Er gab mir ein Gefühl von Sicherheit. Ein- oder zweimal lachten wir uns an. Ja, du hast Recht gehabt, gab ich ihm zu verstehen. Und er: Siehst du, ich habe dir nicht zuviel versprochen. Es waren Sekunden des Einverständnisses, dann tauchten wir wieder in die Traumwelt hinab.

Lange, sehr lange habe ich die unendliche Vielfalt von Farbe und Bewegung beobachtet, ja, wurde ein Teil von ihr. Ich hatte einen Seemannspullover an, der bei mir so lang war wie ein Minikleid, und helle Netzstrümpfe. Das Muster meiner Strümpfe löste sich von meinen Beinen und verband sich mit den anderen wilden Ornamenten. Alles bewegte sich. Die Couch neigte sich erst zur einen, dann zur anderen Seite. Die Lampe schwankte leise hin und her. Die Buchrücken schienen aus dem Regal zu fallen und wie ein Mobile aus leuchtenden Farbstäben im Raum hin und her zu pendeln. Staubkörner in der Luft leuchteten wie winzige Sterne. Das ganze Zimmer drehte sich.

Meine Angst war zunächst einem ungeheuren Staunen gewichen, und nun stellte sich ein fast ekstatisches Gefühl ein: Alles ist mit allem verbunden. Alles ergibt mit allem anderen eine Harmonie, ein Ineinander-Verwobensein mit unendlichen Variationen.

Ich fing an zu lachen. Es war unkontrolliert. Etwas lachte aus mir heraus. Ich ließ es zu und versuchte nicht, das Lachen zu bremsen. Ich war völlig gelöst, offen, neugierig und gelassen. Und so lachte es in mir und aus mir, und ich nahm das Lachen wahr als etwas Neues zum Staunen: ein glucksendes, kicherndes Lachen, vielleicht eine Stunde lang oder noch länger.

Irgendwann war ich vom Lachen müde und schloß die Augen. Und nun begann vor meinem inneren Auge ein Schauspiel, das fast noch intensiver war, noch eigenartiger als alles, was ich bis dahin

wahrgenommen hatte. Es war traumartig, aber die Bilder über-
schlugen sich, und die Gedankenfetzen auch. Ständig hatte ich das
Gefühl, an einer Kreuzung zu sein, an der ich mich entscheiden
mußte, nach der einen oder nach der anderen Richtung zu blik-
ken. Beide waren gleich spannend und verheißungsvoll. Ich sah
Menschen, die ich kannte, an Orten, die ich nicht kannte. Und
Menschen, die ich nicht kannte, an Orten, die ich kannte. Dunkle
Tunnel und helle Straßen, orgiastische Tänze und einsame Gestalten. Pflanzengewirr, merkwürdige Tiere, nachtdunkle Szenen mit
hellen Gesichtern und gleißende Sonne über menschenleerer Landschaft. Kaum hatte ich mich in eine der Szenen hineingesehen, kamen zwei neue auf mich zu, und ich mußte wählen, dann wieder
und wieder und wieder. Ich wollte nichts verpassen, alles war verlockend, eindringlich, überwältigend. So intensiv, als sähe ich die
Welt zum ersten Mal. Aus den Bildern ergaben sich Geschichten,
Zusammenhänge. Und immer mehr stellte sich untergründig das
Gefühl ein: Alles ist mit allem verbunden, es gibt eine geheime
Ordnung. Es gibt einen *Sinn*.

Es dauerte sehr lange, bis ich die Augen öffnete. Eine Woge
leuchtender Bewegung. Das Zimmer und mich und Peter darin
nahm ich jetzt wahr als Teil eines viel größeren Ganzen. Hinter
den Wänden, über der Decke, unter dem Fußboden bewegte es
sich genauso. Das wußte ich, aber ich sah es nicht. Ich fühlte mich
schwerelos in diesem Knäuel von Licht und Dunkel, und Peter
schwebte mit merkwürdigen ballettartigen Bewegungen durch den
Raum. Das Zimmer, ja, das ganze Haus schwebten, nur gehalten
von dem Gewirr von Mustern und Ornamenten, das alles mit allem verband. Das ist immer in der Luft, dachte ich, dieses Netz
von Verbindungen ist immer da, überall, nur habe ich es nie gewußt.

Irgendwann schloß ich die Augen wieder und sah mich plötzlich außerhalb des Raumes, des Hauses, weit, weit wegfliegend
durch die Nacht. Die Nacht war mondhell, dann blauschwarz. Ich
flog über den Wolken, weiter und noch weiter, bis ich eine Art
Gipfel erreichte, von dem aus ich die Welt betrachten konnte. Da

unten war sie, eine helle Kugel mit lauter winzigen, schwarzen Punkten darauf. Die Punkte bewegten sich mal allein, mal zu zweit, mal in Gruppen. Ab und zu stellte sich ein Punkt einem anderen in den Weg, und ich dachte, mach das nicht, störe ihn nicht. Bewege dich so, daß du nichts und niemanden dabei störst. Lange blickte ich von außen auf die Welt und ihre Ordnung und Unordnung. Wie klein sie war. Und alle diese Punkte nur Sandkörner in der Ewigkeit. Auch ich war in der Ewigkeit. Schwerelos, zeitlos. Weit weg von allem in silbrigschwarzer Nacht. Schön war es, unbeschreiblich schön, so leicht und unbeschwert in dieser dunklen Unendlichkeit zu schweben. Ein Gefühl vollkommener Ruhe und Glückseligkeit überkam mich. Eine tiefe Trance. In der Erinnerung bleibt dieses Gefühl, dieses Gelöstsein und Losgelöstsein, dieses stille Dahinschweben, das größte Geschenk dieser unendlich schönen Nacht.

Vielleicht war es ein Geräusch, das mich aus diesem Zustand stillen Glücks herausriß – ich weiß es nicht mehr –, aber unvermittelt war ich wieder in der Welt, in Peters Zimmer. Das Bild verwobener Farben und Muster war mir inzwischen fast vertraut. Es hatte aber nichts von seiner Faszination verloren. Ich saß gedankenverloren in dem bunten, ständig wechselnden Gewirr und sah ihm zu, immer noch etwas weggetreten und beseelt von dem gerade erlebten Gefühl tiefer, sorgloser Ruhe. Lange saß ich so da, gleichermaßen in mich gekehrt und das Spiel der Farben und Ornamente als freundliche Berührung wahrnehmend.

Irgendwann merkte ich, daß etwas fehlte. Wo war Peter? Ich suchte ihn in all der schlängeligen Bewegung. Und fand seine blauen Augen in einem zerfließenden Gesicht. Plötzlich wurde mir unheimlich. Löste Peter sich auf? Ließ er mich in all dem wilden Durcheinander allein, das ich sekundenlang als bedrohlich empfand. Ich streckte meinen Arm in seine Richtung aus und bekam seinen Pullover am Ärmel zu fassen. Sofort wurde ich wieder ruhig. Da war mein Bruder.

Aber es war gar nicht mein Bruder. Ich war seine Großmutter. Nein, er war meine Frau. Nein, sie war meine Schwester. Nein, mein Onkel, ich war sein Baby. Nein, ich war seine Mutter und er mein Sohn. Lange wechselten die Rollen hin und her. Nichts davon war fremd, alles fühlte sich gleich möglich, ja, wahrscheinlich an. Das sind wir alles, dachte ich, erstaunlich, das habe ich nicht gewußt.

Der Rausch dauerte jetzt schon acht oder neun Stunden. Ich hatte versucht, es zu unterdrücken, aber es ging nicht mehr. Ich merkte, ich mußte dringend aufs Klo. Das bedeutete aus dem Zimmer heraus und eine dunkle halbe Treppe hinauf. Ich hatte gar keine Lust dazu, aber es mußte sein. Etwas benommen stand ich auf und bahnte mir leicht torkelnd einen Weg durch das Musternetz zur Tür. Ich hielt mich am Treppengeländer fest und zog mich von Stufe zu Stufe an der Treppe hoch, die merkwürdig schwankte, ja, überhaupt nicht fest zu sein schien. Im Klo war es eisig kalt. Das kleine, schmale, längliche Fenster stand offen. Ich blickte in den Garten. Die Silhouetten der kahlen Bäume bewegten sich auf mich zu. Ich bekam panische Angst. Sie wollen mich holen, diese schwarzen Ungeheuer, sie bedrohen mich, sie werden mich fangen. Ich muß mich beeilen. Ich schloß das Fenster und war in Minuten wieder draußen, hangelte mich starr vor Entsetzen, so schnell es ging, die unebene Treppe hinunter, machte die Tür auf und sagte: »Peter, du mußt etwas ändern.« »Keine Angst«, sagte Peter, »du brauchst keine Angst zu haben.« Ganz schnell war er an der Tür, hielt mich fest und machte das Licht an. Schlagartig änderte sich das Bild. Die Muster verschwanden. Es war das mir vertraute Zimmer, nur alles bewegte sich, pendelte hin und her.

Peter holte Papier und Stifte und übergab sie mir wortlos. Ich zeichnete, ohne viel nachzudenken, etwas auf. Ich war mir überhaupt nicht bewußt, was ich zeichnete. Es ging ziemlich schnell. Als ich fertig war, sagte Peter: »Geht es dir besser?« Ich nickte.

Peter machte das Licht wieder aus, aber ganz dunkel war das Zimmer nicht mehr, es war nun schon früher Morgen, und etwas Tageslicht schimmerte durch die Vorhänge. Wohl ließ auch die Wirkung des Rauschmittels nach. Die Muster kamen wieder, aber in abgeschwächter Form. War vorher alles feurig glühend und wild bewegt gewesen, so war es jetzt wie eine schattenartige Erinnerung an das in der Nacht Gesehene: weiche, pastellene Farben und tänzelnde, zarte Bewegungen.

Peter ging in die Küche und kam zurück mit einer Schüssel, in die er alles hinein getan oder geschnitten hatte, was er gerade finden konnte: Äpfel, Tomaten, Bananen, Käse, Butter, Chutney, Oliven. Er tat etwas von dem merkwürdigen Salat auf einen Teller und gab ihn mir. Alles schmeckte ich einzeln heraus. Wie ganz am Anfang dieser Nacht die Musik sich in einzelne Töne aufgelöst hatte, so löste sich jetzt das Gemisch in seine einzelnen Bestandteile auf. Ich schmeckte sie neben-, aber nicht miteinander.

Im Zimmer wurde es immer heller. Die Muster waren fast verschwunden, nur gelegentlich machte etwas eine schnelle schlängelige Bewegung durch die Luft, wie ein kurzes Aufblitzen, dann war es wieder weg. Die Möbel schwankten noch, nach einer Weile leiser, dann kaum noch wahrnehmbar, bis sie schließlich ganz ruhig und etwas langweilig dastanden.

Alles war zum Stillstand gekommen, da sah ich den Tonarm des Plattenspielers sich leise hin- und herbewegen. Es war das letzte, was sich bewegte, dann stand alles still.

Peter sah mich an: »Wie geht es dir?« fragte er.

»Das war so phantastisch, so wunderbar, ich kann es dir gar nicht sagen, wie schön das war«, antwortete ich.

»Das sollst du jetzt auch nicht«, sagte Peter. »Am besten legst du dich hin und läßt alles in Ruhe ausklingen. Ich will nur erst sehen, was du gezeichnet hast.«

Er holte das Blatt Papier vom Tisch. »Weißt du, was das ist?« Peter gab mir das Blatt. Ich hatte einen Grundriß von einem Zimmer gezeichnet und den Standort der Möbel darin.

»Keine Ahnung, das Zimmer kenne ich nicht.«

»O doch, das kennst du. Das ist die Küche von unserem Haus in Richmond.«

»Ich weiß überhaupt nicht mehr, wie die Küche in Richmond aussah. Ich war doch gerade erst sechs, als wir da wegzogen.«

»Du weißt es doch, die Küche hatte genau diese längliche Form und alles ist richtig an seinem Ort, der Herd, der Schrank, der Tisch, die Stühle, die kleine Eisbox. Du hast nicht einmal etwas weggelassen. Das ist die Küche in Richmond, genau so war sie.«

Was mag da noch alles in meinem Unterbewußtsein an Erinnerung gespeichert sein, dachte ich.

»Ist es nicht merkwürdig«, sagte ich zu Peter, »daß ich bei sogenanntem klaren Verstand überhaupt nicht gewußt hätte, wie die Küche in Richmond aussah?«

»Ja, aber du hast auch sicher vieles andere heute nacht erfahren, was du vorher nicht wußtest oder glaubtest, nicht zu wissen.«

»Ja, und dabei ist mir klargeworden, was für ein grobes Verständigungsmittel die Sprache ist, diese Eindrücke sind in Sprache kaum zu fassen.«

»Deswegen mußte ich lachen, als du fragtest, ob man sich dabei unterhält«, sagte Peter. »Aber ich wußte, daß du es schön finden würdest.«

»Es war eine der schönsten Nächte meines Lebens.«

Peter lachte. »Für mich auch, ich habe es nie so intensiv erlebt wie mit dir.«

Wir gingen nach oben. Ich legte mich auf mein Bett. Ich hatte gedacht, daß ich schlafen würde, aber es ging nicht. Ich war voll von den Bildern und Erkenntnissen der Nacht. Nach einiger Zeit hörte ich die Katze unten miauen. Sie miaute und miaute und hörte nicht auf. Unter normalen Umständen hätte ich mich vielleicht über die Störung geärgert, aber jetzt machte es mir nichts aus, nach unten zu gehen und die Katze zu befreien: Sie hatte sich im Keller eingesperrt. Ich war nicht lange oben, da miaute die Katze wieder. Ohne eine Spur von Ungeduld stand ich auf und holte sie nochmal aus dem Keller, ja, war sogar dankbar dafür, daß ich ihr helfen konnte.

Danach lag ich ein paar Stunden auf dem Bett und ließ die Nacht an mir vorbeiziehen. Ich war gleichermaßen ermattet wie euphorisch. Da ich nicht einschlafen konnte, beschloß ich hinauszugehen. Es war jetzt später Vormittag eines sonnigkühlen Frühlingstages. Beglückt und benebelt lief ich die Straße entlang mit einem etwas eckigen Gang, denn ich hatte vom Lachen Muskelkater in den Hüften.

Ich ging in die U-Bahn. Meine Euphorie steckte an: Die sonst so reservierten Engländer sahen mich an und lächelten. Einige Stunden lief ich lächelnd und Lächeln empfangend durch die Stadt. Als ich nach Hause kam, fiel ich in einen tiefen, tiefen, langen Schlaf.

Ich habe nie wieder LSD genommen, ja, kam nicht einmal in Versuchung, es zu tun. Schöner konnte es ein zweites Mal nicht sein, so intensiv konnte es nie wieder werden.

Peter ist seit siebzehn Jahren tot, aber er lebt in der Erinnerung weiter. Diese Nacht war das schönste Geschenk, das er mir gemacht hat.

Klecker

Eines Tages bekam Davids Freund Alexander auf der Uhlandstraße einen Schuhkarton in die Hand gedrückt. »Hier hast du,
heißt Klecks«, sagte eine alte Frau. In dem Karton saß ein ziemlich großes Meerschwein. In Alexanders Haushalt lebte eine
überforderte Mutter, ein autistischer Bruder und eine Katze, die
so groß war wie ein Hund. »Nein«, sagte Alexanders Mutter,
»hier kommt kein Meerschwein hin!« Also kam David damit an.
»Klecks heißt hier kein Tier«, sagte ich, »es heißt jetzt Klecker.
Du bist dafür zuständig. Ich besorge das Futter, aber du mußt
Klecker füttern, den Stall ausmisten und dich um das Tier kümmern. Wenn ich merke, daß Klecker vernachlässigt wird, dann
kommt er wieder weg.« Noch gab es gar keinen Stall. Den baute
Davids Vater.

Klecker lebte nicht nur im Stall, er durfte frei in der Wohnung
herumrennen. Er war scheu. Er versteckte sich dort, wo es dunkel
war, unter Möbeln. Noch lieber dort, wo es auch warm war, unter
Heizkörpern. Dort saß er, quiekte und hinterließ kleine Knüttelchen, die ich leicht mit Handfeger und Schaufel entfernen konnte.
Unangenehmer war es, wenn er gelegentlich dort pinkelte und
nicht wie vorgesehen in seinem Stall im Heu. Zwischen David und
Klecker entwickelte sich eine zärtliche Freundschaft, und das war
wichtiger als ein paar Pfützen unter der Heizung. David kümmerte sich zuverlässig um Klecker und hing an ihm mit fürsorglicher
Liebe. Zu Weihnachten bekam Klecker von David »bunte Teller«
mit Gurken-, Tomaten-, und Bananenscheiben. An Silvester deckte David den Stall mit Wolldecken zu, damit der schreckhafte
Klecker nicht vom Lärm der Knaller zusammenzuckte.

Klecker wurde zutraulicher, knabberte an den herunterhängen-
den Lesezeichen der Bücher in der untersten Reihe des Regals,

dann auch an den Buchrücken. Mit besonderer Vorliebe an »Brehms Tierleben«, das er solange bearbeitete, bis eine Ecke nur noch ein Loch war. David trug Klecker in der Wohnung herum und streichelte ihn und streichelte ihn noch abends im Bett.

Für sehr kurze Zeit hatte ich eine Putzfrau. Das ging nicht gut. Die Putzfrau attackierte Kleckers Pfützen mit einem Deospray. Die Einsicht kam schnell: entweder Putzfrau oder Meerschwein. Die Putzfrau ging.

Klecker war, glaube ich, schon fast drei Jahre bei uns, als wir hinter seinem Ohr eine schwarze Geschwulst entdeckten. Eines Nachmittags legten wir Heu in eine Reisetasche, setzten Klecker darauf, nahmen je einen Henkel von der Tasche und liefen die Uhlandstraße herunter zu einem Tierarzt an der Ecke Düsseldorfer Straße. Klecker wurde gewogen. Er wog über ein Kilo und bekam eine entsprechend große Spritze zur Betäubung. »Rufen Sie in einer Woche an«, sagte der Tierarzt, nachdem er die Geschwulst entfernt hatte, »ich muß das einschicken, dann kann ich Ihnen sagen, ob es gut- oder bösartig ist.«

Wir trugen Klecker nach Hause. Er lag in seiner Tasche mit allen Vieren von sich gestreckt. Und so lag er Stunde um Stunde. David war schon längst im Bett. Ich wachte bei dem schlappen Vieh. Morgens um zwei sah ich ein kleines Knüttelchen Millimeter für Millimeter aus Kleckers Po entweichen. So merkte ich, daß er wieder zu sich kam. Er war noch völlig benommen, als ich ihn vor einer Tomate hinsetzte, damit ich vor meiner Arbeit noch ein paar Stunden Schlaf ergattern konnte.

Nach einer Woche rief ich den Tierarzt an. »Es ist bösartig«, sagte er. »O Gott«, sagte ich, »dann müssen wir unser Meerschweinchen wohl einschläfern lassen.« »Nein, Sie warten jetzt sechs Wochen. Wenn in der Zwischenzeit nichts nachwächst, dann hat das Tier es erstmal überstanden.«

Sechs Wochen. Ich hätte nie gedacht, daß so ein kleines Tier, das nur quiekt und scheißt, einem so ans Herz wachsen könnte. Und was, wenn es die sechs Wochen nicht überstünde? Um Davids Willen, aber nicht nur seinetwegen, mußte ich Klecker ein Denkmal setzen. Wie aber setzt man einem Tier ein Denkmal, das nur quiekt und scheißt? – Es mußte nutzbringend scheißen.

Ich machte zwei Siebdrucke. Einmal frißt Klecker »Die Welt« an, und hinten liegen zwei Knüttelchen. Einmal scheißt er voll auf die Bildzeitung. Später sah Erich Fried die beiden Graphiken und sagte: »Das ist falschrum. Er müßte Scheiße fressen, und hinten müßte ›Die Welt‹ herauskommen.«

Klecker lebte noch anderthalb Jahre. Als er am Fuß eine Geschwulst bekam, haben wir ihn einschläfern lassen müssen. Da war David aber schon fünfzehn und konnte mit dem Verlust gut fertig werden.

Die beiden Siebdrucke stellte ich oft aus, zuletzt 1981 in der Galerie am Chamissoplatz. Dort wurden sie verkauft. »Wer hat sie denn gekauft?« fragte ich den Galeristen. »Rate mal.« Ich zuckte mit den Schultern. »Da kämest du auch nie drauf«, sagte er: »Das Springer-Archiv.«

Das Fliegen

Immer wieder derselbe Traum: Allein im Auto auf einer Autobahn. Nach einer Weile geht es steil bergauf. Dann hebt das Auto ab und fliegt in der Luft. Ich fliege im Auto. Fliege und fliege. Es ist wunderbar.

Den Traum hatte ich im Lauf des Jahres 1978 ungefähr achtmal. Dann wurde das Rauchen in der U-Bahn verboten. Die Botschaft war eindeutig: Zeit, Autofahren zu lernen.

Mein Sohn war aus anderen Gründen zu demselben Schluß gekommen. Er war damals achtzehn. Ich hatte ihm verboten, den Führerschein fürs Motorrad zu machen. Ich glaube, ein so striktes Verbot habe ich ein einziges Mal erteilt, und vielleicht deswegen gab es keinen Widerspruch, nur ein Ausweichen auf die Fahrerlaubnis fürs Auto. Dagegen konnte und wollte ich nichts einwenden, da ich, achtunddreißig, davon träumte, rauchend im eigenen Auto davonzuschweben.

Die Realität der Fahrstunden stellte sich allerdings anders dar. Nicht für meinen Sohn, der nach zwölf Stunden sich zur Prüfung anmeldete und ohne einen Anflug von Nervosität bestand. Aber bei mir zog es sich hin. Dreimal in der Woche quälte ich mich um sechs Uhr früh aus dem Bett, um vor meiner Arbeit (ich war damals noch Dozentin) die Nerven der Fahrlehrerin zu strapazieren. Sie empfahl mir, die Prüfung auf Automatik zu machen. Nochmal fünf Stunden, oder waren es zehn, um mich daran zu gewöhnen. Endlich, nach insgesamt zweiundvierzig Stunden war es soweit.

Am Abend vor der Prüfung schluckte ich acht Baldrian Dispert. Obwohl ich sonst kaum Tabletten irgendwelcher Art einnahm, halfen diese gar nicht. Ich wälzte mich im Bett, versuchte mich daran zu erinnern, wie man die richtige Einstellung der Lampen überprüft und welchen Führerschein man für ein Moped braucht

(Dinge, die mich später nie wieder beschäftigt haben), und konnte nicht einschlafen. Nach einiger Zeit nahm ich nochmal acht Baldrian. Trotz fortdauernder Schreckensvorstellungen von Unfällen in der praktischen Prüfung, höhnisch lachenden Prüfern usw. schlief ich irgendwann endlich ein.

Ausgeruht war ich aber am nächsten Morgen nicht. Im Gegenteil, meine Nervosität hatte sich gesteigert. Der Straßenverkehr hatte mich immer geängstigt, und meine Schreckhaftigkeit war im Lauf der Fahrstunden keineswegs gewichen. Ohne den Traum vom fliegenden Auto hätte ich wahrscheinlich nie daran gedacht, den Führerschein zu machen. Wie auch immer, jetzt wurde es ernst mit dem Fahren, und bei dem Gedanken an die bevorstehende Prüfung war mir ganz mulmig zumute. Ich schluckte nochmal acht Baldrian Dispert und nahm ein Taxi zum TÜV in der Franklinstraße.

Die theoretische Prüfung ging erstaunlich glatt. Keine dämlichen Fragen, sondern die, die man mit gesundem Menschenverstand beantworten konnte. Danach hatte ich ein ganz gutes Gefühl. Zur Sicherheit ging ich aber vor der praktischen Prüfung aufs Klo, nahm zum letzten Mal acht Baldrian Dispert ein, und nun konnte es losgehen.

Vor mir war eine andere Fahrschülerin dran. Sie war sichtlich aufgeregt, hatte Schwierigkeiten beim Einparken und bekam trotzdem den Führerschein. Während sie fuhr, wurde ich immer ruhiger oder benebelter von den vielen Tabletten. Jedenfalls war ich uncharakteristisch gelassen, fast ein bißchen weggetreten, als ich das Steuer übernahm. Ich kann mich kaum an die praktische Prüfung erinnern, nur, daß ich ein einziges Mal eine dusselige Frage gestellt habe, ob ich rechts einbiegen solle, wo nichts anderes möglich war. Aber sonst lief alles wunderbar. Keine Probleme im Verkehr, keine Probleme beim Wenden und Parken. Ich erkannte mich selbst kaum wieder. Nach zwanzig Minuten hatte ich einen wabbeligen grauen Ausweis in der Hand. Zwei Händedrucke, zweimal »Gute Fahrt«, und ich war draußen.

Den Führerschein hatte ich zwar, aber vom Fahren keine Ahnung. Mein erstes Auto – ein gebrauchter VW-Käfer, hellblau –

bekam binnen drei Wochen Beulen an drei Kotflügeln. Gleich in der ersten Woche nach dem Führerschein wurde ich von der Verkehrswacht in einer Sackgasse in Schöneberg gestellt. Ich war auf der linken Spur der Stadtautobahn gefahren, hatte mir im Fahren Zigaretten angezündet, war danach kreuz und quer durch die Stadt gesaust und hatte dabei ungefähr alles falsch gemacht, was man falsch machen kann.

»Sind Sie besoffen?« fragte der Mann von der Verkehrswacht.

»Nein, ich habe vorige Woche den Führerschein gemacht.«

»Sind Sie nicht trotzdem besoffen?«

Daß ich innerhalb der ersten sechs Monate meiner Fahrpraxis keinen Unfall gebaut habe, war schieres Glück. Mein anfänglicher Übermut wich ziemlich schnell übergroßer Vorsicht. Es gab eine Periode, wo ich regelrecht Angst hatte, ins Auto zu steigen, und Freunde mich überreden mußten, nicht aufzugeben. Mit meiner verkrampften, kriechenden Fahrweise hielt ich durch.

Ich weiß nicht, wann ich zum ersten Mal das Gefühl bekam, daß ich das Auto kontrollierte und nicht das Auto mich. Wahrscheinlich war es nach dem zweiten Winter, den ich autofahrend verbrachte. Mein alter VW war nicht nur zerbeult, sondern hatte auch sonst ziemliche Macken: Die Kupplung war ausgeleiert, die Bremsbelege abgenutzt, die Zündung mangelhaft. Damit fuhr ich durch den schneereichen Winter 1979/80. Es gab ein paar Rutschpartien und brenzlige Situationen, aber am Ende des Winters war nichts Gravierendes passiert.

Mein Auto brachte ich zum TÜV. Auf dem Mängelbericht gab es ungefähr fünfzehn Kreuze. »Was möchten Sie lieber«, fragte der Prüfer, »zweitausend Mark reinstecken oder das Auto sofort von der Straße runternehmen?«

Mein zweites Auto hatte ich nur zwei Monate, dann ist mir ein Taxi hinten draufgefahren. Totalschaden. Mit dem Geld von der Versicherung kaufte ich mein drittes Auto, eine Daihatsu Charade.

Mein Sohn hatte immer noch einen alten VW. Im Sommer 1981 fuhr er nach Italien – mit meiner Daihatsu. Er hatte so lange gebettelt, bis ich einwilligte, die Autos vorübergehend zu tauschen, nicht ahnend, was mir bevorstand. Der Fahrersitz des VWs war weit nach hinten geschoben und klemmte. Noch so viel Ziehen und Schieben halfen nichts – der Sitz blieb stecken. Halbliegend fuhr ich das Auto zu einer Tankstelle und ließ den Sitz nach vorn rücken. Bloß dort blieb er nicht. Stück für Stück rutschte er wieder nach hinten. Ich brachte das Auto noch mal zur Tankstelle. Nachdem ich zum dritten Mal im Liegen gefahren war, gab ich auf. Freudestrahlend kam mein Sohn ein paar Wochen später mit meiner Daihatsu aus Italien zurück. »Fährt wie Butter«, sagte er, »und überall haben sich kleine Menschentrauben um das Auto gebildet. Die Marke kennen sie offensichtlich in Italien nicht.« Im Jahr darauf wollte er wieder die Autos tauschen, aber ich war klug geworden.

Mit der Daihatsu traute ich mich zum ersten Mal auf die Autobahn. Eine Fahrt nach Braunschweig mit der Malerin Maina-Miriam Munsky. Die Autobahn fand ich gleichzeitig beängstigend und langweilig. Das sture Geradeaus-Fahren war ermüdend und das Geräusch der vorbeisausenden dicken Autos auf der linken Spur monoton. Gleichzeitig machte mir die Schnelligkeit Angst. Nach jedem Überholmanöver war ich froh, wieder auf der rechten Spur zu sein. Die Höchstgeschwindigkeit von einhundert Stundenkilometern hätte die DDR gar nicht vorzuschreiben brauchen, ich hielt sie freiwillig ein. Maina hielt oft die Luft an und war froh, als wir angekommen waren.

Aber in der Stadt machte mir das Autofahren Spaß. Ich genoß die Unabhängigkeit, die Möglichkeit, auch weit entfernte Stadtteile relativ schnell zu erreichen. Ich genoß das Gefühl, selbst zu bestimmen, wo das Auto hinfuhr, und die Bequemlichkeit, kleinere Bilder, Keilrahmen und andere sperrige Gegenstände selbst transportieren zu können. Erst später fing ich an, den beobachtenden Kontakt zu anderen Menschen, den ich im öffentlichen Verkehr gehabt hatte, zu vermissen. Aber ich lernte durch das Autofahren die Stadt auf eine ganz andere Weise kennen als vorher, gerade weil ich mich oft verfuhr und dann wieder zurechtfinden mußte. Nach und nach bildeten sich erst im Westen der Stadt, später auch im Osten »ausgetretene Pfade«: Wege, die ich trotz meines mangelhaften Orientierungssinns gut kannte und die die Stadt für mich immer dichter »vernetzten«.

Einmal hat mein nicht vorhandener Richtungssinn mir zu einem Thema für eine Graphik verholfen. Ich war im Wedding und wollte nach Hause, also nach Süden. Wie so oft fuhr ich in die falsche Richtung und fand mich plötzlich auf einer riesigen Brücke wieder, die ich noch nie gesehen hatte, einer phantastischen, weitgestreckten Stahlkonstruktion. Das Auto war winzig unter den in den Himmel ragenden Bögen. Ich fühlte mich wie in einem Film von Fritz Lang. Der Eindruck war so stark, daß ich ein paar Tage später nach Norden fuhr, um die Brücke wiederzusehen, aber ich fand sie nicht. Da sah ich ein altes Ehepaar Hand in Hand laufen. »Ach, Sie meinen die Millionenbrücke«, sagte die Frau und erklärte mir den Weg.

Ich machte einen Siebdruck von der Millionenbrücke. Viel später erfuhr ich, daß sie eigentlich gar nicht so hieß, sondern Swinemünder Brücke. Den »Kosenamen« hatte sie bekommen, weil die Baukosten in den zwanziger Jahren, ursprünglich mit einer halben Million Reichsmark veranschlagt, tatsächlich über eine Million betrugen. Die Brücke begründete die lange Tradition Berliner Bauskandale.

Den Siebdruck machte ich 1985. Da war ich schon eine einigermaßen sichere Autofahrerin. Dachte ich. Eine Erfahrung mit der Polizei sollte mich eines anderen belehren. Ich kam morgens um halb drei von einem Fest im Grunewald. Entgegen meiner Gewohnheit hatte ich zwei oder drei Glas Wein getrunken und war leicht angeheitert. Dachte ich. Plötzlich höre ich hinter mir eine Lautsprecherstimme: »Halten Sie rechts an!«

»Wissen Sie, warum ich Sie angehalten habe?« fragt mich ein junger Polizist am Autofenster.

»Nein.«

Da sagt er einen Spruch fürs ganze Leben: »Zielloses Umherfahren.« »Ja, wissen Sie, ich habe keinen Orientierungssinn und muß immer so lange fahren, bis ich an eine große Kreuzung komme. Jetzt weiß ich, wo ich bin – Königsallee Ecke Bismarckstraße.«

»So, na dann pusten Sie mal rein.« Und dann: »Was möchten Sie dalassen: Auto oder Führerschein?«

»Ich möchte gar nichts dalassen, ich will nach Hause.«

Er, freundlich: »Ich mache Ihnen einen Vorschlag. Ich bringe Sie bis Halensee, und dann fahren Sie mit dem Bus bis Uhlandstraße.«

Ich, pampig: »Dann bringen Sie mich bitte gleich nach Hause.«

Er, verbindlich: »Tut mir leid, das ist nicht mein Revier, weiter kann ich Sie nicht bringen.«

Als ich widerwillig in seinen VW-Bus gestiegen war und schmollte, guckt er in meinen Ausweis. »Ach, Frau Haffner, machen Sie doch bitte nicht so eine Schnute.« Da mußte ich lachen.

So habe ich die Polizei mal ganz anders kennengelernt. Der junge Mann war keine fünfunddreißig. An jeder Biegung des Gesprächs hätte er mich autoritär zurechtweisen können. Er blieb gelassen, souverän. Das gefiel mir. Es gefiel mir so gut, daß ich ein paar Wochen später, als mir in Kreuzberg das Benzin ausging, daumenwedelnd einen Polizeiwagen anhielt.

»Sie sind doch unsere Freunde und Helfer«, sagte ich, »können Sie mir bitte ein bißchen Benzin besorgen?«

»Mach' ich glatt«, antwortete der Polizist, und weg war er. Eine Viertelstunde später kam er mit einem Kanister wieder.

Im Sommer 1990 fuhr ich mit meinem vierten Auto, einem Fiat Panda, nach Südfrankreich. Das Faltdach war offen, Musik spielte im Kassettenrecorder. Ich fuhr auf einer breiten, glatten und leeren Autobahn der Sonne entgegen. Einmal ging es steil bergauf. Oben angekommen, dachte ich sekundenlang: Das Auto hebt ab. Es fliegt!

Manuela

In meiner Zeit als Dozentin an der Erzieherfachschule habe ich unter den Schülerinnen einige Heldinnen kennengelernt. Eine von ihnen war Manuela. Sie war meine Schülerin in meinen letzten Jahren dort, 1978 bis 1981, und ich erinnere mich bis heute gern an sie.

Als ich 1971 begonnen hatte zu unterrichten, gab es an der Fachschule eine Mehrheit Realschülerinnen, eine große Minderheit Hauptschülerinnen und einige wenige Gymnasiastinnen (und in allen Gruppen einige junge Männer, von Jahr zu Jahr wurden es mehr). Als ich aufhörte, gab es neben der Mehrheit Realschülerinnen eine große Minderheit Gymnasiastinnen und einige wenige Hauptschülerinnen.

Manuela war eine von ihnen. Sie war ein Kreuzberger Kellerkind. Vater, wenn er zu Hause war, hat getrunken und geschlagen. Mutter war eine gebrochene Frau, die schwer am Leben zu tragen hatte. Der fünfzehnjährige Bruder hatte schon einige Delikte begangen und drohte, auf der schiefen Bahn zu landen. Den Laden zusammengehalten hat Manuela, die siebzehn war, als ich sie kennenlernte. Sie tröstete ihre Mutter und kümmerte sich, so gut sie konnte, um ihren Bruder.

Manuela war ein kräftiges Mädchen, das stark berlinerte. Kaum ein Dativ oder Akkusativ saß an der richtigen Stelle. Außerdem lispelte sie. Aber ihr Herz saß richtig. Und ich merkte, wie rege, ja begierig sie sich am Unterricht beteiligte. Sie engagierte sich in der Schule, wurde erst Klassensprecherin, später Schulsprecherin. Sie war unabhängig, direkt in ihren Äußerungen und glaubwürdig. So vertrat dieses Mädchen, das nach gängigen Vorurteilen und nach soziologischen Klischees kaum eine Chance hatte, kraft ihrer Persönlichkeit die gesamte Schülerschaft in den Konferenzen. Von da an schrieb sie Protokolle, die eine grammatikalische Katastrophe waren, in denen man aber den Sprechstil der einzelnen Beteiligten heraushören konnte.

Im Januar 1979 wurde der Film »Holocaust« im Fernsehen gezeigt. Am Morgen nach der ersten Folge kam ich ins Lehrerzimmer, wo die Kolleginnen und Kollegen aufgeregt über den Film diskutierten. Zehn Minuten zu spät gingen wir in die Klassen. Ein älterer Kollege folgte mir auf den Flur. Im Film war eine Szene gezeigt worden, in der ein Arzt während der Behandlung eines Patienten von der Gestapo abgeholt wird. »Ich habe das auch erlebt«, sagte der Kollege, »ich war Patient, als mein Zahnarzt abgeholt wurde. Ich schäme mich bis heute, daß ich nichts gesagt habe.«

Es war eine Art Beichte, etwas, was er vielleicht niemandem sonst erzählt hatte, und er sagte es mir wohl, weil ich jüdische Vorfahren hatte. Wollte er von mir eine Absolution? Ich fühlte mich in eine Rolle versetzt, die ich nie gesucht hätte und die ich nicht angemessen fand. Trotzdem war ich von seiner Offenheit berührt. Ich konnte ihn weder anklagen noch trösten. Nur sagen, daß ich nicht wüßte, wie ich mich in der Situation verhalten hätte, und daß jeder von uns auch ohne staatlichen Terror Dinge getan hat, für die er sich schämt und die ihn belasten. Er hatte seinen Klassenraum erreicht. Während ich weiterlief, dachte ich, wieviel leichter meine Generation es hatte als die Generation davor, die so geprüft worden ist.

»Habt ihr gestern den Film gesehen?« fragte ich, als ich den Klassenraum betrat.

»Ugh, müssen wir darüber reden? Ist doch ätzend.«

In der Pause berichteten die Kolleginnen und Kollegen, daß die Reaktion in ihren Klassen ähnlich gewesen war. In der nächsten Dozentenkonferenz beschlossen wir, eine antifaschistische Woche durchzuführen.

Am Anfang der Woche brauchten die meisten Studierenden viel Anregung und Unterstützung, bevor sie Ideen und Projekte entwickelten. Nicht so Manuela. Sie hatte kaum von der antifaschistischen Woche gehört, da war sie schon unterwegs mit einem Kassettenrecorder und fragte Leute auf der Straße, was sie von den Ausländern in der Stadt hielten. Sie schrieb die Antworten auf blauer Pappe auf. Dann holte sie Bücher über das Dritte Reich aus der Bibliothek. Sie suchte Zitate über Juden aus, Pressezitate, Zitate aus Reden, andere Äußerungen. Diese schrieb sie auf roter Pappe auf. Die Zitate klebte sie nebeneinander, links die roten, rechts die blauen, auf einem riesigen Bogen Papier auf und hängte ihn an die Wand. Obendrüber schrieb sie auf der einen Seite »Dreißiger Jahre«, auf der anderen »Siebziger Jahre«. Die Äußerungen waren zum Teil fast wortgleich.

Eines Tages war Manuela sehr nachdenklich. »Bleib nach der Stunde hier«, sagte ich, »du hast doch was auf dem Herzen.« Es stellte sich heraus, daß Manuelas Bruder ein Auto geknackt hatte und von der Polizei geschnappt worden war. Es war nicht das erste Mal, und Manuela hatte große Angst um ihn. Ich konnte nur sagen, daß ich mir Gedanken machen würde, wie man ihm helfen könne. Manuela hatte aber schon ein paar Tage später mit der für sie charakteristischen Tatkraft über das Jugendamt einen Sozialarbeiter gefunden, der sich um ihn kümmern wollte.

Anfang 1980 wurde ein linker türkischer Lehrer in Kreuzberg von »Grauen Wölfen«, türkischen Rechten, auf der Straße erstochen. Verschiedene Gruppierungen riefen zu einem Schweigemarsch auf. Manuela sprach mich am Ende einer Unterrichtsstunde an: »Sonnabend is Demo. Kommsde mit?«

Mein Bruder war gerade gestorben. »Nein, Manuela«, sagte ich, »ich bin im Moment in keiner Verfassung für eine Demonstration.«

»Nee, det jibt's nich. Uns sagen, wir sollen uns engagieren, wa, und selbst nich mitkommen. Det jibt's nich.«

Sie konnte mich nicht überreden, aber sie ließ nicht locker. Eine Woche später sagte sie: »Da jibt's so'n Film, ›Der Schrei aus der Stille‹. Mußde unbedingt sehen. Über Verjewaltijung. Starker Film.«

»Aber Manuela, du weißt doch, wie es mir geht.«

Manuelas Freund hieß Siegfried. »Ick hab Thiegfried jesagt, er kommt mit oder wir trennen uns.«

Nicht lange danach rief mich Manuela eines Abends an. Es war ein Donnerstag. Wir hatten an diesem Tag im Unterricht gealbert und gelacht, aber Manuela klang sehr ernst: »Hier's Ela«.

»Was gibt's, Manuela?«

»Mutter is weg.«

»Was heißt weg?«

»Abjehauen.«

»Gibt es irgendeinen Grund, weshalb du vermutest, daß sie wirklich weg ist und nicht bald wiederkommt?«

»Een Arschloch jibt's schon.«

»Tja, Manuela. Paß auf, ich kenne eine Beratungsstelle in Kreuzberg. Wenn deine Mutter bis Montag nicht wieder da ist, gehen wir dorthin und regeln zunächst das Finanzielle. Du kannst bis dahin jederzeit hier anrufen, wenn du willst, oder auch vorbeikommen.«

Sonntag früh klingelte das Telephon: »Hier's Ela. Mutter is wieder da. Spricht nicht mit uns, aber wird schon noch werden.«

Montag saß Manuela im Unterricht. Sie beteiligte sich wie immer. Man merkte ihr nichts an. Am Sonnabend – einen Tag, bevor ihre Mutter zurückkehrte – war Manuela mit einer Lehrerin aus ihrer Hauptschule in meiner Ausstellung in der Galerie am Savignyplatz gewesen und hatte zu mehreren Bildern Kommentare ins Gästebuch geschrieben.

Nachdem sie von der Schule abgegangen war, arbeitete Manuela in einer Integrationstagesstätte für behinderte und nicht-behinderte Kinder in Kreuzberg. Ein paarmal habe ich sie dort besucht. Sie war eine grandiose Erzieherin.

Im Fahrstuhl

Es war zwischen Weihnachten und Neujahr 1986. Mein damaliger Freund Dolf und ich waren zu meiner Freundin Ursel nach Ost-Berlin gefahren, Ursels Tochter Mareike war da mit ihrem neuen Freund Henri und Doris, eine Freundin von Ursels Sohn Thomas. Es waren sehr traurige Weihnachten für Ursel. Ihr zweiter Mann, Alan Winnington, war drei Jahre zuvor gestorben, Thomas ein Jahr danach.

Ursel hatte wie immer gut gekocht, aber die Stimmung war gedrückt. Alan und Thomas waren in ihrer Abwesenheit anwesend. Nach dem Essen saßen wir noch lange zusammen und reminiszierten. Ursel wohnte am Strausberger Platz in einer sehr schönen großen Wohnung, die kurz nach dem Krieg gebaut worden war. Die Wohnung war voll von Alans Chinoiserien.

Alan hatte ich 1965 kennengelernt. Ein Jahr später machte er mich mit Ursel bekannt. Er war damals Korrespondent der britischen kommunistischen Zeitung »Daily Worker« in Ost-Berlin. Vorher war er Korrespondent in China gewesen. Obwohl er freiwillig aus China weggegangen war, weil er die Politik des »Großen Sprunges nach vorn« nicht gutheißen konnte, war China das Land geblieben, das er liebte und von dem er mit Wehmut bis an sein Lebensende sprach. Er war 1948 zusammen mit Mao-Tse-Tung und der Roten Armee bis in die Berge von Yunnan gezogen und hatte dort die schrittweise Befreiung von der Sklaverei beobachtet. Später schrieb er ein Buch darüber. Einmal erzählte er mir eine Geschichte über Mao, der Kettenraucher war. Mao brach immer die Zigaretten entzwei und rauchte erst eine Hälfte, dann die andere. Alan fragte ihn warum. »Der Arzt hat gesagt, ich soll weniger rauchen.«

Als ich ihn Mitte der sechziger Jahre kennenlernte, hatte Alan keinen Paß, sondern nur ein »Laissez Passer« der DDR-Behörden. Am Ende des Korea-Krieges hatte er Interviews mit britischen Kriegsgefangenen in Nordkorea veröffentlicht. Er wurde in England bezichtigt, sie verhört zu haben. Es gab keinen Prozeß, aber sein britischer Paß war nicht verlängert worden. Das war tragisch. Seinen sehr geliebten Bruder, der 1954 starb, sah er nicht mehr. Seine Mutter hatte er seit etwa fünfzehn Jahren nicht gesehen. Und er fühlte sich abgetrennt von seinen alten Weggefährten in der britischen kommunistischen Partei.

Kurz nach Alan lernte ich Neal Ascherson kennen. Er zog mit seiner Familie von Bonn nach Berlin. Er war der Nachfolger meines Vaters als Deutschlandkorrespondent des »Observer«. Mein Vater machte uns bekannt, und wir freundeten uns schnell an. Ich erzählte Neal von Alan, von seinem Problem mit dem Paß und brachte die beiden zusammen. Neal fing sofort an, sich für Alan einzusetzen, aber es sollte noch ein paar Jahre dauern, bis Alan mit Neals Hilfe 1968 seinen Paß wiederbekam. Alans Mutter war ein Jahr zuvor gestorben. Und als er seine Genossen nach all den Jahren wiedersah, merkte er, daß sie ihm fremd geworden waren.

Aber er konnte sich in England von seiner ersten Frau scheiden lassen und Ursel heiraten. Ursel hatte in Agrikultur promoviert, aber jetzt war sie Autorin von mit viel Wissen und Witz garnierten Kochbüchern, und sie war beliebte Fernsehköchin in der DDR. Alan und Ursel waren beide großartige Köche, wobei Alan am liebsten chinesisch kochte.

»Ich erzähle euch noch eine Geschichte«, sagte ich zu der Runde am Strausberger Platz. Alan und Ursel luden Neal, seine damalige Frau und mich 1967 zu einem chinesischen Feuertopf, Fleischfondue, ein. »Bring Bohnensprossen mit«, hatte Alan mir gesagt. Ich besorgte also zwei Büchsen Bohnensprossen und nahm vorsichtshalber einen Dosenöffner mit für alle Eventualitäten an der Grenze. Zu Recht, wie sich herausstellte. »Machen Sie auf«, sagte der Kontrolleur am Checkpoint Charly. Ganz langsam öffnete ich die erste Dose. Er stocherte darin herum. »Weiter«. Im Zeitlupentempo fing ich an, die zweite Dose zu öffnen. »Das reicht«, sagte der Kontrolleur, als die Dose halb geöffnet war. Nun mußten wir die offene und halboffene Dose nach Treptow transportieren, wo Alan und Ursel damals wohnten. Wir fuhren in Neals Auto, früher das Auto meines Vaters – der Dienstwagen des »Observer«. Damals hatte der Hauswart, der das Auto wusch, zu dem Peugeot immer Poigott gesagt. Das einzige, was wir im Auto fanden, war eine Gummihose von Neals kleiner Tochter. Damit deckten wir die beiden Dosen zu. Alan und Ursel bogen sich vor Lachen, als wir damit ankamen.

Ganz zum Schluß erzählte ich, wie David und Thomas 1968 einmal in Ost-Berlin ins Kino gegangen waren. Sie sahen einen DDR-Western, den einzigen Western, den David je gesehen hat, in dem die Indianer gewannen. Das war, kurz bevor ich mich mit Alan über den Prager Frühling zerstritt. Aber einige Jahre vor seinem Tod hatten wir uns Gott sei Dank versöhnt.

Es war spät geworden, ein Uhr. Wir wollten aufbrechen. Dolf und ich hatten einen Passierschein, den uns jemand von der Ständigen Vertretung besorgt hatte. Damit konnten wir einen Monat lang umsonst nach Ost-Berlin fahren, und wir mußten nicht wie sonst spätestens um zwei Uhr früh an der Grenze sein. Mareike hatte aber zwei Kinder zu Hause und wollte nicht zu lange bleiben. Ursel brachte uns zum Fahrstuhl. »Ich fahre schnell mit euch runter«, sagte sie, »und gucke, ob die Tür unten offen ist.« Am Fahrstuhl stand: »Für sechs Personen«. Wir waren sechs nicht sehr dicke Personen.

Als der Fahrstuhl unten ankam, ging die Tür nicht auf. Der Fahrstuhl war ein bißchen zu weit gefahren. Wir versuchten, wieder nach oben zu fahren, aber der Fahrstuhl bewegte sich nicht. Wir drückten den Alarmknopf. Es surrte, aber es kam niemand. Nach etwa einer Viertelstunde öffneten wir den Kasten hinter dem Alarmknopf und fanden ein Gewirr von elektrischen Leitungen, die nirgends hinführten. In der Decke des Fahrstuhls war eine große Klappe, die Dolf öffnete. Dahinter gab es wieder elektrische Leitungen. Er und Henri machten abwechselnd Klimmzüge und versuchten, irgendwelche Drähte miteinander zu verbinden. Was immer es war, das sie erreichen wollten – es klappte nicht. Aber sie konnten einen Schirm so in die Öffnung klemmen, daß die Klappe offenblieb. Das war dringend nötig, denn es war stickig geworden im Fahrstuhl, und wir konnten schlecht atmen.

Es war jetzt, nach etwa einer halben Stunde, klar, daß wir vorerst nicht aus dem Fahrstuhl herauskommen würden. Immerhin konnten wir durch das kleine Glasfenster in der Tür und durch die Glas-Eingangstüren des Hauses in einiger Entfernung die beleuchtete Straße sehen. 1975 war ich einmal im WDR-Gebäude in Köln eine Viertelstunde allein in einem Fahrstuhl im Dunkeln zwischen zwei Stockwerken steckengeblieben. Das war noch gruseliger. Auch jetzt hatte ich Angst. Dann sah ich Mareikes Hände leicht zittern. Ich wollte sie beruhigen. »Das ist hier Deutschland«, sagte ich, »es ist nicht nur Deutschland, es ist die DDR. Hier geht es ordentlich zu. Der erste Mensch wird um fünf Uhr früh aufstehen und Hilfe für uns holen.« Mareikes Hände zitterten wieder. Ablenken, dachte ich.

Ich hatte ihr ein Buch geschenkt, »Die Wand«, von der österreichischen Schriftstellerin Marlen Haushofer. Eine Art weiblicher Robinson Crusoe: Eine Frau fährt für ein Wochenende aufs Land, Freunde besuchen. Die Freunde sind am Morgen nach ihrer Ankunft verschwunden. Bei der Suche nach ihnen stößt sie an eine gläserne Wand. Sie ist jetzt allein mit dem Hund und muß sehen, wie sie zurechtkommt. »Gib mir das Buch«, sagte ich und fing ohne viel nachzudenken an, daraus vorzulesen. Als ich an die Stelle kam, wo die Frau an die Wand stößt, sagte Mareike: »Müssen wir das jetzt hören.«

Der Fahrstuhl war gerade so groß, daß vier von uns auf dem Boden mit ausgestreckten Beinen sitzen konnten. Zwei mußten stehen, wir wechselten uns damit ab. Wenn meine Rechnung stimmte, dann hatten wir noch etwa dreieinhalb Stunden im Fahrstuhl vor uns. Wir mußten die Zeit halbwegs erträglich totschlagen. Womit? Spielen natürlich, was sonst.

»Ich nenne euch einen Buchstaben, der erste Buchstabe vom Nachnamen, und sage, ob weiblich oder männlich«, sagte ich.

»Wenn ich zehn Fragen mit nein beantworte, hab ich gewonnen. Wenn jemand vorher herausbekommt, wer es ist, habt ihr gewonnen. Wer es geraten hat, nennt den nächsten Buchstaben.« Das spielten wir eine ganze Weile. Dann fiel mir ein Rätsel ein, das mir meine Mutter mal gezeigt hatte. Es war eine Korrespondenz zwischen Friedrich dem Großen und Voltaire. Friedrich der Große hatte Voltaire einen Brief geschickt:

1. $\dfrac{\text{p}}{\text{venez}}$ à $\dfrac{6}{100}$ Voltaires Antwort: G a*

Als das gelöst war, gab es noch ein Rätsel meiner Mutter:

2. Smith where Brown had had had had had had had had had had had the examiners' approval.

Der Satz sollte durch Interpunktion so gegliedert werden, daß er einen Sinn macht.

Danach spielten wir wieder ein Spiel: Der erste nennt ein zweiteiliges Wort, z.B. Abendsonne, der zweite macht mit dem zweiten Teil des Wortes wieder ein zweiteiliges Wort, z. B. Sonnenbrand, der dritte Brandwunde, der vierte Wundmal, der fünfte Malnehmen, der sechste Nehmelöffel, der nächste Löffelbiskuit und so immer weiter. Wenn einer kein Wort findet, fällt er raus. Sieger ist, wer übrigbleibt. Oder man spielt solange, bis es langweilig wird.

Es wurde langweilig. Zwischendurch reminiszierten wir wieder ein bißchen. Ursel erzählte, wie Alan bei ihrer Hochzeit gesagt hatte, daß er mit der Heirat den Doktortitel erworben habe. In Deutschland hieße jede Frau, die einen Herrn Dr. heirate, Frau Dr., und er wünsche ab sofort nur noch mit Herr Dr. Winnington angesprochen zu werden.

---

* Alle Auflösungen am Ende des Kapitels.

Ich erinnerte mich an etwas von Neal. Er war 1967 von einer Reise nach London mit einer neuen Beatles-Platte zurückgekommen (mit dem schönen Lied »Good Day Sunshine« am Anfang) und mit einem Gerät, das er mir stolz vorführte. Man konnte damit seine eigene Stimme oder auch Musik aufnehmen und wiedergeben. Ein kleines Wunderwerk. Es war der erste Kassettenrekorder, den ich je gesehen habe.

Wir hatten den anfänglichen Schreck jetzt überwunden und uns mit der ungewohnten Situation abgefunden. Es war nur eine Frage der Zeit, bis sie beendet sein würde. Dolf sagte, was für ein Segen es sei, daß er und ich gerade ein Dauervisum hatten. Man stelle sich vor, wir kämen vier oder fünf Stunden zu spät an die Grenze, und auf die Frage warum, antworteten wir, wir seien in einem Fahrstuhl steckengeblieben.

Wir waren eigentlich ganz guter Dinge, aber es war trotz der geöffneten Klappe wieder sehr stickig geworden im Fahrstuhl. Wir bekamen schlecht Luft. Wir einigten uns darauf, daß die kleine Glasscheibe in der Tür dran glauben müsse. Einer der beiden Männer deckte sie mit einem Schal ab und schlug sie kaputt. Danach konnten wir besser atmen. Ich weiß nicht, wie es den anderen damit ging, aber ich kam ohne Toilette gut zurecht. Es scheint eine Art »Notumschaltung« zu geben. Jedenfalls habe ich deswegen keine große Pein erlebt.

Es war wieder Zeit für ein Spiel. Wir spielten den alten Klassiker »Teekesselchen«. Jeder denkt sich ein Wort aus, das zwei oder mehr Bedeutungen hat, z. B. Band. Wer dran ist, beschreibt die verschiedenen Bedeutungen so oder ähnlich. Mein erstes Teekesselchen ist lang und schmal, meistens farbig und weich. Mein zweites Teekesselchen hat viele Seiten und viele Worte. Mein drittes Teekesselchen macht Musik, aber bestimmt keine klassische. Wer den Begriff rät, ist mit seinem Teekesselchen als nächster dran.

Danach fiel mir ein Rätsel ein, das ich manchmal meinen Studierenden in der Fachschule aufgegeben hatte:

3. Ⴑ ♋ 𝈐 ⋈ Wie sehen die nächsten Formen aus?

Dann eine Aufgabe, die in den späten fünfziger Jahren in England für Furore gesorgt hatte. Sie war bei einer Aufnahmeprüfung für die Oberschule den Kindern als Teil eines Intelligenztests gestellt worden:

4. $\dfrac{\text{A} \quad \text{EF} \quad \text{HI} \quad \text{KLM}}{\text{BCD} \quad \text{G} \quad \text{J}}$ Wie geht es weiter?

Wir waren jetzt ermattet. Es war nach halb fünf morgens, und wir warteten nur noch darauf, erlöst zu werden. Die, die saßen, dösten ein bißchen. Die beiden Stehenden lehnten gegen die Wand. Plötzlich ein Ruck. Man hörte den anderen Fahrstuhl oben losfahren. Es war Punkt fünf Uhr.

Der andere Fahrstuhl hielt neben unserem. Ein älterer Mann guckte bei uns herein: »Ihr seid zu viele, ihr seid zu viele«, sagte er.

»Genosse Meier, können Sie bitte Genossen Breitenfeld schnell holen«, sagte Ursel.

»Ich muß erst was machen«, sagte Genosse Meier und lief auf die Straße, die wir die Nacht über sehnsüchtig betrachtet hatten. Wir rätselten wieder. Was muß ein Rentner ohne Hund morgens um fünf Dringendes auf der Straße machen? Nach etwa einer Viertelstunde kam Genosse Meier wieder. Er hatte ein »Neues Deutschland« unter dem Arm.

Wieder sah er uns an. »Ihr seid zu viele, ihr seid zu viele«, sagte er, und dann: »Braucht ihr was zu essen?«

»Genosse Meier, sagen Sie bitte Genossen Breitenfeld Bescheid, daß er kommt. Wir brauchen seine Hilfe.« Ursel hatte nun schon ein bißchen Druck in der Stimme.

»Ich sag's meiner Frau.«

»Nein, Genosse Meier, Genossen Breitenfeld!«, sagte Ursel mit noch mehr Nachdruck.

Der andere Fahrstuhl rumpelte nach oben.

»Hoffentlich geht er zu Breitenfeld«, sagte Ursel, »seine Frau ist genauso durcheinander.«

Wie Genosse Meier es schließlich bewerkstelligt hat, weiß ich nicht, aber plötzlich stand Genosse Breitenfeld, ein kräftiger Genosse, vor unserem Fahrstuhl: »Mußtet ihr denn die Scheibe kaputtschlagen?!« Er war außer sich vor Ärger.

»Wir bekamen keine Luft«, sagte ich.

»Deswegen die Scheibe kaputtschlagen«, sagte er ungerührt, »ihr seid zu viele.«

»Aber es steht doch oben dran, für sechs Personen.«

»Weiß doch jeder, daß der Fahrstuhl nur für drei ist!«

»Das könnten Sie auch dranschreiben.«

»Da könnt' ick ja den janzen Tag schreiben!«

Genosse Breitenfeld hatte noch nicht einmal eine Andeutung gemacht, daß er uns befreien wollte. Ich hielt es nicht für angezeigt, die Unterhaltung fortzusetzen, und verstummte.

Genosse Breitenfeld holte einen riesigen Schlüsselbund hervor, suchte umständlich nach einem Schlüssel, ruckelte an der Fahrstuhltür und schloß gleichzeitig auf

Ein Schritt, und wir waren frei.

Auflösungen

1. Friedrich der Große an Voltaire:

> Venez sous P [Venez unter P] à cent sous six
> [100 unter 6] = Venez souper a Sanssouci.
> [Kommen Sie nach Sanssouci suppieren.]

Voltaire an Friedrich den Großen:

> G grand [großes G] A petit [kleines A] =
> J'ai grand appetit. [Ich habe großen Appetit.]

2. Es handelt sich um eine Prüfung in Englisch. Brown benutzt an einer Stelle Imperfekt [had], wo Smith Plusquamperfekt [had had] verwendet. Mit Interpunktion heißt der Satz folgendermaßen:
Smith, where Brown had had »had«, had had »had had«. »Had had« had had the examiners' approval.

[Dort, wo Brown »hatte« gehabt hatte, hatte Smith »gehabt hatte« gehabt. »Gehabt hatte« hatte die Zustimmung der Prüfer gehabt.]

3. Halten Sie jeweils die linke Seite der einzelnen Abbildungen zu. Die Lösung ist dann offensichtlich.

   (Wenn Sie dieses Rätsel mit anderen Leuten machen, empfiehlt es sich, die Formen untereinander zu zeichnen, dann kann man alle linken Hälften auf einmal zudecken. Die Lösung ist umso frappierender.)

4. Auf einer ähnlichen »Logik«, nämlich auf schlichter visueller Wahrnehmung, basiert die Auflösung des letzten Rätsels. Das Alphabet wird wie folgt geschrieben: Alle Buchstaben mit Rundungen unterhalb, alle nur mit Geraden oberhalb der Linie. Diese Aufgabe sorgte deshalb für Aufregung, weil ihr keine »mathematische« Logik zugrundeliegt. Kinder kommen mit solchen visuellen Aufgaben besser zurecht als Erwachsene.

Eine Ausstellung in Polen

Mitte 1989 rief mein Sohn bei mir an. Mein Enkel Laurens war damals noch nicht zwei Jahre alt, meine Schwiegertochter studierte noch, mein Sohn hatte einen Werkauftrag als Photograph und machte viel freiberuflich nebenher. Er meinte, es würde ihnen alles zuviel und sie bräuchten eine Putzfrau. Eine Putzfrau, dachte ich, da hätte ich mal in dem Alter kommen sollen. Als mein Sohn klein war, habe ich alles allein geschafft und nachts gemalt. Und überhaupt, als Achtundsechzigerin und Frauenbewegte der ersten Stunde war ich immer der Meinung, daß jeder für seinen eigenen Dreck zuständig sei. All das habe ich meinem Sohn wohlweislich nicht gesagt, sondern nur: »Ich kümmere mich drum.«

Mir ging es in der Zeit nicht sehr gut, und entsprechend wenig habe ich in meiner Wohnung gemacht. Ich habe sowieso kein Verhältnis zum Putzen, nicht viel Geduld, auch keine große Begabung. Porentief rein werden die Sachen bei mir irgendwie nicht. Früher, als ich noch zu Hause malte, ging ich einmal mit einem nassen Lappen durch die Wohnung, wenn ein Bild fertig war. Das konnte nach drei, vier oder sechs Wochen oder nach zwei Monaten sein. Saugen tu ich, wenn Besuch kommt oder wenn schon graue Flocken unter den Möbeln sichtbar sind. Dann lohnt sich das wenigstens, man sieht den Unterschied.

Aber, wie gesagt, ich hing damals durch und habe die Wohnung noch mehr verlottern lassen als sonst. Seit ich ein Atelier hatte, war die Tradition mit dem Nach-Bild-Putz auch perdu. Meine Wohnung vergammelte still vor sich hin. Eine Putzfrau, dachte ich, wär doch schön, wenn einmal hier alles richtig sauber gemacht würde, von einer, die das wirklich kann. Und womöglich wär's auch gut für das Gemüt.

Kurzum, ich ließ alle Prinzipien fahren, rief meine Freundin

Mädi an, die eine polnische Putzfrau hat, und sagte: »Frag' doch mal deine Polin, ob sie jemand kennt. David und ich brauchen eine Putzfrau.« Das polnische Netzwerk in Berlin funktioniert wunderbar. Binnen einer Woche bekam ich einen Anruf von einer Ania. Sie wohne in Kreuzberg mit einer anderen Ania zusammen, und sie würden gern für uns putzen. So ging eine Ania zu David, und die andere Ania kam zu mir.

Meine Ania war, wie sich herausstellte, eine bildhübsche junge Frau, die sehr gut Deutsch sprach. Wir setzten uns erstmal in die Küche, tranken Kaffee und unterhielten uns über Polen und Deutschland Ost und West, über die Oder-Neiße-Linie und die CDU/CSU, über Anias Leben zwischen Szczecin und Berlin. Sie war nicht nur schön, sondern auch hochintelligent. Im Wohnzimmer liefen Bach-Inventionen auf dem Plattenspieler, man hörte die Musik leise in der Küche. Plötzlich spitzte Ania die Ohren und sagte: »Das habe ich auch mal gespielt.« Ich staunte immer mehr. Ania erzählte mir, daß sie eigentlich Architektin sei, aber mit einem Musikstudium geliebäugelt und im berühmten Chor der Stettiner Technischen Universität gesungen habe. Später, als wir uns besser kannten, schenkte sie mir einmal eine Kassette des Chors mit wunderschönen und tieftraurigen polnischen Weihnachtsliedern, und ich hörte ihren klaren, bewegenden Sopran an den Solostellen. Die Kassette habe ich x-mal kopiert und weiterverschenkt.

Jetzt gingen wir aber erstmal ins Wohnzimmer. Ania sah die Bilder dort hängen und sagte: »Mein Freund ist auch Maler.« Anias Freund heißt Przemek.

Von nun an kam Ania alle drei Wochen zu mir. Nach und nach bekam die Wohnung einen völlig ungewohnten Glanz und ich ein zunehmend schlechtes Gewissen, denn ich dachte, daß Ania, die inzwischen meine Freundin geworden war, für diese Arbeit viel zu schade war. Sie brauchte aber Geld. So rief ich einige Architektenfreunde an und fragte, ob sie vielleicht etwas für Ania tun könnten. Und so kam es, daß Ania in einem Büro bei einem Wettbewerb aushalf und auf einen Schlag ein paar tausend Mark verdiente. Dann kam Przemek Ania in Berlin besuchen. Damit er schneller an das damals noch benötigte Visum kommen konnte, schrieb ihm meine Galerie eine pro-forma Einladung. Er besuchte mich mit Ania zusammen, und als er die Bilder sah, sagte er: »Möchten Sie in Szczecin eine Ausstellung machen?«

Kurz darauf ging Ania nach Szczecin zurück und kaufte sich dort eine kleine Wohnung. Eine Zeitlang kam ihre Schwester Jola zu mir. Die andere Ania blieb in Berlin, aber hörte auch auf zu putzen, und Jolas Freundin, Jola, ging zu David. Später kehrten die beiden Jolas nach Szczecin zurück und eine dritte Jola putzte bei David.

Im Sommer 1990 besuchte ich Ania in Szczecin. Als glühende Patriotin zeigte sie mir stolz ihre Stadt. Mir kam Szczecin ein bißchen wie eine Kleinausgabe von Berlin vor, ärmlicher zwar, aber wenn man an einem der großen runden Plätze stand und eine Straßenflucht hinuntersah, war der flüchtige Eindruck oft wie in Kreuzberg: dieselben grauen Gründerzeithäuser, hier und dort ein kleines Café oder eine Zigarettenbude. Beim genaueren Hinsehen merkte ich, daß es auffallend wenig Läden gab. Dafür sah ich überall kleine Kioske, wo Duschgel und Zahnpasta von Aldi verkauft wurden.

Einmal war ich in Berlin bei Aldi einkaufen und fragte eine Verkäuferin, wo der Kaffee sei. Da sagte sie: »In Warschau.« Es klang nicht unfreundlich, und ich glaube, diese Verkäuferin würde sich, im Gegensatz zu vielen Berlinerinnen und Berlinern, freuen, wenn sie sähe, wieviele Leute in Polen sich mit dem Verkauf von Aldi-Produkten über Wasser halten. Für dasselbe Geld wie für ein Aldi-Duschgel bekam man 1990 noch wunderschönes Holzspielzeug. Meinem Enkel brachte ich damals einen Wagen mit bunten Bauklötzen mit. Ein Jahr später war schon Hong-Kong in Szczecin eingekehrt. Auf dem Weihnachtsmarkt 1991 sah ich Plastikgruseltiere, Barbiepuppen und bunte Superflitzer.

Bei diesem ersten Besuch in Szczecin beeindruckte mich besonders die Aufgeschlossenheit und Wärme von Anias Freundinnen und Freunden. Wir unterhielten uns in einem Durcheinander von Deutsch und Englisch. Untereinander sprachen sie natürlich polnisch, das mir wie Musik in den Ohren klang, eine wunderbar weiche Sprache.

Im Herbst 1990 fuhr ich zum zweiten Mal nach Szczecin. Durch Anias und Przemeks Vermittlung war ich als Jurorin des Stettiner Herbstsalons eingeladen worden. Wieder beeindruckte mich, wie einfach die Verständigung mit den anderen Juroren war. Es gab zwischen uns kaum Meinungsverschiedenheiten. Es herrschte Aufbruchstimmung. Vor und nach der Jurysitzung sprach man über die Umstrukturierung und Demokratisierung des Künstlerverbandes. Ganz anders als die Stimmung in Moskau, wo ich einen Monat später war und Fatalismus und Fluchtgedanken die Gespräche prägten. Ein Jahr später war auch die Stimmung in Polen gedämpfter. Es fehlte überall an Geld und eine gewisse Ratlosigkeit machte sich breit, aber keine Spur von Larmoyanz.

Im Herbst 1991 war ich das dritte Mal in Szczecin. Diesmal nur für einen Tag, um den Raum anzusehen, in dem meine Ausstellung stattfinden sollte, und die Unterlagen für den Katalog hinzubringen. Von Besuch zu Besuch wurde das äußere Erscheinungsbild der Stadt bunter. Nach meiner Besprechung mit dem Leiter des Biuro Wystaw Artystychnych (BWA), Lech Karwowski, schlug Ania vor, in eine Pizzeria zu gehen, aber ich aß lieber polnischen Borschtsch mit kleinen Knödeln im »Café zu den dreizehn Musen«.

Von dem Ausstellungsraum war ich überwältigt. Das BWA, wo meine Ausstellung stattfinden sollte, ist im Schloß der Pommernfürsten untergebracht. Das Schloß liegt zentral mit Blick auf die Oder und wird jetzt für kulturelle Zwecke benutzt. Die Oper ist dort und ein Teil der Universität; im Hof finden im Sommer Theateraufführungen statt, und in einem ganzen Flügel gibt es Ausstellungsräume. »Mein« Raum war im zweiten Stock und riesig: fast dreißig Meter lang, fünfzehn Meter breit. Ein herrlicher Raum mit drei Marmorsäulen in der Längsachse, gewölbter Decke und poliertem Fußboden. Drei der vier Wände unterteilt von vielen Fenstern, die ein schönes diffuses Licht schafften. Dazwischen würden die meisten Bilder einzeln hängen, aber es gab auch zwei längere Hängeflächen. Fürstliche Pracht. Ich war hingerissen.

Das war Anfang November, und ich wollte noch zwei Bilder fertigmalen. Die Ausstellungseröffnung sollte am 13. Dezember stattfinden (einem Freitag!) und die Bilder und ich am 11. Dezember vom Fahrer und Transporter des Kunstbüros abgeholt werden. Wie immer malte ich bis auf den letzten Drücker. Ich hatte mir bis zum 30. November Zeit gegeben. In den letzten zehn Tagen wollte ich die neueren Bilder rahmen, die älteren von der Wand abhängen und alle einundzwanzig Bilder einpacken. Vor allem aber wollte ich Zeit haben, um Zoll und Formalitäten zu erledigen, denn das, so ahnte ich, würde wohl nicht ganz einfach sein. Ende November bekam ich aber Schmerzen im rechten Oberarm und konnte ein paar Tage nicht malen. Danach malte ich wie eine Furie, aber wie immer hatte ich zu knapp kalkuliert, und die beiden Bilder waren erst am 4. Dezember fertig. Noch sieben Tage bis Buffalo. Hoffentlich gibt es keine Probleme, dachte ich, bloß keine Probleme mit der Bürokratie. Ich versuchte, mich zu beruhigen. Bei meiner Ausstellung in Wien 1990 war alles wie am Schnürchen verlaufen, nur, da war alles von Österreich aus organisiert worden. Und ist Polen Österreich? In solchen Augenblicken fällt mir der liebe Gott ein, zu dem ich sonst ein eher gestörtes Verhältnis habe, wenn überhaupt. Lieber Gott, betete ich, laß es gut gehen, bitte laß es gut gehen.

Ich rief beim Zoll an und bekam die Auskunft, daß ich bei der Industrie- und Handelskammer einen Carnet ATA besorgen und ausfüllen müsse. Freundlich sagte mir die Dame bei der IHK, daß das Carnet nur für »Waren« bis zu einem Wert von dreißigtausend Mark ohne Bürgschaft ausgegeben werden könne.

»Sind Ihre Bilder mehr wert?«

»Ein bißchen schon«, murmelte ich, »zweihundertachtzigtausend Mark.«

»Tja, dann brauchen Sie eine Bürgschaft über die Hälfte des Wertes von Ihrer Bank, und geben Sie mir bitte auch die schriftliche Einwilligung, daß die Hermes Kredit AG Auskunft über Ihre Kontoführung einholen kann.«

»Aber ich will doch die Bilder gar nicht verkaufen«, stotterte ich, »ich will sie doch nur ausstellen.«

»Tja, so sind die Bestimmungen«, sagte die Dame, und ich merkte, wie sich in mir alles zusammenkrampfte.

Noch einmal setzte ich an: »Aber das sind doch keine Waren, sondern Bilder für eine Ausstellung ...«, es war sinnlos. Widerwillig unterschrieb ich das hingehaltene Formular für Hermes. Mit den anderen Formularen, Carnet und Bürgschaft, ging ich zur Bank. Es war Donnerstag. Am nächsten Mittwoch sollten die Bilder abgeholt werden. Meinem Bankmanager schilderte ich meine Not sehr plastisch. Er war freundlich, aber zurückhaltend: »Normalerweise übernehmen wir kein Bürgschaften«, winkte er ab.

»Aber es ist doch nur pro forma«, flehte ich ihn an, »die Bilder kommen ja wieder zurück. «

»Einen solchen Fall hatten wir noch nicht, das kann ich nicht allein entscheiden«, mauerte er, »das muß ich der Zentrale in Hamburg vorlegen.«

»Wie lange kann das dauern?« hörte ich meine tonlose Stimme.

»Montag«, meinte er jovial, »rufen Sie Montag an.«

Beklommen verließ ich die Bank. Ich hab's doch gewußt.

In der Nacht habe ich kein Auge zugetan. Ich sah mich schon die Ausstellung absagen, aber das ging doch nicht. Ania hatte mir am Telephon gesagt, der Katalog sei bei meiner Ankunft am Mittwoch fertig. Ankunft. Würde es überhaupt noch eine Ankunft geben? Es kann doch nicht sein, dachte ich, daß es so schwierig ist, zwanzig Bilder zweihundert Kilometer weit zu transportieren und wieder zurückzubringen.

Am nächsten Morgen rief ich wieder beim Zoll in Dreilinden an.

»Gibt es denn gar keine andere Möglichkeit, die Bilder nach Polen zu bringen?« fragte ich den sehr freundlichen Mann am Telephon.

»Doch«, sagte er, »INF.«

»Wie bitte, Impf?«

»Nein, wir wollen Ihre Bilder nicht impfen«, lachte er, »INF 3, das ist eine Ausfuhrgenehmigung vom deutschen Zoll. Was die Polen dazu sagen, weiß ich nicht. Sie müssen sich eine schriftliche Bestätigung vom Ausstellungsort geben lassen, daß die Bilder nach Deutschland zurückgebracht werden, aber mit uns kommen Sie klar.«

Erleichtert legte ich den Hörer auf.

Nach Szczecin schickte ich ein Telegramm mit der Bitte um Rückruf. So lief das immer: Ania mußte beim Telephonieren dabei sein, um zu dolmetschen. Ohnehin kommt man telephonisch nach Szczecin kaum durch. Das INF-3-Formular holte ich beim Hauptzollamt in der Lietzenburger Straße. Damit und mit einer Liste der Bilder fuhr ich zu der Zollstelle in Dreilinden, die merkwürdigerweise für Ausfuhren aus der Innenstadt zuständig ist. Das heißt, ich dachte, ich führe nach Dreilinden, aber erst einmal fand ich mich in Potsdam wieder, denn man erkennt die alte Grenze kaum mehr, und das Zollamt ist in keiner Weise von außen gekennzeichnet. In einem riesigen Bogen fuhr ich wieder zurück und diesmal ganz langsam an der ehemaligen Grenze lang, bis ich von einem Gebäude meinte, das müsse es sein. Ich hatte Glück. Der Eingang zum Zollamt ist auf der Rückseite des Gebäudes, so daß man von der Autobahn aus wirklich nichts erkennen kann. Ein Amt für Kenner.

Meinen sehr freundlichen Mann vom Telephon fand ich in einem Büro im Erdgeschoß. Ich war noch nie so froh, jemanden Stempel auf Papiere drücken zu sehen wie an diesem Sonnabend. »Schönes Wochenende«, wünschte mir der Beamte, »und alles Gute für Ihre Ausstellung in Polen.«

Mittwoch, der 11. Dezember, war ein herrlicher sonnig-kalter Wintertag. Ideales Reisewetter. Anias Freundin, Ania, hatte ich gebeten zu kommen, um zu dolmetschen, denn der Fahrer, so hatte man mir gesagt, sprach nur polnisch. Seit Monaten war mein Haus eingerüstet. Wie überall in Berlin wurde der fünfte Stock ausgebaut, das Haus auf Vordermann gebracht und renoviert. Vor dem Haus war ein Teil der Straße durch Gitter für das Baumaterial abgetrennt. Die Bauarbeiter hatte ich gebeten, einen Zaunabschnitt abzubauen und eine Gasse freizuräumen. Das Bilderabholen, in der Uhlandstraße immer ein Problem, würde diesmal besonders kompliziert, und außerdem mußten wir noch ins Atelier in der Helmholtzstraße.

Während wir warteten, lernte ich genug polnisch, um den Fahrer später durch Ost-Berlin zu lenken, links, rechts und geradeaus: liewo, prawo, prosto. Dann kam er, ein großer, blonder junger Mann, Henryk. Das Einladen klappte wunderbar, und wir fuhren los. Während wir durch Ost-Berlin fuhren, kam zu meinen neuerworbenen Sprachkenntnissen zweimal das sehr unpolnische Wort »Achtung« hinzu, an schwierigen Vorfahrtsstellen. Dann fuhren wir schweigend in der Wintersonne durch die Mark Brandenburg und boten uns gelegentlich gegenseitig Zigaretten an.

Es war sehr kalt. Ziemlich bald merkte ich, daß die Heizung in dem Transporter nicht funktionierte. Zwischen Henryk und mir lag der Motor, der mit zwei dicken Decken zugedeckt war. Erst biß ich die Zähne zusammen, aber nach einiger Zeit war ich so durchgefroren, daß es mir nicht mehr drauf ankam, und ich nahm eine Decke herunter und deckte mir die Knie zu. Henryk zeigte auf eine Klappe vor meinen Füßen, und ich schüttelte den Kopf. Da hielt er kurzentschlossen auf dem durchgehenden Streifen rechts auf der Autobahn, das Auto lehnte schon leicht zur Böschung, machte die Motorhaube auf und fummelte im Auto herum. Dann stieg er wieder ein, und wir fuhren weiter. Nach zehn Minuten zeigte er wieder auf die Heizungsklappe, und ich schüttelte nochmal bedauernd den Kopf. Wieder hielt er halb in der Böschung, und die ganze Prozedur wiederholte sich. Nach einiger Zeit zeigte Henryk nochmal auf die Klappe, und als ich ein letztes Mal den Kopf schütteln mußte, zuckte er resignierend die Schultern und sagte auf Deutsch: »Polenauto. Scheiße.«

Von Berlin nach Szczecin ist es ein Klacks. Wenn ich allein fuhr, habe ich einmal unterwegs eine kleine Pause gemacht, Kaffee getrunken und mich mit den Leuten unterhalten. So lernte ich kurz nach der »Wende« den Ostler kennen, der seine Existenz auf ein Klo gegründet hat: Er besitzt die Toiletten der einzigen Raststätte zwischen Berlin und Szczecin. Damals habe ich warten müssen, bis das Herrenklo frei war, denn das Damenklo wurde gerade renoviert, wie er mir stolz zeigte.

Henryk und ich fuhren aber zügig durch und waren nach zweieinhalb Stunden an der Grenze. Vom deutschen Zoll wurden wir nicht einmal angehalten. Dafür den ganzen Aufstand, dachte ich. Mit dem polnischen Zollbeamten gab es eine längere Unterhaltung, die ich nicht verstand. Er sah sich die Bilder hinten an und machte eine Handbewegung, die ich als »Weiterfahren« mißverstand. Statt dessen fuhr Henryk auf den Parkplatz, verschwand im Zollhäuschen und kam erst nach zwanzig Minuten mit dem Daumen nach oben gestreckt wieder. Es stellte sich heraus, daß dem Grenzzollbeamten die Bestätigung des BWA nicht ausreichend erschienen war. Erst nach einem Telephonat mit dem BWA hatte sein Vorgesetzter grünes Licht gegeben.

Endlich waren wir in Szczecin.

Unterhalb von meinem herrlichen Ausstellungsraum, in einem ähnlichen Prachtsaal, fand der erste Stettiner Weihnachtsmarkt statt mit lauter westlichen Waren und den Gruseltieren. An einem Stand gab es Kräutersäckchen mit Heilmitteln gegen alles, von Migräne über Prostatitis bis Impotenzia. Aber an diesem Abend habe ich das alles nur mit halbem Auge wahrgenommen. Ich war müde. Ania und ich gingen in ein schönes Fischrestaurant essen.

Am nächsten Morgen wurden die Bäder ausgepackt, und ich fing an, sie zu stellen. Eine Ausstellung hängen ist fast wie ein Bild malen. Thema, Farbe, Form und Größe der Bilder müssen berücksichtigt werden und natürlich die Gegebenheiten des Ausstellungsraumes. Eine Kunst, die viel Zeit und Aufmerksamkeit erfordert.

Die Bilder, die ich in Polen ausgestellt habe, sind alle mittelgroß bis groß und hatten drei Themen: große Köpfe, Gesichter, in denen die Spuren von Erfahrung zu sehen und ein angespanntes Innenleben zu erahnen ist. Stadtbilder, fast wie abstrakte Bilder wirkend. Fensterlose Stadthäuser in dichter Komposition, die nur durch Farbe und Farbauftrag tages- oder jahreszeitliche Stimmungen wiedergeben. Und männliche Akte. Schöne, junge Männer, oft in passiven Stellungen. Bilder, in denen durch Körperhaltung und Farbe eine Stimmung ausgedrückt wird.

Auf dem Plakat zu meiner Ausstellung kamen diese Akte nicht vor. Die Ausstellung hieß »Sarah Haffner: Portrety, Pejzazy Mieskie« – Portraits, Stadtlandschaften. Auch in dem schönen Vorwort, das Lech Karwowski für den Katalog geschrieben hat, tauchten die männlichen Akte nicht auf.

Eines dieser Bilder, ein schmales Hochformat, hatte ich für die Stirnwand des Raumes konzipiert. Das Bild paßte genau zwischen die beiden Fensterreihen gegenüber vom Eingang. Das Bild heißt »Kind of Blue« – ein Titel, den ich von Miles Davis geklaut habe. Ein paar Jahre zuvor hatte mir David die Kassette von Miles Davis geschenkt und »Macht das Beste aus schlechtem Wetter« darauf geschrieben. Ich wußte immer, daß ich den Titel »Kind of Blue« für ein Bild verwenden würde, und dies war das Bild. Es stellt einen jungen nackten Mann dar, der in den Bildrahmen eingezwängt ist. Den in die obere rechte Ecke gedrückten Kopf hat er auf den Arm aufgestützt, der mit einem hochgestellten Bein eine durchgehende Diagonale bildet. Das andere Bein ist angewinkelt. Der Penis ist also deutlich sichtbar. Der Titel ist doppeldeutig: Er drückt sowohl die Stimmung als auch die Farbigkeit des Bildes aus.

Dieses Bild stellte ich gleich an den Platz hin, für den ich es vorgesehen hatte. Fünf Minuten später guckte ich dorthin, und das Bild war verschwunden, es stand auf der Seite. Lech Karwowski, der am Anfang beim Stellen dabei war, hatte wohl Henryk gebeten, das Bild auf die Seite zu schaffen. Ich stellte es nochmal an seinen Platz. Fünf Minuten später stand es wieder auf der Seite. Noch einmal wiederholte sich das Spiel, dann hatte ich mich durchgesetzt. »Kind of Blue« blieb an der Stirnwand.

Das Stellen dauerte mehrere Stunden. Henryk sollte mir eigentlich beim Hin- und Hertragen helfen, aber mir macht es nichts aus, stundenlang die Bilder auszutauschen und herumzuschleppen. Im Gegenteil, es macht mir Spaß. Eine körperliche und geistige Anstrengung, die ihre Belohnung findet, wenn man das Gefühl hat, eine Ausstellung optimal zu präsentieren. Irgendwann ließ mich Henryk allein, wofür ich dankbar war.

Am nächsten Morgen, Freitag, den 13. Dezember, wurden die Bilder von Henryk aufgehängt, die Titel danebengeklebt und die Beleuchtung eingestellt. Mittags war alles fertig. Die Ausstellung sah phantastisch aus, alles war für die Eröffnung bereit. Im Lauf des Tages trafen zwölf meiner Freunde und Freundinnen aus Berlin ein. Es war ein schönes Wiedersehen, so nah an Berlin, aber doch so anders. Manche waren zum ersten Mal in Polen und besichtigten die Stadt. Mit den anderen ging ich ins Café.

Früher war ich vor Eröffnungen sehr aufgeregt und hatte fast so etwas wie Lampenfieber. Im Lauf der Zeit hat sich das gelegt. Wie bei so vielen Dingen im Leben nimmt die Intensität des Erlebens mit der Wiederholung ab. Jetzt ist mir das Hängen einer Ausstellung fast wichtiger als die Eröffnung.

Bei dieser Eröffnung gab es aber ein spezielles Problem. In Berlin trägt man zu Eröffnungen nichts Besonderes. Ich wußte aber von meinen Ausstellungen in der DDR, als es sie noch gab, daß es in Ost-Europa förmlicher zuging. Sogar in Wien hatte ich mir auf Anraten meiner dortigen Freundin Alice extra ein Kleid angeschafft, nachdem sie auf meine Frage, ob ich im Hosenanzug erscheinen könne, geantwortet hatte: »Wenn er aus Seide ist.« Das Kleid verstaubt inzwischen im Schrank. Diesmal hatte ich mich für einen Kompromiß entschieden: schwarzer Rock, schwarzer langer Rollkragenpullover. Damit, so meinte ich, sähe ich für die Westler nicht übertrieben aufgedonnert aus, aber genügend schickgemacht für die Polen. Aber Ania war ganz enttäuscht, als sie mich sah: »Ich hätte dir doch eine Jacke leihen können.«

Die Eröffnung sollte um 19 Uhr stattfinden. Kurz vor sieben kamen wir ins Schloß. Vor dem Ausstellungsraum stand eine kleine Versammlung von Menschen und wartete. Es war Freitag der Dreizehnte: Das Licht war im Ausstellungsraum ausgefallen. Lech Karwowski hetzte blaß und nervös hin und her und entschuldigte sich bei mir. Ich beruhigte ihn, das sei doch eher komisch, aber etwas konsterniert war ich schon. In Polen funktioniert alles mit

Improvisation, und an diesem Abend wurde das Wunder vollbracht, nach Ladenschluß eine Sicherung aufzutreiben. Die Eröffnung war gerettet. Es war eine ost-europäische Eröffnung mit Reden und Blumen. Ich glaube, wir waren alle froh, als der lässige Teil begann.

Am nächsten Morgen wollte ich Photos von der Ausstellung machen, aber das Licht war wieder kaputt. So photographierte ich bei grauem verhangenem Tageslicht mit Blitz, so ungefähr die schlechteste Beleuchtung, die man sich fürs Photographieren ausdenken kann. Entsprechend sind meine Photos auch geworden: düstere Ahnungen von dem prachtvollen Raum mit blassen Rechtecken oder dunklen Löchern an den Stellen, wo man Bilder vermuten könnte. Nach dem Photographieren gab's einen letzten Kaffee mit Ania und Lech Karwowski im Büro des BWA. Dann fuhr ich mit Freunden nach Berlin zurück.

Dort wurde ich damit empfangen, daß die Handwerker in die Wohnung hereinwollten, denn alle Rohre sollten im Haus ausgetauscht werden. In der Woche vor Weihnachten wurden in der Küche und im Bad mit unglaublichem Lärm Löcher in die Wand gemeißelt. Die ganze Wohnung war mit einer weißen Schicht von Steinstaub verschleiert. Dann verschwanden die Handwerker erst einmal wieder bis Mitte Januar.

Am 29. Januar sollten meine Bilder aus Polen zurückkommen. Ania, die in Berlin zu tun hatte, war schon einige Tage früher da. Am 29. wartete sie mit mir gemeinsam in meiner völlig chaotischen Wohnung, in der die Klempner und die Maurer arbeiteten, auf Henryk, der mittags mit den Bildern kommen sollte. Sie hatte mir die Besprechungen meiner Ausstellung aus der Stettiner Presse mitgebracht, die sie für mich übersetzte. Wir tranken Kakao, denn Tee und Kaffee waren irgendwo unauffindbar verbuddelt, und unterhielten uns über Anias Bauprojekte. Es wurde ein Uhr, es wurde zwei Uhr. Ich fing an, nervös zu werden, versuchte aber, mir nichts anmerken zu lassen. Um halb drei klingelte das Telephon. Es war das BWA in Szczecin. Ania ging ran, und ich hörte an ihrer Stimme, daß etwas ziemlich schiefgegangen sein mußte.

Nachdem sie aufgelegt hatte, erklärte mir Ania, daß Henryk vier Stunden an der Grenze zugebracht hatte. Diesmal gab es keine Schwierigkeiten mit dem polnischen Zoll. Ausgerechnet vom deutschen Zoll aber war Henryk in ein Speditionsbüro an der Grenze geschickt worden, um ein zusätzliches Formular zu holen. Mit großen Mühen und der Hilfe einer polnischen Mitarbeiterin der Spedition hatte er das Formular ausgefüllt. Damit aber noch nicht genug: Nun habe man ihn aufgefordert, zwanzig Prozent des Wertes der Bilder an der Grenze zurückzulegen. Da sei Henryk verzweifelt nach Szczecin zurückgekehrt.

Ich verstand die Welt nicht mehr (oder noch weniger als ohnehin). Hatte nicht der nette Mann in Dreilinden gesagt, daß es mit dem deutschen Zoll keine Probleme geben würde? Hatte ich nicht alles ordentlich für den Zoll fertiggemacht? Ich rief in Dreilinden an, nur leider hatte ich den Namen des freundlichen Beamten vergessen. »Ich verbinde Sie weiter«, sagte die Frau in der Telephonzentrale, nachdem ich ihr ansatzweise das Problem geschildert hatte. Da meldete sich schon jemand: »Leinemann.« Nachdem ich die Misere ausführlich erklärt hatte, fragte ich, ob es vielleicht möglich sei, von Dreilinden aus an der polnischen Grenze anzurufen und dort mitzuteilen, daß alles ordnungsgemäß abgefertigt worden sei. Ich drückte mich möglichst zollgerecht aus.

»Tja, jute Frau, wo denkense denn da hin?« sagte Herr Leinemann, »ick bin doch ooch nurn kleener Zollbeamter. Wenn da jemand an der Grenze, uff deutsch jesagt, Scheiße baut, kann ick ooch nüscht dazu sagen.«

»Aber Sie haben doch da Kopien von den Formularen«, warf ich ein.

»Na und, wat soll ick mit den Kopien?«

Meine Stimmung war auf null. »Können Sie mir wenigstens die Telephonnummer in Pomellen geben, dann ruf ich selbst dort an«, bat ich verzagend.

»Tja, jute Frau, det kann 'ne Weile dauern, die wird nich leicht zu finden sein. Ick ruf denn zurück.«

»Innerhalb der nächsten halben Stunde?« fragte ich geladen.

»Wolln ma sehen«, meinte Herr Leinemann.

Auf Herrn Leinemann wollte ich mich nicht verlassen. Ich rief die Telephonauskunft an, aber die konnte mir nicht weiterhelfen. So fing ich an, Zollstellen in Berlin telephonisch abzuklappern. Bei der dritten hatte ich Glück. Es war der Packhof in Moabit. Ich bekam dort eine ellenlange Nummer. »Aber es wird nicht leicht sein durchzukommen«, meinte die Frau am Telephon hilfsbereit, »ich rate Ihnen, eine Null oder Eins am Ende zu wählen.« Ich wählte ungefähr zehnmal, mit Null, mit Eins und ohne alles. Es war immer besetzt. Fernamt also. »Unbestimmte Wartezeit«, sagte das Frollein vom Amt, »sollen wir zurückrufen?« »Ja bitte, es ist dringend«, japste ich. Nach einer Viertelstunde klingelte das Telephon. Ich raste dorthin. »Hier Leinemann, ick hab jetzt die Nummer.«

Wieder warten. Es war schon fast vier Uhr. »Was mache ich nur, wenn die in Pomellen pampig werden«, sagte ich zu Ania. Ich sah schon meine Bilder wochenlang in Polen vermodern. O mein Gott, flehte ich, laß bloß die Bilder zurückkommen. Bitte laß sie zurückkommen.

Halb fünf. Endlich das Telephon, das Fernamt, Pomellen.

»Wie sah der Wagen aus?« fragte die Frau am anderen Ende, nachdem ich zum dritten Mal das Malheur geschildert hatte.

»Größer als ein VW-Bus, kleiner als ein Lastwagen«, sagte ich.

»Ich erinnere mich«, sagte sie, »da hat's ein Mißverständnis gegeben. Ich verbinde weiter.«

Kurze Pause.

»Ja, hier Grünwald, was kann ich für Sie tun?«

Noch einmal klagte ich mein Leid.

»Ja, der junge Mann hat alles falsch verstanden«, sagte Herr Grünwald, »er hat eine Einfuhrerlaubnis besorgt, dabei brauchte er bloß eine Warenfreistellungsgenehmigung.«

»Eine was, bitte?«

»Eine Warenfreistellungsgenehmigung. Das ist eine Erklärung, daß das Gut zollfrei nach Deutschland eingeführt wird.«

»Ach so. Und wofür braucht er die?«

»Ja, so sind die Bestimmungen.«

An diesem Punkt ist immer Ende der Unterhaltung mit einem Bürokraten. Unfreundlich war aber Herr Grünwald nicht: »Sagen Sie dem jungen Mann, daß er sich bei mir meldet, wenn er wiederkommt. Ich sorge dafür, daß alles klargeht.«

»Danke«, sagte ich erleichtert.

»Gott sei Dank«, sagte ich zu Ania, als ich aufgelegt hatte, »es wird alles gutgehen.«

Noch einmal das Fernamt. Ania ließ sich mit dem BWA verbinden. Es klappte ungewöhnlich schnell. Eine lange eindringliche Unterhaltung auf polnisch. Zwischendurch hörte ich auf deutsch: »Warenfreistellungsgenehmigung«. Das Wort wurde zweimal buchstabiert, und dann ging's polnisch weiter. Als sie fertig war, sagte Ania: »Henryk kommt morgen.«

Am nächsten Tag war außer dem Klempner und dem Maurer auch der Elektriker in der Wohnung. Ania war in Berlin geblieben, um zu dolmetschen. Diesmal gab es keine Probleme an der Grenze. Dafür bekam Henryk ein Knöllchen von der Berliner Polizei, als der Transporter vor dem Haus stand. Wie wir es geschafft haben, die Bilder durch das totale Tohuwabohu in meiner Wohnung zu schleppen, weiß ich auch nicht mehr, aber wir haben es geschafft. Mit Ania und Henryk trank ich noch Kakao. Dann gab ich Ania etwas feministische Literatur mit und Henryk ein Spielzeug für seine kleine Tochter, und wir verabschiedeten uns etwas wehmütig.

Ich war sehr froh, daß die Bilder wieder da waren. Es gibt immer einen Hauch von Unruhe, wenn die Sachen unterwegs sind. Man weiß nie, ob sie heil zurückkommen. Auch diesmal packte ich erstmal alle Bilder aus, um zu sehen, ob auch keins davon eine Schramme oder Beule abbekommen hatte. Immer wiederkehrende Schreckensphantasien im Leben eines Malers sind die Vorstellung eines Unfalls bei einem Transport oder eines Feuers in Wohnung oder Atelier. Und immer wiederkehrende Momente des Aufatmens gibt es, wenn die Bilder heil von einer Ausstellung zurückkommen.

Am Wochenende kam Johannes, der zwei Meter lange Sohn einer Freundin, um mir zu helfen, einige der Bilder aufzuhängen. Zwar war die Wohnung noch völlig chaotisch, aber wenigstens sah man nicht mehr die rechteckigen Schatten, wo die Bilder gefehlt hatten.

Am Montag kamen die Maler, um Küche und Bad zu streichen. Meine ausgefallenen Farbwünsche begründete ich damit, daß ich auch Malerin sei. »Möchten Sie die Bilder sehen?« »Jerne«, sagten die Maler. »Kind of Blue« hing in der Ecke, über dem Telephon. »Hattse jut hinjekricht«, sagte der eine Maler zum anderen und zeigte auf den Pimmel. Wir lachten alle drei.

Joel

»Das Buch mußt du lesen«, sagte meine Freundin Catherine Fried. »Da hat einer ein Buch geschrieben, der hat eine ganz ähnliche Biographie wie du, nur ist er Amerikaner und hat in Ost-Berlin gelebt.« Es war 1983. Ich war in London zu Besuch. Bevor ich nach Berlin zurückflog, besorgte ich mir das Buch. Es hieß »Twelve Years«* und der Autor Joel Agee.

Das Buch las ich in Berlin. Berlin hatte ich mit Joel Agee gemeinsam. Es war zwar das andere Berlin, aber Sturheit und Muffigkeit gab es hier wie dort. Die zwölf Jahre waren die Jahre, die Joel Agee in der DDR lebte. Joel, der Sohn des amerikanischen Schriftstellers James Agee, war nach der Trennung seiner Eltern mit seiner Mutter nach Mexiko gezogen. Dort lernte sie Bodo Uhse, den kommunistischen Romancier, kennen und ging mit ihm 1948 in die DDR. So kam Joel mit acht Jahren nach Ost-Berlin. Sein Buch fesselte mich. Mir gefielen die Genauigkeit der Beobachtung und die Differenziertheit der Darstellung der Menschen um ihn herum und seiner eigenen Gefühle. Er beschrieb wunderbar, traurig und komisch zugleich, die Verwirrungen und Nöte der Pubertät, darunter seine Schwierigkeiten mit der Schule, die er oft schwänzte. Das Buch schilderte manchen DDR-Irrsinn, manche wiedererkennbare gesamtdeutsche Marotte, aber auch die liebenswürdigen Seiten seiner Umgebung. Gelegentlich nahm Joel Agee, der gleich alt war wie ich, dieselben Dinge »andersherum« wahr. Für ihn war die Suezkrise 1956 Anlaß zu großer Aufregung. Die Anmaßung und Grausamkeit Großbritanniens und Frankreichs gegen das kleine Ägypten schockierten ihn. Der Aufstand in Ungarn war dagegen in seiner damaligen Sicht brutal, ja faschistisch. Zählten wir beide zu

* Joel Agee, »Twelve Years«, University of Chicago Press, Neuauflage 2000

den Unangepaßten, so waren wir doch deutlich geprägt von unserer jeweiligen Umgebung, und darin wiederum verwandt. Die Offenheit, Wärme und leise Ironie seiner Erzählweise und die weiche Klarheit seiner Prosa genoß ich. Während ich das Buch las, war mir, als lernte ich einen Freund kennen.

Etwa ein Jahr später kam Joel Agee nach Berlin und las aus der deutschen Übersetzung seines Buches in der Autorenbuchhandlung vor. Gegen Ende der Diskussion nach der Lesung stellte Joel Agee fest, daß sie ganz anders verlaufen sei als bei ähnlichen Gelegenheiten in den USA. Dort habe er erst Fragen beantworten müssen, ob die Menschen hinter dem Eisernen Vorhang wirklich morgens frühstückten und abends ins Bett gingen und nicht etwa, wie er sagte, verkehrtherum an der Zimmerdecke entlangliefen. In der Diskussion ging es um Identität, um die Reaktion der Ostberliner Intellektuellen auf Stalins Tod, um repressive Maßnahmen der Schule, als Joels Bruder Stefan eine Schülerzeitung gründen wollte, und die Unfähigkeit der Erwachsenen, ihn vor der Obrigkeit in Schutz zu nehmen. Im Buch endet diese Stelle mit der Erkenntnis der Erwachsenen: »Wir sind alle in der gleichen Lage wie Stefan.«

Wieder ein oder zwei Jahre später erschien »Zwölf Jahre« als Taschenbuch auf Deutsch. Ich kaufte mir auf dem Camden Lock Flohmarkt in London eine Herrenlederjacke mit Innentasche, und von da an schmuggelte ich das Buch manchmal in meiner Lederjacke herüber, wenn ich nach Ost-Berlin fuhr. Das ging ein paar Jahre so. Ich hatte vielleicht acht oder zehn Exemplare des Buches bei meinen Ost-Berliner Freunden verteilt.

Im Mai 1989 sollte ich nach Ost-Berlin zu einem Gespräch mit der Zeitschrift »Bildende Kunst« im Henschel Verlag. Ich hatte wieder meine Lederjacke an und eine Kopie »Zwölf Jahre« in der Innentasche. Um zwanzig vor elf war ich am Grenzübergang Invalidenstraße.

»Was nehmen Sie mit?« fragte der Kontrolleur.

»Zwei Kataloge.« Sie lagen sichtbar im Auto.

»Und was ist das für ein Buch?«

»Was für ein Buch?«

Eine Ecke des Buches guckte dummerweise unter der Jacke hervor.

»Geben Sie her«, sagte der Kontrolleur, »und fahren Sie rechts ran.«

Ein elendes Gefühl. Alles vermasselt. Das Gespräch mit »Bildende Kunst« vermasselt. Viel schlimmer noch: nie wieder Ost-Berlin oder überhaupt DDR. Sie lassen mich nicht mehr rein. Vielleicht zehn Minuten saß ich so da, von Minute zu Minute tiefer in ein schwarzes Loch versinkend.

Da kam der Kontrolleur wieder. Das Buch hielt er zwischen zwei spitzen Fingern und etwas vom Körper entfernt. »Sie hatten vor kurzem hier eine Ausstellung, nicht wahr?«

Er gab mir das Buch mit einem deutlich Ekel signalisierenden Blick wieder.

»Ja«, sagte ich.

»Fahren Sie weiter.« Die Botschaft war eindeutig: Wir kennen Sie. Wir wissen, wer Sie sind. Einmal lassen wir das durchgehen, aber nie wieder.

Ich kam sogar rechtzeitig zum Gespräch im Henschel Verlag an. Auf der kurzen Strecke dorthin hatte ich beschlossen, nie mehr das Buch nach Ost-Berlin zu schmuggeln. Auch mich hatte die DDR-Obrigkeit kleingekriegt. Nur mit der Andeutung einer Drohung.

Nicht lange danach sagte meine Freundin Elizabeth Shaw, eine irische Zeichnerin und Kinderbuchautorin, die in Ost-Berlin lebte: »Da kommt jemand nach Berlin, den mußt du unbedingt kennenlernen, der hat eine ganz ähnliche Biographie wie du. Nur ist er Amerikaner und lebte in Ost-Berlin. Ich kannte ihn als Kind und Jugendlichen. Ihr werdet euch bestimmt verstehen.« »Joel Agee?!« Es war mehr eine Feststellung als eine Frage. »Ich habe sein Buch gelesen. Ich freue mich darauf, ihn näher kennenzulernen.«

Joel hatte ein Stipendium für ein Jahr vom Deutschen Akademischen Austauschdienst. Anfang März 1990 kam er mit seiner Frau Susan nach Berlin. Bald danach lernten wir uns kennen. Es gibt solche Begegnungen, wo man nicht viele Worte zu machen braucht. Es stimmt einfach.

Susan hatte natürlich viel größere Probleme als Joel, sich in Berlin zurechtzufinden. Sie war auf Übersetzung angewiesen, nicht nur der Sprache, sondern auch mancher Verhaltensweisen, die sich gar nicht übersetzen lassen, so verquer muten sie selbst einer alten Berlinerin wie mir an.

Was braucht man als Ausländer als erstes in Berlin? Eine Aufenthaltsgenehmigung. Wo bekommt man sie? Bei der Ausländerbehörde in der Puttkamerstraße, nachdem man bei einigen anderen Behörden Bescheinigungen aller Art gesammelt hat. Ein regnerischer Tag. Eine Schlange steht in der Kälte vor dem Gebäude in der Puttkamerstraße. Hinweise für die wartenden Ausländer, die meisten von ihnen aus Ländern der Dritten Welt, nur auf Deutsch. Joel vertreibt sich die Zeit damit, für einige Menschen in seiner Nähe Übersetzerdienste zu leisten. Das Warten ist lang und dröge.

Nach etwa zwei Stunden sind Joel und Susan endlich dran. Es stellt sich heraus, daß ihnen eine Bescheinigung fehlt. »Dann holen wir das und kommen morgen wieder«, sagt Susan. »Aber da können wir sicher sofort herein und müssen nicht noch mal warten.«

»Doch, das müssen Sie.« Die strenge Stimme einer preußischen Beamtin.

»Joel, sag du etwas.«

»Ja, wenn es so gehandhabt wird, müssen wir uns wohl noch mal anstellen.«

»Aber das ist doch absurd!« Susan war außer sich, gleichermaßen wütend auf die in felsenhafter Sturheit verharrende Frau wie auf den nachgiebigen Joel, der widerwillig ihren fassungslosen Ausbruch übersetzte.

»Das ist doch vollkommen verrückt. Das kann doch nicht wahr sein!«

Schließlich die vorsichtige Stimme einer männlichen »Schreibkraft« aus dem Hintergrund: »Vielleicht müssen wir nicht so bürokratisch sein.«

»Na gut, wir machen eine Ausnahme«, läßt sich die Beamtin herab.

Später sagt Susan, so etwas habe sie mit Joel in den USA nie erlebt. Dort lasse er sich nichts bieten.

»Das waren meine alten DDR-Reflexe«, sagte Joel entschuldigend. »Ich konnte nicht dagegen an.«

Aber das war nur die eine Seite. Offensichtlich fühlte sich Joel in Berlin auch wohl. Erst einmal wegen der Sicherheit und der Ordentlichkeit. Joel und Susan hatten damals eine Wohnung in einer ziemlich gefährlichen Gegend von Brooklyn, wo es manchmal Schießereien gab. Einmal war eine Kugel durch ihr Fenster ins Wohnzimmer geflogen. In Berlin lebten sie in dem bürgerlichen Viertel Neu-Westend. Villen, Bäume und eine weiträumige bequeme Wohnung. Ein vergleichsweise ruhiges Lebensgefühl.

Er mochte an Berlin auch die Ernsthaftigkeit, das aufmerksame Teilnehmen an Gesprächen. Small Talk gab es kaum. Joel und ich stimmten darin überein, das als einen Segen zu empfinden. Einmal erzählte er vergnügt von einem Spaziergang im Charlottenburger Schloßpark. Ein junges Liebespaar war an ihm vorbeigegangen, und er hatte gehört, daß der Mann und die Frau sich über ein Gedicht von Hölderlin unterhielten.

Ich glaubte zu bemerken, daß es ihm gefiel, Deutsch zu sprechen. Und ich nehme an, weil ich das kenne, daß bestimmte Gerüche oder Laute ein Wiedererkennungsgefühl in ihm weckten. Ich kann mich nicht erinnern, daß wir darüber gesprochen haben. Vieles lief zwischen uns unkommentiert, aber mit dem Verständnis, das diejenigen verbindet, die einen ähnlichen Bruch in ihrer Biographie haben.

Joel fuhr ungern nach Ost-Berlin. Es war erst kurz nach der Öffnung der Mauer. Im Straßenverkehr konnte man oft nicht dort abbiegen, wo es opportun gewesen wäre, und mußte merkwürdige Umwege fahren. Die Gängelei schien symbolisch für das alte System. Mit Leuten, die der DDR nachtrauerten, die ihre Hände rangen, weil die Vergangenheit nach und nach verschwand, hatte er wenig Sympathie. Einmal ärgerte er sich über mich. Wir fuhren gerade auf einer Straße mit Kopfsteinpflaster. Dasselbe Kopfsteinpflaster, das mich so befremdet hatte, als ich nach Berlin gezogen war. »Das wird es wohl auch bald nicht mehr geben«, sagte ich wehmütig. Wir wurden beim Fahren richtig durchgeschüttelt. »Das kann doch nicht dein Ernst sein, daß dir das Geruckel fehlen wird«, sagte Joel. Er hatte auch kein Verständnis für die Diskussion über verlorengegangene Werte in der Ex-DDR. »Was für Werte?« fragte er.

Ich sah das ein bißchen anders. Mir war aufgefallen, daß es damals eine Hilfsbereitschaft unter den Menschen gab, die ich im Westen seltener erlebte. Ein paar Jahre später wurde es mir ganz deutlich, als ich eine Ausstellung in Zehdenick, nördlich von Berlin, hatte. Den Transport der Bilder machte eine Freundin mit einem gemieteten Planwagen. Auf dem Rücktransport ging uns der Dieseltreibstoff aus, mitten auf der Landstraße. Es dämmerte, und wir konnten nicht einmal die Rücklichter des Transporters einschalten. Vorbeifahrende Wagen hielten an, die Fahrer halfen uns beim Schieben. Einer versuchte, Diesel in unseren Tank umzufüllen. Schließlich schleppte uns ein Auto ab, zwei Kilometer lang bis zur nächstgelegenen Tankstelle. Ich war froh, daß wir im Osten steckengeblieben waren und nicht im Westen.

Susan hatte durch Joel ein positives Gefühl für Deutschland entwickelt und mochte den Klang der Sprache, wenn er deutsch sprach. Ein ganz anderer Klang als das harsche Deutsch aus Kriegsfilmen. Sie selbst konnte aber nicht deutsch und hatte, bevor sie nach Berlin kam, gerade wegen der Sprache Angst vor Isolation.

Zunächst wurden ihre Befürchtungen bestätigt. An der Kasse eines Supermarktes nahm sie, wie in den USA üblich, eine Plastiktüte, um ihre Lebensmittel einzupacken, nicht ahnend, daß die Tüte bezahlt werden mußte. Die Kassiererin sprach sie an, aber sie verstand sie nicht. Es entstand eine Art stummes Tauziehen um die Tüte zwischen der Kassiererin und Susan. Bis jemand, der Englisch sprach, ihr erklärte, worum es ging. Susan sagte, das Gefühl der Isoliertheit sei so total gewesen, daß sie nicht einmal auf den Gedanken gekommen sei, daß sie sich auch auf Englisch verständigen könne.

Ein zweites Erlebnis deprimierte sie noch mehr. Sie war mit Joel, einem seiner früheren Schulfreunde und mehreren anderen Leuten zusammen in Ost-Berlin essen. Alle sprachen deutsch, und sie verstand nichts. Joel bemühte sich zu übersetzen, aber er wurde ständig unterbrochen und kam nicht nach. Schließlich gab er es auf. Susan saß zwischen Joel und seinem Freund eingeklemmt und fühlte sich unsichtbar und »wie ein Stück Pappe«.

Sie fühlte sich auch abgetrennt von dem, was in Berlin und in der Welt vorging. Mit der Zeit lernte sie aber genügend deutsche Wendungen, um mit alltäglichen Dingen umzugehen. Und sie lernte Leute kennen, die Englisch sprachen und mit denen sie sich gut verstand. Freundschaft gebiert Freunde. Durch Susan und Joel lernte ich Maximilian und Luise kennen, Journalist und Gartenbauarchitektin, die im selben Haus in Neu-Westend wohnten. Maximilian und Luise waren witzig, offen und anregend wie Joel und Susan. Oft waren wir zu fünft unterwegs. Wir lachten viel zusammen. Susan begann, sich in Berlin wohl zu fühlen. Sie empfand die Stadt als eine kleinere und sicherere Ausgabe von New York, nicht so vielfältig im Straßenbild, aber kulturell anregend. Sie genoß die Möglichkeit, sich überall hinsetzen, etwas trinken und plaudern zu können. Und als die New Yorker Freundinnen und Freunde nach und nach zu Besuch kamen, war es oft Susan, die sie in Berlin herumführte.

Joel und Susan saßen einmal mit einem befreundeten Ehepaar aus Brooklyn in einem Restaurant. Sie überlegten nach dem Essen, ob sie Dessert bestellen sollten. »Ich hab nicht mehr so viel Hunger«, sagte Susan zu Joel, »bestell du eine Nachspeise, und ich esse ein bißchen mit.« »Nein«, sagte Joel, »ich möchte meine Nachspeise für mich. Wenn du Nachspeise willst, bestell dir selbst eine.« Der Freund sah ihn groß an. »Darauf bin ich noch nie gekommen. Seit zwanzig Jahren macht Sheila das mit mir. Was für eine geniale Idee!«

Wenn Joel und Susan und ich uns unterhielten, dann war es ein Suchen im Gespräch, nicht, wie so oft in Deutschland, ein Austauschen von fertigen Argumenten oder Vorstellungen. Manchmal konnten Gespräche unerwartete Wendungen nehmen, weil wir vom Hundertsten ins Tausendste kamen, aber die Haltung war immer gleich: fragend, differenziert und behutsam. Wenn Maximilian und Luise dabei waren, war ich in diesem Kreis vielleicht die »deutscheste«. Joel ärgerte sich ein paarmal, weil ich voreilige Urteile abgab oder mich rechthaberisch verhielt.

Einmal unterhielt ich mich mit Joel über LSD. Er hatte den Rausch anders als ich, aber die Erfahrung auch als bereichernd erlebt. Er gab mir einen Artikel zu lesen, den er über das Ende der sechziger Jahre geschrieben hatte, eine Zeit, die er für sich als »wildgeworden mit Symbolen« empfand. Während die Studentenbewegung in der Bundesrepublik den Sozialismus gerade entdeckte, hatte Joel ihn mit Karacho abgelegt und war dabei, die Welt und das Leben als ein Zusammenspiel von traumartigen Zuständen und bedeutungsvollen Zufällen wahrzunehmen. Etwas davon war in den Gesprächen mit ihm geblieben, die oft etwas Staunendes hatten, eine ungebrochene Neugierde auf Menschen, Gedanken, Beobachtungen, die ich als sehr anregend empfand.

Joel sammelte kleine Anekdoten über Berlin, eigentlich in der Absicht, ein Buch zu schreiben, aber daraus ist nichts geworden. Eine der Begebenheiten erlebte er am Vereinigungstag, dem 3. Oktober 1990. Joel und Susan waren zum Brandenburger Tor gefahren, um zu sehen, was los war. Es war herrliches sonniges Wetter, und Menschen schlenderten in kleinen Gruppen die Linden entlang. Die Gruppen schienen nicht viel miteinander zu tun zu haben. Auf dem Bürgersteig stand ein Mexikaner mit einem Sombrero und einem Schild: »Mexiko gratuliert Deutschland!« Die Leute liefen vorbei, als sähen sie ihn nicht. Joel meinte, das sei sicher nicht böse gemeint. Es fehle einfach eine gewisse Spontaneität und Lockerheit, mit einer solchen unerwarteten Situation umzugehen. Auch untereinander hielt man Distanz.

Jahre später hatte ich ein ähnliches Erlebnis. In der Sylvesternacht 1999 lief ich über die Linden mit einer Freundin dem Brandenburger Tor entgegen, wo man in der Ferne Feuerwerke im Nebel verschwinden sah. Mit uns liefen Massen von Menschen, nicht rufend oder ausgelassen singend, oder meinetwegen brüllend oder grölend, sondern leise redend oder schweigsam. Es roch überall nach Schwefel von den Raketen und Knallern, aber sonst deutete nichts darauf hin, daß dies Milleniumssylvester war. Mir war es auch so recht.

Mit Joel teilte ich eine Zuneigung zu Deutschland und vor allem Berlin. Wir mochten uns über manches ärgern oder wundern, aber wir waren doch gern hier. Ich schätzte eine gewisse Direktheit im Umgang, die ich von England her nicht kannte. Ich weiß nicht, wie es Joel damit ging. Einmal sagte er, es stimme nicht, daß die Deutschen humorlos seien, er habe hier viel gelacht. Er freute sich, Weihnachten in Berlin zu verbringen, ein wahrhaft deutsches Fest, wie er sich ausdrückte. Keine laute, großmäulige Veranstaltung mit schlechter Musik wie in den USA. Er mochte wie ich die Bequemlichkeit Berlins. Ein Restaurant oder Café an fast jeder Ecke. Und das viele Grün in der Stadt. Kaum eine Straße ohne Bäume. Und dazu die großen Parks, die Seen und Wälder.

Am Ende ihres Aufenthaltes hatten Joel und Susan nochmal ein häßliches Erlebnis. Susan hatte abends plötzlich entsetzliche Zahnschmerzen bekommen und brauchte starke Schmerztabletten. Joel ging mit ihr von einer Nachtapotheke zur anderen. Sie hatten natürlich kein Rezept. Wiederholt bekamen sie dieselbe Auskunft: »Keine starken Schmerzmittel ohne Rezept!« Es war die Art, wie es gesagt wurde, die Joel wütend machte. Kalt und unbeteiligt, obwohl es offensichtlich war, wie sehr Susan litt. Nicht ein Wort des Bedauerns oder der Sympathie, sondern nur die knappe Mitteilung. Die Bestimmung schaltete das Mitgefühl aus. Das habe er als schaurig empfunden, sagte Joel.

Trotzdem verlängerten Joel und Susan ihren Aufenthalt in Berlin um zwei Monate. Ein paarmal phantasierte Joel sogar davon, in Berlin bleiben zu wollen, aber Ende Mai 1991 kehrten sie nach Brooklyn zurück.

Zwei Jahre später besuchte ich sie dort. Sie hatten eine neue Wohnung. Es war, als hätten sie Neu-Westend nach New York verlegt. Das Haus war in einer der Straßen, wo es gediegene bürgerliche Häuser mit welligen Fronten gibt, in der Nähe vom Prospect

Park. Die Wohnung war geräumig und hell, die Gegend ziemlich sicher.

Am zweiten Tag meines Aufenthaltes machte ich eine falsche Bewegung. Ich neige zu Hexenschuß, aber der, den ich in New York bekam, bleibt in meiner Erinnerung ein Ereignis: wohl der schlimmste Hexenschuß, den ich je hatte. Er führte dazu, daß ich mich zum ersten Mal in New York wie ein normaler Mensch benahm. Bei meinen früheren Besuchen hatte ich mich mehr oder weniger an die Verhaltensregeln gehalten, die man damals als unabdingbar für New York eingetrichtert bekam: Nicht auf Parkbänken hinsetzen. Nicht auf der Straße in den Stadtplan gucken. Immer die Augen aufhaben, um Freaks rechtzeitig wahrzunehmen usw. Mit meinem Hexenschuß war ich aber Invalide, und als solche deutlich erkennbar, ich lief gebeugt und humpelnd durch die Gegend. Man sollte meinen, daß New York für sowas die letzte Stadt ist. Nur Freundlichkeit und Sympathie bekam ich zu spüren. Einmal stand sogar jemand zum ersten Mal in meinem Leben in der U-Bahn für mich auf. Ich war erfreut wie erschrocken. Ich saß auf Parkbänken, las den Stadtplan auf der Straße und achtete überhaupt nicht auf Freaks. Ich war ja selbst einer. Es passierte nichts.

Ich weiß nicht, warum ich in Berlin nicht darauf gekommen war, erst in New York fragte ich Joel, wie er es empfunden hatte, Jude in Berlin zu sein. Als Junge in der DDR hatte er das Gefühl gehabt, daß die Juden in einer anderen Zeit und gewissermaßen an einem anderen Ort verfolgt worden seien, sagte Joel. Die DDR war nicht derselbe Staat, dort wurde das »Neue Deutschland« aufgebaut. So habe er es damals geglaubt. Erst als er die DDR verlassen hatte, hatte er sich wirklich mit der Judenverfolgung im Dritten Reich befaßt. In Berlin gäbe es für ihn einen Hintergrund von Trauer, meinte Joel. Er könne nicht verurteilen und niemandem sein Mitgefühl verweigern, er wisse nicht, wie er sich selbst verhalten hätte. Aber es gäbe Stimmen in Deutschland, die forderten, daß »damit« nun endlich Schluß sein müsse. Dafür habe er zwar Verständnis, aber keine Sympathie. Man könne von der jetzigen Generation von Deutschen nicht verlangen, daß sie Schuld akzeptiere. Das bedeute aber nicht, daß die Geister der Ermordeten nicht weiterhin Erinnerung heischten. Es sei ein Frevel, ihnen das zu verweigern.

Nach einer Woche fuhr ich nach Connecticut, eine Freundin besuchen. Dort blieb ich fünf Tage. Als ich zurückkam, war der Hexenschuß noch schlimmer geworden. Im Reisebus, in dem ich zurückfuhr, konnte ich kaum sitzen. Joel sagte: »Das geht so nicht weiter, du mußt zu unserem Chiropraktiker. Der heißt Savas, ist griechischer Jude und hat eine eigene Methode. Sie ist ziemlich ruppig, aber sie hilft. Du mußt dir das so vorstellen: Du sitzt im Wartezimmer und einer geht gebückt ins Sprechzimmer. Du hörst ein paar Schreie, und er kommt heraus, grün im Gesicht, aber er läuft aufrecht.«

Savas' Praxis war im Souterrain eines Hauses in der 72. Straße. Ich wurde nicht ins Wartezimmer gesetzt, sondern in einen eigenen Raum. Ein gutes abstraktes Bild, gut gerahmt, an der Wand. Alles mögliche Gerümpel ungeordnet herumstehend. In der Mitte des Raumes ein Folterinstrument, das aussah wie ein senkrecht stehendes Bügelbrett. Nach etwa zehn Minuten erschien Savas. Ein Trumm von einem Mann mit breiten Schultern und einem Bart: »Wo kommen Sie her?«

»Aus Berlin.«

»Interessant. Ich suche jemand in Berlin. Er ist Bioenergetiker und hat einen Schnurrbart. Kennen Sie den?«

Ich hätte sagen können, daß diese Beschreibung früher auf etwa ein Viertel der West-Berliner Bevölkerung zutraf, aber ich sagte nur einfallslos: »Nein.«

»Na, wenn Sie ihn treffen, dann sagen Sie ihm, daß ich ihn immer noch suche. Was machen Sie?«

»Ich bin Malerin.«

»Haben Sie hier schon ausgestellt?«

»Nein.«

»Warum nicht? Stellen Sie sich hierhin.« Er deutete auf das Bügelbrett.

Ich stellte mich dorthin. Er kippte mich zusammen mit dem

Brett um, und ich lag auf dem Rücken. Dann nahm er meinen Kopf in die Hände und drehte ihn mit einem Ruck zur Seite bis es knirschte, dasselbe zur anderen Seite.

»Sie haben Vertrauen. Legen Sie die Hände auf den Bauch.«

Er nahm ein Bein, drehte es zur Seite und zog gleichzeitig daran. Ich schrie. Das andere Bein. Ich schrie nochmal. Dann zog er an jedem Finger einzeln und an beiden Armen mehrmals mit gleichzeitiger Drehung. Mehrere Schreie. Er ließ das Bügelbrett herunter, ich stand.

»Sind Sie fertig mit mir?«

»No such luck. Drehen Sie sich um.«

Er kippte mich und das Brett wieder um, und ich lag auf dem Bauch. Nochmal dasselbe. Mehrere Schreie.

»Das war's«, sagte er, »warten Sie jetzt auf meinen Sohn.«

Ich lag da und wußte nicht, ob ich Schmerzen hatte oder nicht. Ich fühlte mich völlig benommen.

Nach einigen Minuten kam der Sohn, die zweite Ausgabe vom selben Buch. Ein Riese. Er fing an, ziemlich sanft auf meinem Rücken herumzutrommeln.

»Sie sind Malerin?«

»Ja.«

»Aus Berlin?«

»Ja.«

»Das muß ja da interessant sein jetzt, wo die Mauer weg ist.«

Ich erzählte ihm ein bißchen von Berlin. Das Trommeln wurde stärker und noch stärker, aber es war nicht unangenehm. Nach etwa fünf Minuten hörte er auf zu trommeln, ließ mich vom Bügelbrett herunter, und die Schmerzen waren weg.

»Das macht 25 Dollar.«

Bevor ich nach Berlin zurückflog, sagte Joel: »Ich habe zwar zwei Schwestern hier in den USA, aber ich glaube, du bist meine Schwester.«

Eine Ausstellung in Salzburg

Auf einem Fest in Ost-Berlin lernte ich 1988 Georg Eisler, den österreichischen Maler und Sohn des Komponisten Hanns Eisler kennen. Er hatte eine Gastprofessur für Aktzeichnen an der Hochschule der Künste und fragte mich, ob ich Lust hätte, bei ihm zu zeichnen. Ich fand die Idee ulkig, zwei Jahre, nachdem ich meinen Lehrauftrag dort aufgegeben hatte, quasi als Studentin wieder an der Hochschule aufzukreuzen. Vor allem aber reizte mich die Möglichkeit, ohne große Umstände zu zeichnen.

Ein- oder zweimal die Woche ging ich von da an in Georgs Aktklasse. Ich war ein bißchen aus der Übung, meine ersten Sachen sahen auch danach aus, aber nach ein paar Wochen ging es besser. Georg, ein großartiger Zeichner, half mit fundierten Korrekturen. »Du darfst jetzt nicht aufhören«, sagte er. Und mit charakteristischer Großzügigkeit: »Ich habe eine Aktklasse in der Sommerakademie in Salzburg, komm doch als mein Gast dorthin.« Im Sommer 1988 fuhr ich nach Salzburg und zeichnete dort ein paar Wochen hintereinander weg. »Du bist der Meister, der vom Himmel fiel«, sagte Georg.

Mit Georg zusammen zu sein, war nie langweilig. Er war ständig in Bewegung, hatte eine nervöse Energie. Er genoß das Leben, aß und trank gern, reiste gern und diskutierte gern, wobei er mit den Händen herumfuchtelte. Und er war leidenschaftlicher Telephonierer. Er hatte einen großen Freundes- und Bekanntenkreis in ganz Europa und den USA und hielt den Kontakt über das Telephon aufrecht. Einmal fuhr ich mit ihm und seiner Frau Alice nach Freilassing in Deutschland herüber. Wir liefen eine Einkaufsstraße entlang, Georg vorneweg, Alice und ich ein ganzes Stück hinterher. Plötzlich sagte Alice: »Renn' schnell vor und lenk' Georg ab. Da ist eine Telephonzelle, die darf er nicht sehen!« Später in Berlin klingelte mein Telephon manchmal um acht Uhr morgens. Das war Georg, der Frühaufsteher, der sich mit Telephonieren für die Arbeit fit machte.

Georg war immer für eine Pointe gut. Einmal lief ich von der Burg, wo die Sommerakademie stattfand, mit Georg den Berg hinunter in die Stadt. Da sagte er plötzlich: »Polen ist der Beweis dafür, daß es ein Leben nach dem Tod gibt.« Ein Rechthaber war er auch, aber ein liebenswürdiger. In einem Restaurant bestellte ich mir Apfelschorle. »Des heißt net Apfelschorle«, sagte Georg, »des heißt Obi G'spritzter.« Georg machte mich in Salzburg mit einer Galeristin bekannt, die ich Hilla nenne, und mit seinem Assistenten Dieter Kleinpeter. Mit Dieter zusammen arrangierte er für mich eine Ausstellung in Wien, die 1990 stattfand. Mit Georg war ich bis zu seinem zu frühen Tod 1998 befreundet. Mit Dieter bin ich bis heute befreundet. Von Hilla hörte ich erst Jahre später wieder.

Sie schrieb mir 1994, daß sie inzwischen an einer katholischen Institution in Salzburg arbeite, »Kunstraum St. Virgil«, die es sich zum Ziel gesetzt habe, »den Dialog zwischen Kunst und Theologie zu befördern«. Es fänden in dieser Institution Kongresse und Lehrgänge statt, aber es gäbe auch sehr großzügige Ausstellungsräume, wo einige renommierte Künstler schon ihre Arbeiten gezeigt hätten. Ob ich Interesse habe, dort auszustellen. Interesse schon, schrieb ich zurück, aber eine katholische Institution könne womöglich Einwände gegen meine männlichen Akte haben. Ich schickte ihr einen Katalog und ein paar Dias, um ihr einen Eindruck der Bilder zu geben. Harmlose Bilder, nur eben Akte. Probleme könne sie sich nicht vorstellen, schrieb Hilla zurück. Also sagte ich zu.

Im Dezember 1994 fuhr ich nach Salzburg, um bei der Hängung und Eröffnung der Ausstellung dabei zu sein, die bis Ende März 1995 laufen sollte. Die Ausstellungsräume waren tatsächlich großzügig: zwei etwa sechs Meter breite und zwanzig Meter lange Gänge links und rechts vom Tagungsraum und einige Alkoven. Am Ende eines der beiden Gänge war eine Caféteria. Zwei

Tage vor der Eröffnung stellte ich die Bilder. Die drei oder vier männlichen Akte im weniger frequentierten Gang auf der anderen Seite von der Caféteria, um nicht zu provozieren.

Es half nichts. Am nächsten Morgen wurden Hilla und ich zum Rektor der Institution bestellt. Er saß händeringend und zittrig in seinem Büro und sagte immer wieder: »Es werden Köpfe rollen, es werden Köpfe rollen.« Neben ihm saß der Konrektor und sekundierte in der nachfolgenden Diskussion. Sie dauerte über eine Stunde und begann damit, daß der Rektor mich fragte, ob man nicht die Akte aussortieren oder wenigstens ganz ans Ende des »stillen« Ganges hängen könne. Alle Akte seien von mir schon freiwillig für diesen Gang vorgesehen, sagte ich, aber eine Ausstellung müsse schließlich ein Gesicht haben, und ich könne die Akte nicht alle zusammen in eine Ecke hängen. Ich habe niemanden mit diesen Bildern überrumpelt, sie vorher mit Abbildungen angekündigt, und ich sei nicht bereit, sie auszusortieren. Er habe nichts davon gewußt, wandte sich der Rektor an Hilla. Hilla sagte, sie habe keine Probleme erwartet, und sie wüßte nicht, was es an den Bildern auszusetzen gäbe. »Die liegen alle so schlaff da«, sagte der Rektor. Mir war nicht klar, wie ich das interpretieren sollte. Die Diskussion drehte sich im weiteren Verlauf unter anderem um den Unterschied zwischen einem Kunstwerk, in dem ein Mensch zwar nackt, aber mit Würde dargestellt werde, und einem pornographischen Werk. Trotzdem könne sich jemand von der Nacktheit verletzt fühlen, meinten der Rektor und der Konrektor. Ich schlug vor, für diesen Fall eine Schachtel mit Feigenblättern und Klebeband neben die Bilder zu legen. Am Ende der Diskussion waren wir soweit wie am Anfang. Die Bilder wurden so aufgehängt, wie ich sie gestellt hatte.

Hinterher erzählte mir Hilla, daß es einen erzkonservativen neuen Weihbischof in Salzburg gebe, der vom Papst direkt eingesetzt worden sei und vor dem die Leitung vom »St. Virgil« wohl Angst habe. Zwei Tage danach wurde die Ausstellung eröffnet. In der Presse gab es einige gute Besprechungen. Niemand nahm Anstoß an den Aktbildern.

Mitte Januar bekam ich einen Anruf von Hilla. Ein Besuch des neuen Weihbischofs im »St. Virgil« stehe an. Es gebe mit ihm einige schwierige Dinge zu besprechen. Ob ich mit der Abhängung der Akte für einen Tag einverstanden sei, um einen »Nebenkriegsschauplatz« zu vermeiden.

»Meinetwegen«, sagte ich, »es ist zwar irrsinnig, aber ich stimme unter der Bedingung zu, daß die Bilder sofort nach dem Besuch wieder aufgehängt werden.«

Eine Woche später rief ich in Salzburg an: »Hängen die Bilder wieder?« fragte ich.

Ein Herumdrucksen auf der anderen Seite. Jemand, den ich nicht kannte, war am Telephon: »Der Kunstbeirat muß erst tagen.«

»Aber es war doch ausgemacht, daß die Bilder sofort wieder aufgehängt werden. Das war meine Bedingung.«

»Der Kunstbeirat tagt am Donnerstag«, hieß es. »Sie hören von uns.«

Der Kunstbeirat war ein Gremium von »Experten« – Kritiker, Galeristen, ein Museumsleiter – und dazu der Rektor und der Konrektor. Am Freitag hörte ich nichts aus Salzburg. Am Montag rief ich selbst an. Hilla war am Telephon.

»Der Kunstbeirat hat fünf Stunden diskutiert«, sagte sie. »Die Abstimmung am Ende ist positiv ausgegangen. Alle waren dafür, die Bilder wieder aufzuhängen, es gab nur zwei Gegenstimmen.«

»Na, dann ist ja alles gut.«

»Es ist mir sehr unangenehm, aber ich muß dir sagen, die beiden Stimmen dagegen waren der Rektor und der Konrektor. Die Bilder werden nicht wieder aufgehängt.«

»Was?!?« Ich glaubte, nicht richtig gehört zu haben. »Die diskutieren fünf Stunden, stimmen ab. Und letztendlich bestimmen der Rektor und der Konrektor. Das ist ja wie im Mittelalter!«

»Es ist mir sehr peinlich«, sagte Hilla, »aber ich kann nichts daran ändern. Ich habe selbst Ärger bekommen wegen dieser Sache. Vielleicht kannst du dich doch damit arrangieren.«

Ich war sprachlos. »Ich ruf nochmal an«, sagte ich nur.

Eigentlich hätte ich gleich die Konsequenzen ziehen müssen. Ich weiß nicht, was es war, das mich zögern ließ. Vielleicht der Gedanke an Georg, der mir indirekt die Ausstellung ermöglicht hatte.

Zu der Zeit war gerade ein Katalogbuch von mir mit Bildern und Texten im Druck. Mitte Februar 1995 sollte es erscheinen. Das ist meine letzte Chance, dachte ich. Ich fahre nach Salzburg, mache eine Lesung und lasse ein paar belustigte Bemerkungen über Zensur fallen. Das schlug ich Hilla vor, natürlich ohne den Zusatz. Nach einer Woche bekam ich die Absage »aus Termingründen«.

»Hängt die Ausstellung ab«, sagte ich, »und schickt die Bilder nach Berlin zurück.«

Unterwegs mit David und Laurens

Zwei Tage nach Laurens' zwölftem Geburtstag, im Oktober 2000, fuhren wir von Dresden aus los. David parkte den Wagen in der Nähe des Bahnhofs. Wir liefen, jeder ein Gepäckstück wie einen fetten Hund hinter sich herschleppend, zum Bahnhof. Im Schlafwagen schliefen wir nach Alter sortiert, Laurens oben, David in der Mitte, ich unten. Am nächsten Morgen kamen wir in Krakau an.

Wir waren zum ersten Mal in Krakau. Die Reise hatte mir David zum sechzigsten Geburtstag geschenkt. Auf »neutralem Terrain«, wie er sich ausdrückte, sollten wir zusammen etwas Neues entdecken.

Die Stadt ist so schön, wie ich es schon immer gehört hatte, vielleicht noch schöner. Es war goldenes Herbstwetter, einer dieser schönsten Tage des Jahres voll silbriger Wehmut. Die eigenartigen, großzügigen und überzeugend einfachen Gebäude auf Krakaus großem Platz waren in funkelnd mildes Licht getaucht. Der Himmel war sehr blau, ein wenig lila. Wir liefen zum großen Schloß Wawel, das Schloß der polnischen Könige, wo wilder Wein rotgold an den Wänden hing. Laurens las »Harry Potter« im Gehen.

Laurens wollte in die orientalische Sammlung. Der größte Teil war leider geschlossen. Wir hatten ziemlich schnell alles Zugängliche gesehen. David schlug vor, zu den Gräbern in der Königsgruft zu gehen. »Geht ihr mal«, sagte Laurens, »ich lese solange.«

Vor dem Geburtstag hatte ich David gefragt, ob ich Laurens »Harry Potter« schenken solle. »Das interessiert ihn nicht«, sagte David, »da hat er einmal 'reingeguckt und fand es doof.« Ich weiß nicht, was den großen Wandel bewirkt hat. Auch nicht, wer ihm Band Eins geschenkt hat. Davon hatte er jedenfalls schon zwei Drittel gelesen, als wir losfuhren. Band Zwei hatte er sich in Dresden für die Reise gekauft.

Laurens saß in einer Ecke völlig abwesend und nur mit seinem Buch beschäftigt, als David und ich aus der Königsgruft herauskamen. Es war Zeit für ein Café. Das fanden wir im Hof des Schlosses. Wir saßen mit Blick auf die eigenartige und schöne Schlosskapelle mit zwei völlig unterschiedlichen Türmen. Zwei Brüder haben sie im Wettstreit miteinander gebaut, und es ist schwer zu sagen, welcher der beiden Türme schöner ist, der größere blaue oder der kleinere goldene. Zusammen sind sie perfekt.

Wir liefen noch ein bißchen in der Stadt herum, die unauffällig und behutsam restauriert wird. Kein Gebäude hebt sich durch Buntheit oder übertriebenen neuen Schick hervor. Eine fast mediterran anmutende Gelassenheit liegt in der Luft. Das Restaurant, in dem wir zu Mittag aßen, hatte Tische und Stühle auf den Bürgersteig herausgestellt. Wir saßen in der Sonne und beobachteten das Treiben auf der Straße. Ein Mann mit einem Döner setzte sich an einen anderen Tisch. Die Kellnerin kam heraus und plauschte mit ihm. Später brachte sie ihm etwas zu trinken. Ich stellte mir die Reaktion in Deutschland vor, wenn jemand mit Butterbroten oder einem Döner im Restaurant einen Tisch belegen würde. Nein, ich stellte mir die Reaktion lieber nicht vor. Wir liefen zum Hotel, Laurens wie eine japanische Ehefrau ein paar Meter hinter David und mir hinterherlaufend. Lesend.

Abends spielten wir Roulette. Das Spiel hatte Laurens zum Geburtstag geschenkt bekommen. David setzte kleinere Summen Spielgeld an alle möglichen Stellen des Bretts. Er gewann nicht viel und verlor nicht viel. Laurens setzte größere Summen auf rot oder schwarz, pair oder impair und auf einem der Felder unterhalb des Tableaus, bei denen man das Dreifache gewinnen kann. Er gewann hoch. Ich setzte kleine Summen auf rot oder schwarz oder pair oder impair und verlor.

Am nächsten Tag hatte David sein Veto gegen »Harry Potter« eingelegt. Wir hatten uns ein Programm für Laurens ausgedacht. Erst ging es mit der Straßenbahn nach Nowa Huta. Am Eingang der Stahlwerke, der wie der Eingang einer Trutzburg aussieht, fragten wir, ob es eine Führung gäbe. Zwei Wochen vorher anmelden, hieß es. Auf dem Rückweg machte die Straßenbahn eine Umleitung. Wir stiegen falsch aus. Nach einem sehr langen Fußmarsch, der teilweise durch einen schönen Stadtpark führte, kamen wir beim Flugzeugmuseum an. Als Hinweisschild dient eine senkrecht stehende Tragfläche, die mit Graffiti übersät ist, darunter einige Hakenkreuze.

Das Flugzeugmuseum besteht zum größten Teil aus einem riesigen Gelände zwischen Mietshäusern, auf dem etwa fünfzig Flugzeuge herumstehen. Außerdem gibt es ein paar Hallen mit Uralt-Modellen und Maschinenteilen. Pflichtschuldig sah ich mir die Flugzeuge an, aber ich hätte lieber, wenn schon nicht mit »Harry Potter«, so doch vielleicht mit einem spannenden Krimi auf der Bank gesessen. Oder wenigstens mit unserem Reiseführer, aber den hatte ich im Hotel gelassen.

Abends spielten David und ich »Top Words«, eine Abwandlung von »Scrabble«, bei der man die Worte ändern kann, indem man in die Höhe baut. In Berlin spiele ich »Top Words« mit meiner Freundin Gudrun. Wir haben ausgemacht, daß Eigennamen und Fremdwörter nicht zulässig, aber alle Formen deutscher Wörter erlaubt sind. David war dauernd angewidert. Äs, Lappens, führtet, ugh! Aber wir mußten beim Spielen auch viel lachen. »Was beölt ihr euch immerzu?« fragte Laurens. Er war offensichtlich vom vielen Laufen noch nicht ausgelastet und sprang im Zimmer, das er mit David teilte und in dem vier Betten standen, von einem Bett zum anderen. Wir schlugen einen abendlichen Spaziergang vor. »Geht ihr mal, ich lese«, sagte Laurens.

David und ich bummelten über den großen Platz, wo an einer Ecke Frauen mit brennenden Fackeln zu rhythmischen Trommelschlägen tanzten und ein Feuerschlucker seine Kunst vorführte. Es war schön, mit David so ziellos spazierenzugehen und zu plaudern. In einer Seitenstraße fanden wir in einer von Krakaus Gruften einen Jazzkeller. Wir hörten ein bißchen zu. Dann schlenderten wir weiter durch die Altstadt. In den Schaufenstern gab es neben Schals oder Büchern oft ein Photo von Wojtila zu sehen. Wie Honecker neben dem »Ata« früher in der DDR.

Zum Frühstück brachte ich etwa fünfundzwanzig fertigge-schriebene Postkarten mit. Zwei übriggebliebene gab ich Laurens. »Hier ist es echt cool«, schrieb er seinem Freund Johann.

Laurens war jetzt bei Band Zwei angekommen. Den nahm er mit. In der Sammlung polnischer Kunst des 19. Jahrhunderts konnte ich ihn gut bei Laune halten, indem wir ausführlich über einige Bilder sprachen und bei anderen Zensuren verteilten. Dann fuhren wir mit der Straßenbahn zum ehemaligen jüdischen Viertel Kasimierz. Das Viertel ist seit vielen Jahrzehnten unverändert. Es ist grauer und ärmlicher als die Innenstadt. Wehmut liegt in der Luft. Nur das Wissen um das, was fehlt, macht das Viertel zu et-was Besonderem. Wir liefen über einen kleinen, lotterigen Markt, dann durch die Straßen. Wir fanden eine Synagoge mit einem sehr klar strukturierten Versammlungsraum. Treppen links und rechts und eine Galerie an drei Seiten. Der Raum dunkel mit kleinen run-den farbigen Glasfenstern. Die Klarheit und Einfachheit berühr-ten mich. Auf dem Platz vor der Synagoge gab es Restaurants mit kosherem Essen. Wie in Berlin in der Oranienburger Straße. Kos-heres Essen und Klezmer Musik. Jüdisches Leben auf Folklore re-duziert. In einem der Restaurants aßen wir zu Mittag. Ich spielte mit Laurens das Galgenspiel und hatte dabei ein blödes Gefühl. David sagte: »Es ist wie vor dreißig Jahren. Da hast du mit mir das Galgenspiel in einem bayrischen Bahnhof gespielt.« Ich konn-te mich nicht daran erinnern, aber ich freute mich, daß David sich erinnerte.

Wir liefen wieder in den Straßen. Ein ganz normales Stadtvier-tel oder ein völlig unnormales. Das Unsichtbare realer als das Sichtbare. Oder das Unsichtbare nur noch Schimäre, schon fast vergessen? Mitten in meine Gedanken sagte David: »Wo sind die Juden?«

In einer zweiten Synagoge sahen wir eine Ausstellung an. Jüdi-sches Leben in Krakau. Früher. Ein Verkehrsmuseum mit alten Straßenbahnwaggons und einer Ausstellung über das Leben des ehemaligen Direktors der Städtischen Verkehrsbetriebe, der in ei-nem KZ ermordet wurde. Eine ganze Weile später sagte David:

»Und wenn sie wieder da wären, wüßte wahrscheinlich kaum jemand etwas mit ihnen anzufangen.«

Unser letzter Tag. Wir fuhren vom Bahnhof aus mit dem Bus nach Wielicka, etwas außerhalb von Krakau. Dort gibt es ein erstaunliches Salzbergwerk, siebenhundert Jahre alt. Erst stiegen wir etwa vierhundert Treppen hinunter und gelangten in ein Labyrinth von Tunneln und Kammern, alles aus Salz gehauen. Es gibt dort Kapellen mit Skulpturen und Monumenten, manchmal ganze Szenen, vieles davon von den Bergleuten gemeißelt und sehr eindrucksvoll. Noch etwas weiter unten eine riesige Kapelle, in der alles von Treppen und Altären bis Kronleuchtern und den Reliefs an den Wänden, Szenen aus dem Neuen Testament, aus Salz ist. Dreißig Jahre ist an diesem untergründigen Tempel gearbeitet worden, wo heute noch gelegentlich Messen abgehalten werden. Ich zog einen feuchten Zeigefinger über das Treppengeländer und leckte ihn ab: Salzgeschmack. Auf einer noch tieferen Ebene des Salzbergwerks gibt es eine Sportanlage mit Fußballplatz. Und dort fand gerade ein Spiel statt – etwa einhundert Meter unter der Erde.

Mit dem Fahrstuhl ging es wieder nach oben und mit dem Bus in die Stadt zurück. Wir suchten ein Café. »Paß auf«, sagte ich zu Laurens, als ein Auto ziemlich schnell auf uns zukam. Von da an sagte er jedesmal »Vorsicht!«, wenn wir von der Bordsteinkante heruntertraten. Wir verbrachten den Nachmittag in verschiedenen Cafés, eines schöner als das andere. Laurens las den zweiten Band »Harry Potter« aus. Als wir unser Gepäck vom Hotel abholten, hatten wir noch eine Stunde Zeit. Wir fuhren ein Stück mit der Straßenbahn. »Von hier aus ist es ungefähr eine Viertelstunde zum Bahnhof«, sagte David, »aber wenn du uns führst, kommen wir gerade richtig an.« So haben wir es dann gemacht.

»Was war das Schönste?« fragten wir Laurens im Zug.

»Das Flugzeugmuseum.«

»Nächstes Mal geht es nach Prag«, sagte David.

Danksagung

Ich danke den Menschen, die mir geholfen haben. Alexander von Bormann für ein Stipendium der Stichting Culturele Uitwisseling in Amsterdam unter idealen Arbeitsbedingungen. Susan Agee für offene Mitteilungen und Joel Agee für achtsame Unterstützung und hilfreiche Kommentare nicht nur bei seiner eigenen Geschichte. Ermutigung und kritische Anmerkungen bekam ich außerdem von Gudrun Blankenburg, Mädi Kemper und Maximilian Preisler, die das Manuskript aufmerksam gelesen haben. Mein Bruder Oliver Pretzel half mir bei der Rekonstruktion der frühen Jahre. Peter Bender gab eine Auskunft zur Berlinkrise. Und meine Schwiegertochter Cornelia Munzinger-Brandt hatte die Idee zur Reise, die die letzte Geschichte in diesem Buch ermöglichte.

Entstehungsdaten

Zwei Ohrfeigen: Mai 2000; Mr. Freemantle: Juni 1996; Bei den Ursulinen: Mai 2000; Tennis: Juni 2000; Späte Jahre in Wimbledon: Juli 2000; Der Umzug: August 2000; Kunststudentin mit Mappe: September 2000; Am Steinplatz: September 2000; Feten und Buddelgespräche: Oktober 2000; Uhlandstraße 168: 1998/1999; Schlacke: Juli 1996; Evi: März 2001; Im Rausch: Januar 1997; Klecker: Dezember 1999; Das Fliegen: Mai 1999; Manuela: Januar 2001; Im Fahrstuhl: April 2001; Eine Ausstellung in Polen: Februar 1992; Joel: Januar 2001; Eine Ausstellung in Salzburg: Februar 2001; Unterwegs mit David und Laurens: November 2000